ney, Chris
El liderazgo al estilo de los Jesuitas / Chris Lowney ; traducción
ge Cárdenas Nannetti. — Bogotá : Grupo Editorial Norma, 2004.
568 p. ; 23 cm.
Título original : Heroic Leadership.
ISBN 958-04-8364-7s
1. Liderazgo 2. Jesuitas - Historia I. Cárdenas Nannetti, Jorge,
06-   , tr. II. Tít.
8.4092 cd 21 ed.
HZ5803

CEP-Banco de la República-Biblioteca Luis Ángel Arango

EL LIDERAZGO
AL ESTILO DE
LOS JESUITAS

Título original:
HEROIC LEADERSHIP
de Chris Lowney
Publicado por arreglo con Loyola Press, Chicago, Il, U.S.A.
Copyright © 2003 por Chris Lowney

Copyright © 2004 para Latinoamérica
por Editorial Norma S.A.
Apartado Aéreo 53550, Bogotá, Colombia
http://www.norma.com

Dirección editorial, María del Mar Ravassa G.
Edición, Fabián Bonnett V.
Diseño de Cubierta, María Clara Salazar P.
Armada electrónica, Andrea Rincón G.

Este libro se compuso en caracteres Usherwood

ISBN 958-04-8364-7

LAS MEJORES PRÁCTICAS DE UNA C{...}
DE 450 AÑOS QUE CAMBIÓ EL MU{...}

EL LIDERAZGO
AL ESTILO DE
LOS JESUITAS

CHRIS LOWNEY

Traducción
Jorge Cárdenas Nannetti

GRUPO
EDITORIAL
norma

Bogotá, Barcelona, Buenos Aires, Caracas, Guatemala, Lima, México,
Miami, Panamá, Quito, San José, San Juan, Santiago de Chile, Santo Domi{...}

Contenido

Agradecimientos

Me complace agradecer a algunos de quienes leyeron parte del manuscrito o proporcionaron algún otro valioso apoyo: Christina Best, Klecius Borges, Laurel Brien, Thomas Cahill, Vin DeCola, S. J., Laura Dillon, Cristina García, Barbara Hack, Pat Hammond, Jim Higgins, S. J., Reverendo Paul Keenan, Paul Ciernan, Charlie McGovern, Monica Neal, Pedro Prieto, Bernardette Prigorac, Ray Schroth, S. J., Justo Tarrio, S. J., y Georgina Turnbull.

Los astutos comentarios y el ingenio de Lou Jerome me ayudaron a dar forma a una sección clave de este trabajo. Jim Loughran, S. J., fue un lector perceptivo y también me proporcionó estímulo a lo largo del proyecto. Los comentarios de Mary Anne Myers sobre la propuesta fueron una gran tutoría editorial. La visión del jesuita John O'Malley acerca de la temprana historia de los jesuitas influenció mi pensamiento aun más profundamente que lo que sugerirían los retazos de sus trabajos transcritos a través del texto. Es un honor para mí que él haya leído el manuscrito y me beneficié enormemente de sus perspicaces comentarios. Ferry Cameron, Gail Elia, Peter Honchaurk, John Law, Chris Lynch y George Simon me brindaron sugerencias muy útiles.

Gracias a mi agente, Jim Fitzgerald, por darle una oportunidad a una primera y no solicitada propuesta editorial de mi parte, y por guiarla exitosamente hasta quienes la publicaron en inglés. Jim Manney llevó este trabajo a Loyola Press y fue un acicate de principio a fin. Mi editora, Vinita Wright, hizo de éste un libro mejor: sus astutas sugerencias fueron un respaldo tangible (y me fueron aportados con guantes de seda cuando fue necesario). Heidi Hill, Ferry Locke, Melissa Crane y Heidi Toboni fueron abogados del diablo con respecto a los temas del libro, y siempre buscaron que su mensaje fuera más impactante. Muchos otros colegas suyos de Loyola Press deberían ser mencionados, pero la falta de espacio me impide hacerlo. Pero a todo ellos va mi aprecio.

Mis amigos y alguna vez gerentes, Walter Gubert y Nancy Harwood, respaldaron mi solicitud de licencia en J. P. Morgan, y me permitieron así lanzar este proyecto.

Antes de que yo garabateara siquiera algunas notas acerca del liderazgo, vi cómo se desarrollaba a mi alrededor, primero, desde luego, por parte de mis padres, y en mis primeros años por quienes dotaron a la iglesia, la escuela y el edificio de apartamentos en la calle 93 de Nueva York con más líderes por cuadra que los que pudieron haber existido en cualquier otra calle de Queens. Mi madre, mi hermana y mi hermano han continuado manifestando la clase de amor y lealtad que los héroes jesuitas de antaño con seguridad transmitieron a su equipo.

Fue un gran privilegio para mí estar rodeado en J. P. Morgan de varios líderes de verdad: mis gerentes en Nueva York, Tokio, Singapur y Londres, y quienes trabajaron bajo mis órdenes o como mis pares.

Finalmente, pero no por eso con menos importancia, estoy profundamente agradecido por todo lo que los jesuitas me han dado: una educación, unos cimientos morales, mucho humor, amigos entrañables, una fe informada y una notable visión del liderazgo que ha guiado su *compañía* desde su fundación.

El apoyo y el consejo de todos los que he mencionado hicieron que este libro fuera mejor y me salvaron de no pocas metidas de pata. Seguramente hay aún muchas carencias, por todas las cuales asumo plena responsabilidad.

CAPÍTULO 1

De los jesuitas y J. P. Morgan

Después de vivir siete años con los jesuitas como seminarista y practicar los votos de pobreza, castidad y obediencia al padre general de la Compañía en Roma, sufrí una metamorfosis y pasé a ser funcionario de una empresa. Un viernes por la tarde mi modelo de imitación era el fundador de los jesuitas, San Ignacio de Loyola, cuyos escritos nos recordaban a los seminaristas que "la pobreza debe amarse, como fuerte muralla de la vida religiosa". El lunes siguiente me trajo una carrera nueva en la banca de inversión... y nuevos modelos que imitar. Un director administrativo atraía a los posibles candidatos con la seductora perspectiva de llegar a ser "ricos como cerdos gruñidores". Nunca entendí esa imagen pero sí capté la idea.

Al principio me mantuve en una posición muy discreta. La cabeza me daba vueltas y hasta la charla más casual me dejaba la penosa sensación de que mis antecedentes eran, para decir lo menos, algo distintos de los de mis nuevos compañeros. Mientras otros jóvenes recién contratados hacían gala de sus hazañas amorosas durante el verano, ¿de qué les podía hablar yo? ¿De mi último retiro de silencio durante una semana, o de haber comprado mi primer traje que no fuera negro?

Fue gran fortuna mía y gran privilegio haber salido de la mejor compañía en un "negocio" para caer en la mejor compañía en otro: J. P. Morgan, que encabezó la lista de las empresas bancarias más admiradas que prepara la revista *Fortune* todos los años, menos en dos de los diecisiete que trabajé allí... dos hechos que (me apresuro a agregar) guardan una relación más casual que causal.

UN RETO DE LIDERAZGO

Por poderosa que fuera la Casa de Morgan, luchábamos con una larga lista de retos que no eran exclusivos suyos ni del negocio de banca de inversión. Una cuestión fundamental surgía una y otra vez: cómo hacer que nuestros equipos desarrollaran un liderazgo capaz de mantener a J. P. Morgan a la cabeza de una industria sumamente competitiva. Yo serví a la empresa como director administrativo en Tokio, Singapur, Londres y Nueva York, y descubrí que nuestro reto de liderazgo no tenía fronteras geográficas. También tuve la suerte de servir sucesivamente en los comités gerenciales de banca de inversión que la firma tenía en el Extremo Oriente y en Europa, en los cuales mis colegas, que se habían preparado en las mejores facultades de administración de empresas del mundo, y yo, que había hecho mi aprendizaje en un seminario, nos enfrentamos al mismo reto de contratar y formar equipos ganadores.

Contratábamos a ese tipo de individuos superinteligentes, ambiciosos y de voluntad recia a quienes Tom Wolfe califica de "amos del universo" en *The Bonfire of the Vanities,* y quienes, al igual que el protagonista, con frecuencia sufrían caídas estrepitosas. La sola inteligencia y la sola ambición no siempre se traducen en éxito perdurable. Algunos que mucho prometían trazaban una trayectoria meteórica en los cielos de Morgan, brillando primero en las tareas de moler números que se confían a los jóvenes "carne de cañón", y luego estallaban al tener que enfrentarse a las tareas para "gente madura" que son parte integrante del liderazgo de una empresa. Algunos se aterraban al tener que tomar graves decisiones; otros aterrorizaban a quien se atreviera a tomar una decisión sin contar con ellos. Unos eran espléndidos administradores mientras sólo tuvieran que manejar núme-ros, pero su repertorio gerencial les fallaba cuando se trataba de dirigir seres humanos pensantes y sensibles, que no son tan fáciles de manipular como los cuadros de proyecciones. Es una ironía que muchos se sintieran incómodos con el cambio y la innovación, cuando el incentivo que los había llevado a ese negocio había sido precisamente el ritmo acelerado de un banco de inversión, además, por supuesto, del señuelo de hacerse "ricos como cerdos gruñidores". No sólo era esta industria muy cíclica sino que a la vez la agitaba una ola avasalladora de realineación: cuando yo me retiré de Morgan, los diez bancos más grandes de los Estados Unidos habían pasado por alguna fusión transformadora.

Era evidente que sólo unos pocos bancos saldrían como ganadores en nuestra cambiante industria de consolidacio-nes, y los ganadores probablemente serían aquéllos cuyos empleados pudieran asumir riesgos e innovar, trabajar armó-nicamente en equipo y motivar a sus colegas, y no sólo quienes fueran capaces de hacer frente al cambio sino que lo impulsaran. En otros términos, el liderazgo separaría a los ganadores de los perdedores.

En Morgan tomábamos todas las iniciativas posibles para generar la actitud mental y la conducta que necesitábamos. En el curso de una de esas iniciativas yo experimenté una pequeña revelación. J. P. Morgan estaba instalando la "retroalimentación de 360 grados", a la sazón una práctica de avanzada, en la cual se incorporaba en las evaluaciones anuales del desempeño no sólo el aporte del jefe directo del empleado sino también el de sus subalternos y sus pares. Nos enorgullecíamos de ser una de las primeras compañías que aplicaban esta práctica a gran escala.

¿Era así?

¿No había visto yo esto antes en alguna parte? Recordé vagamente un tiempo remoto, en alguna galaxia muy distante, cuando yo vestía generalmente de negro y amaba la pobreza "como fuerte muralla de la vida religiosa". La Compañía de Jesús también tenía algo así como la retroalimentación de 360 grados. En efecto, había lanzado su técnica 435 años antes de que la adoptara el banco más admirado de *Fortune* y el resto del mundo de los negocios de los Estados Unidos.

Una compañía multicentenaria

Viéndolo bien, los jesuitas también lucharon a brazo partido —y con mucho éxito— con otros problemas vitales que ha tenido que afrontar J. P. Morgan y que todavía ponen a prueba a las grandes compañías: la organización de equipos multinacionales que trabajen en armonía, la motivación de un desempeño ejemplar y el permanecer "listos para el cambio" y estratégicamente adaptables.

Es más: la Compañía de Jesús se lanzó en un ambiente que, aunque distante más de cuatro siglos de nosotros, guardaba notables analogías con el nuestro. Los viajes de descubrimiento abrían nuevos mercados mundiales y establecían vínculos permanentes de Europa con América y Asia. Se desarrollaba la tecnología de las comunicaciones: la prensa de imprimir de Gutenberg trasformó el libro, que había sido un artículo de lujo, en un medio de información al alcance de todos. Se cuestionaron o se descartaron los métodos tradicionales y los sistemas de creencias cuando los reformadores protestantes organizaron la primera "competencia" amplia y permanente con la Iglesia católica y romana. Como la Compañía de Jesús se lanzó en ese ambiente tan complejo y siempre cambiante, no es extraño que sus arquitectos apreciaran la misma actitud mental y los mismos comportamientos que aprecian hoy las compañías modernas en ambientes igualmente turbulentos: la capacidad de innovar, de permanecer flexibles y adaptables, de fijar metas ambiciosas, de pensar globalmente, de actuar con rapidez, de asumir riesgos.

Me intrigaba lo que pudieran enseñarnos los sacerdotes del siglo XVI a los sofisticados hombres del siglo XXI sobre liderazgo y cómo hacer frente a un ambiente complejo y cambiante.

Cuando empecé a ver más allá del hecho obvio de que un banco de inversión tiene una misión distinta de la de una orden religiosa, pude visualizar estos no menos obvios paralelos, y viendo bajo esta luz a Ignacio de Loyola y a sus primeros colegas, me convencí de que su manera de proceder para la formación de pensadores globales, innovadores, de grandes aspiraciones, capaces de afrontar riesgos y flexibles sí daba resultados. En cierto modo —me atrevo a decirlo— funcionaba mejor que los esfuerzos de muchas corporaciones modernas por hacer lo mismo.

La revelación me suministró el ímpetu para escribir este libro. Inicié el proyecto fascinado por el paralelo entre dos momentos muy distintos de la historia. Me intrigaba el reto de explorar lo que pudieran enseñarnos los sacerdotes del siglo XVI a los sofisticados hombres del siglo XXI sobre liderazgo y cómo hacer frente a un ambiente complejo y cambiante. Terminé el proyecto completamente convencido del valor y la actualidad de lo que nos ofrecen los primeros jesuitas.

LIDERAZGO REVOLUCIONARIO

Investigaciones recientes están validando algunos aspectos de las técnicas jesuíticas; por ejemplo, el vínculo entre el conocimiento de sí mismo y el liderazgo. Seguramente a Loyola le complacería que al fin la investigación esté llegando al nivel de sus intuiciones, aun cuando todavía no estamos completamente identificados con él, ya que algunos aspectos del liderazgo de estilo jesuita suenan a cosa extravagante o de chiflados, como suenan a veces las nuevas ideas. Por ejemplo, Loyola y sus colegas estaban convencidos de que el hombre da su mejor rendimiento en ambientes estimulantes, de carga positiva (hasta aquí muy bien), de manera que exhortaba a sus dirigentes a crear ambientes "más de amor que de temor", lo cual anoto con cierto temor al pensar en mis agresivos ex colegas en Morgan. Pero habiendo vivido un tiempo con la idea de un ambiente de trabajo dominado por el amor, ésta me parece algo más cuerdo que chiflado y confío en que mis lectores encuentren igual sabiduría en las ideas de Loyola después de vivir con ellas algún tiempo.

Lo que para mí personalmente ha sido más revolucionario y más refrescante es que estos principios se aplican en toda la vida de la persona, no sólo a su vida de trabajo, y que hicieron mejor la Compañía de Jesús porque hicieron mejores a los jesuitas individualmente. Esos principios tienen sus raíces en la idea de que todos somos líderes y que toda nuestra vida está llena de oportunidades de liderazgo. El liderazgo no está reservado para unos pocos mandamases de grandes compañías ni tampoco se limitan las oportunidades de liderazgo al escenario de trabajo. Podemos ser líderes en todo lo que hacemos: en el trabajo y en la vida diaria, cuando enseñamos y cuando aprendemos de los demás; y casi todos hacemos todas estas cosas en el curso de un día.

Yo he tenido la suerte de trabajar con algunos grandes líderes y estoy convencido de que Ignacio de Loyola y su equipo también lo fueron. Ésa es la única razón para prestar atención a lo que ellos nos enseñan sobre liderazgo. Ignacio fue un santo; él y sus colegas fueron católicos, sacerdotes, y por tanto, todos hombres. He querido abstenerme de basar juicio alguno en dichas circunstancias, a fin de medirlos a la luz de un criterio único: cómo se comportaron y cómo condujeron a los demás. Igualmente pido al lector que se despoje de cualquier sentimiento positivo o negativo que le inspiren las creencias religiosas de Loyola o su organización de sólo varones. Donde ha sido posible, he prescindido de imágenes o frases abiertamente religiosas en las citas; los jesuitas no fueron grandes líderes simplemente por profesar determinadas creencias religiosas sino por la manera como vivieron y trabajaron; y su modo de vida tiene valor para todos, cualquiera que sea su religión.

En fin, es posible que los actuales correligionarios de Loyola se molesten por lo que falta de contenido religioso en este libro más de lo que otros se molesten por lo que queda. Pero Loyola mismo estableció la fórmula de éxito de los jesuitas de abordar las oportunidades del mundo real con estrategias de liderazgo del mundo real, y sus colegas, observándolo, acuñaron la máxima jesuítica: "Trabaja como si el éxito dependiera de tu propio esfuerzo, pero confía como si todo dependiera de Dios"[1]. Diego Laínez, sucesor de Loyola, refleja el mismo sentimiento en términos más rudos: "Aun cuando es cierto que Dios podría hablar por la boca de un asno, eso se consideraría un milagro. Tentamos a Dios

---

[1]   Esta máxima es una elocuente paráfrasis de una expresión más pedestre de uno de los cofundadores de la Compañía de Jesús: "En todo lo perteneciente al servicio de Nuestro Señor que [Loyola] acometía, se valía de todos los medios humanos para salir adelante, con tanto cuidado y energía como si el éxito dependiera se esos medios; y confiaba en Dios y en su Divina Providencia como si todos estos otros medios humanos que empleaba no tuvieran ninguna eficacia". - Edward C. Phillips, S. J., "St. Ignatius' Doctrine of the Interdependence of Work and Prayer", *Woodstock Letters: A Historical Journal of Jesuit Educational and Missionary Activities* 71, No.1, (febrero de 1942): 71.

La interpretación de esta famosa máxima ha sido tema favorito de disputas entre eruditos jesuitas y hay otra versión que tiene un sentido totalmente contrario: "Reza como si todo dependiera de *ti;* trabaja como si todo dependiera de *Dios".* William A. Barry, S. J., autoridad en materia de la espiritualidad jesuítica, sostiene esta interpretación en una monografía recién publicada: "Jesuit Spirituality for the Whole of Life", *Studies in the Spirituality of Jesuits,* 35, No.1 (enero de 2003): 11. Yo sigo convencido, sin embargo, de que la versión de Phillips, basada en su análisis de materiales originales sobre la fuente de la máxima (la relación de primera mano de Pedro Ribadeneira sobre Loyola, como consta en *Monumenta Historica Societatis Jesu),* es la cierta.

cuando esperamos milagros. Ciertamente ése sería el caso de un hombre que carece de sentido común y pretende tener éxito con sólo pedirlo en sus oraciones".

En todo caso, yo confío en que el lector hará justicia a Loyola y los suyos. El género "lecciones de liderazgo" se ha mostrado bastante flexible como para incluir personajes tan heterogéneos como Atila el huno, el capo de la Mafia, los próceres de la independencia y W. C. Fields. Ciertamente una tienda de campaña tan vasta en que cabe tal variedad de líderes también tiene un lugar para un sacerdote del siglo XVI y sus colegas.

¿POR QUÉ LOS JESUITAS?

En poco más de una generación, la compañía que fundaron en 1540 diez jesuitas sin capital ni plan de negocios llegó a ser la más influyente del mundo[2]. Como confidentes de monarcas europeos, del emperador Ming de la China, del *shogun* japonés, del emperador mogol de la India, los jesuitas podían jactarse de tener relaciones que no igualaba ninguna entidad comercial ni religiosa ni oficial. Pero movidos por una energía infatigable, no estaban tan a gusto en las cortes imperiales

---

[2] Las citas de los *Ejercicios Espirituales*, la *Autobiografía* de San Ignacio de Loyola y las *Constituciones* de la Compañía de Jesús utilizadas en este libro han sido tomadas por el autor de las siguientes fuentes originales:
   The Espiritual Excercises of Saint Ignatius: A Translation and Commentary, trad. George E.Gans (St. Louis: Institute of Jesuit Sources, 1992).
   A Pilgrim's Testament: The Memoirs of Ignatius Loyola, As Faithfully Transcribed by Luís Gonçalves da Câmara, trad. Parmananda R. Divarkar (St. Louis: Institute of Jesuit Sources, 1995).
   The Constitutions of the Society of Jesus, trad. George E. Ganss (St. Louis: Institute of Jesuit Sources, 1970).

como a campo raso probando nuevas fronteras. Aun cuando sus viajes los llevaron a los últimos rincones del mundo entonces conocido, invariablemente exploraban toda frontera para averiguar qué había más allá. Exploradores jesuitas fueron de los primeros que cruzaron los Himalaya y penetraron en el Tíbet, remontaron en canoas las cabeceras del Nilo Azul y trazaron el curso del alto Misisipí.

Sus colegas en Europa dedicaron la misma fuerza de voluntad y la misma energía a crear lo que llegó a ser la más extensa red de educación superior del mundo. Sin tener ninguna experiencia docente se las arreglaron para fundar treinta universidades en el curso de diez años. Para fines del siglo XVIII tenían setecientas escuelas secundarias y universidades esparcidas por los cinco continentes. Se ha calculado que los jesuitas educaban a un 20% de los europeos que seguían cursos clásicos de enseñanza superior.

Los que habían quedado en Europa y los que estaban por fuera se reforzaban mutuamente en una rica relación simbiótica. Astrónomos y matemáticos jesuitas de Roma suministraban a sus colegas en la China conocimientos que les daban alto prestigio e influencia en aquel país como directores de la oficina astronómica, reformadores del calendario y consejeros personales del emperador. Los que estaban en remotos países pagaban con creces a sus colegas europeos permitiéndoles grabar en forma indeleble su mística corporativa como eruditos y precursores esparcidos por todo el mundo. Los jesuitas franceses obsequiaron a Luis XV con un ejemplar del primer atlas integral de la China, en una edición de pastas con incrustaciones de cobre preparada por clérigos connacionales en la China a solicitud del emperador. Los sabios europeos conocieron la realidad del Asia, el África y América gracias a un millar de obras de historia natural y geografía redactadas por jesuitas de todo el orbe.

No todas sus realizaciones fueron académicas. A pesar de que una amarga lucha religiosa dividió a protestantes y católicos en Europa durante la contrarreforma, las víctimas de las fiebres, cualquiera que fuese su religión, consumían agradecidas la quinina, destilación de lo que popularmente se llamó la corteza jesuita; y las gotas a base de benjuí, cuyas propiedades medicinales habían aprendido los jesuitas de las poblaciones indígenas del nuevo mundo, aliviaban a quienes padecían irritaciones de la piel.

La innovadora y mundialmente extendida Compañía de Jesús aún existe. Enana pareció en un tiempo al lado de corporaciones religiosas mucho más numerosas, pero desde hace mucho es un gigante que las supera a todas[3]. Sus 21 000 profesionales dirigen 2 000 instituciones en más de un centenar de países. Han trascurrido más de 450 años desde su fundación. Esta longevidad es ya de por sí un notable testimonio de éxito en el darviniano ambiente de las grandes empresas. Los jesuitas marchan inexorablemente hacia su quinto centenario; por contraste, sólo 16 de las 100 compañías más grandes que había en los Estados Unidos en 1900 subsistieron lo suficiente como para celebrar un centenario.

¿Por qué han prosperado y prosperan aún los jesuitas? ¿Qué motivó su creatividad, su energía e innovación? ¿Por qué han triunfado cuando tantas otras compañías y organizaciones hace tiempo cayeron derrotadas?

---

[3] Estrictamente hablando, hay más seguidores de la orden franciscana que jesuitas, pero los franciscanos están divididos en ramas, cada una de ellas gobernada por su propio líder.

CUATRO PILARES DEL ÉXITO

Lo que a menudo pasa hoy por liderazgo es vana sustitución de técnica por sustancia. Los jesuitas desecharon el estilo de liderazgo aparatoso para concentrarse más bien en engendrar cuatro valores verdaderos como sustancia del liderazgo:

- conocimiento de sí mismo,
- ingenio,
- amor y
- heroísmo

En otros términos, los jesuitas equiparon a sus aprendices para que triunfaran, formándolos como líderes que

- entendieran sus fortalezas, sus debilidades, sus valores y tuvieran una visión del mundo;
- innovaran confiadamente y se adaptaran a un mundo cambiante;
- trataran al prójimo con amor y una actitud positiva; y
- se fortalecieran a sí mismos y a los demás con aspiraciones heroicas.

Además, los jesuitas formaban a todos los novicios para dirigir, convencidos de que todo liderazgo empieza por saber uno dirigirse a sí mismo.

Esta fórmula de los cuatro pilares sigue siendo hoy base de la formación de un líder jesuita, y es una fórmula que puede preparar líderes en todos los campos de la vida y el trabajo.

En este libro se examina no sólo qué fue lo que hizo triunfar a los jesuitas del siglo XVI sino también quiénes son los líderes y cómo se preparan en todas las generaciones, inclusive la nuestra. Los fundadores lanzaron la Compañía en un mundo complejo que probablemente había cambiado tanto en cincuenta años como en los mil anteriores. ¿Suena esto familiar? Nos hablan no como expertos en un anticuado panorama del siglo XVI sino como expertos en fomentar un comportamiento seguro a pesar de los cambiantes panoramas — en cualquier siglo.

En este libro se examina cuidadosamente qué fue lo que permitió triunfar a los primeros jesuitas y luego se relaciona esa sabiduría con la persona u organización actual que quiere aprender y practicar un liderazgo ampliamente efectivo.

En los capítulos siguientes se estudian más detenidamente los cuatro principios y se ilustran con anécdotas tomadas de la historia de los jesuitas. Algunas de esas anécdotas se ajustan a la idea familiar de qué hace un sacerdote para ganarse la vida; otras ciertamente no. Tampoco muestran todas ellas a los jesuitas bajo la luz más favorable, pues igualmente instructivos son los casos en que no estuvieron a la altura de sus principios. Hasta las grandes compañías tropiezan y los tropiezos de los jesuitas han sido espectaculares. Sus tácticas muy visibles y sus éxitos les ganaron casi tantos enemigos como admiradores. John Adams, segundo presidente de los Estados Unidos, le decía exasperado a Thomas Jefferson: "Si hay congregación alguna de hombres que merezca la perdición aquí en la tierra o en los infiernos es la compañía de Loyola; pero nuestro régimen de libertad religiosa tiene que darles asilo". No todos los países han sido tan tolerantes. Ya en 1773 la creciente horda de sus detractores alcanzó a los jesuitas y obtuvo del papa una bula que suprimía la orden de Loyola en todo el mundo. Centenares de jesuitas fueron encarcelados o ejecutados; otros fueron desterrados y vagaron por Europa como refugiados. (La historia de la llamada "gran supresión" se detalla en el capítulo 10.)

La mayoría de los lectores ya saben que esta desastrosa supresión no puso fin a la historia de los jesuitas; antes bien, el más extraordinario despliegue de liderazgo fue el resurgir de fénix de la Compañía de Jesús después de 45 años de "animación suspendida". En esta historia del liderazgo jesuita presentaremos anécdotas de los doscientos y tantos años desde su fundación hasta la supresión, período que llamaré arbitrariamente historia temprana de los jesuitas.

Lo que menos les pasó por la mente a estos primeros jesuitas fue creerse maestros de liderazgo. Este término de *liderazgo* jamás lo usaron como podría emplearlo hoy un consultor de negocios. En lugar de hablar de liderazgo lo practicaron. En los capítulos siguientes se esbozan con más detalles sus valores únicos de liderazgo, valores que difieren sustancialmente de los que pasan hoy por líderes en el ajetreo del mundo de los negocios. En el capítulo siguiente se explora igualmente la urgente necesidad de mayor liderazgo personal en toda nuestra sociedad y se destaca el contraste de tres estereotipos contemporáneos populares con la visión contracultural jesuita del liderazgo efectivo.

CAPÍTULO 2

Qué hacen los líderes

Los anaqueles de las librerías crujen bajo el peso de lo que a veces parecen manuales de adoctrinamiento para algún culto esotérico. ¿Quiere uno ser un buen líder? Consulte cualquiera de los libros contemporáneos que son el abretesésamo de los misterios del liderazgo y las artes de la administración, los "7 milagros", los "12 secretos sencillos", los "13 errores fatales", las "14 técnicas poderosas", las "21 leyes irrefutables", las "30 verdades", los "101 grandes errores" y las "1001 maneras".

Ya sabemos desde hace mucho tiempo qué es lo que esperamos de nuestros líderes. El profesor John Kotter, de la Escuela de Negocios de Harvard y desde hace más de 30 años destacado comentador de las prácticas administrativas de las compañías, ofrece un buen resumen de lo que creemos que son los deberes de un líder:

- Trazar el rumbo: exponer una visión del futuro (a veces un futuro lejano) y las estrategias para producir los cambios necesarios para realizar dicha visión.

- Alinear a la gente cuya cooperación se requiere: comunicar el rumbo verbalmente y con hechos, de manera que influya en la creación de equipos y coaliciones que entiendan la visión y las estrategias y acepten su validez.

* Motivar e inspirar: infundir vigor a las personas con el fin de vencer los obstáculos políticos, burocráticos y económicos que se oponen al cambio, y satisfacer así necesidades humanas básicas que a menudo permanecen insatisfechas.
* [En gran parte como resultado de estas tres primeras funciones], producir cambios, muchas veces dramáticos.

En otras palabras, el líder determina adónde necesitamos ir, nos indica el camino acertado, nos convence de que es preciso ir allá y nos conduce a través de los obstáculos que nos separan de la tierra prometida.

Así que estamos bastante seguros de que sabemos qué cosa es el liderazgo y fácilmente podríamos hacer una lista de los "mil secretos" y "leyes irrefutables" capaces de convertir a cualquiera de nosotros en un buen líder. Y, sin embargo, es bien extraño que, a pesar de todo lo que creemos saber, no creemos que nuestra sociedad cuente con el amplio liderazgo que necesita. El mismo Kotter dice desconsolado: "Estoy totalmente convencido de que la mayoría de las organizaciones de hoy carecen del liderazgo que necesitan; y la deficiencia es a menudo grande. No estoy pensando en un déficit del 10% sino del 200%, el 400% o más, de arriba abajo en toda la jerarquía". Cuatrocientos por ciento no es poca cosa, pero ningún crítico ha acusado a Kotter de exageración. Pero el déficit de liderazgo se acepta ampliamente como real, no como una exageración, y probablemente a los que así piensan no les falta razón.

Y al fin de cuentas, ¿qué sabemos? Sabemos lo que creemos que nuestros líderes deben hacer, sabemos que desde hace más de dos décadas sufrimos de un déficit de liderazgo y sabemos que una corriente interminable de recetas brota de un grifo siempre abierto. Y sin embargo todavía estamos lejos —digamos que 400% lejos— del liderazgo que necesitamos.

EL APORTE DE LOS JESUITAS
AL CONOCIMIENTO SOBRE EL LIDERAZGO

¿Qué pueden aportar a nuestro conocimiento del liderazgo unos cuantos sacerdotes del siglo XVI?

No nos dicen mucho que no sepamos ya acerca de qué es lo que hacen los líderes. Tampoco nos enseñan nada sobre lo que los líderes realizan.

Pero sí tienen mucho que decirnos sobre quiénes son los líderes, cómo viven y cómo llegaron a ser líderes. Los jesuitas nos muestran un modelo de liderazgo que va contra la corriente de la mayoría de los modelos contemporáneos. Rechazan los enfoques acomodaticios que equiparan el liderazgo con la simple técnica y las tácticas. Encuentran oportunidades de liderazgo no sólo en el trabajo sino también en las actividades ordinarias de la vida. Los jesuitas enfocan el liderazgo a través de un prisma muy distinto, y así refractado el liderazgo aparece bajo una luz distinta. Cuatro diferencias se destacan:

- Todos somos líderes y dirigimos todo el tiempo, bien o mal.

- El liderazgo nace desde *adentro.* Determina *quién soy,* así como qué hago.
- El liderazgo no es un acto. Es *mi vida,* una manera de vivir.
- Nunca termino la tarea de hacerme líder. Éste es un proceso continuo.

Todos somos líderes y dirigimos todo el tiempo

Harry Truman decía que liderazgo es "el arte de persuadir a la gente para que haga lo que ya debería haber hecho". Bien por Harry. Pero los primeros jesuitas la hicieron mejor. Su tarea no fue persuadir a los novicios para actuar sino dotarlos de las destrezas para discernir por sí mismos lo que había que hacer.

El concepto jesuita de que toda persona posee un potencial de liderazgo no aprovechado contradice abiertamente el modelo jerárquico de las corporaciones, que sigue dominando el modo de pensar acerca de quiénes son los líderes. A pesar de que el mundo de los negocios en los Estados Unidos sigue experimentando una insuficiencia de buenos dirigentes, su modelo de liderazgo se ha infiltrado lentamente en las ideas acerca de quiénes son los líderes. Los modelos tipológicos estereotipados son los que mandan: los presidentes de las compañías, los generales y los entrenadores. Líder es el que azuza a sus subalternos hasta el frenesí, similar al de los soldados de Enrique V que, aun en inferioridad numérica, se ofrendaron como locos y ganaron con gloria la batalla de Harfleur. Por dramáticos que sean estos episodios, son un poco insidiosos. Fomentan lo que pudiera llamarse un modelo de liderazgo "al 1 %": 1 % del equipo sólo 1 % del tiempo;

pero concentrándose en el 1 % de sus tropas, el general pasa por alto los problemas que tiene el 99 % restante. El enfoque limitado de que el 1 % del tiempo el líder dirige —el culmen se da la víspera de la batalla— hace caso omiso del otro 99 % de las oportunidades que todo líder tiene de hacerse sentir. Eso significa 1 % de las posibilidades que tiene el 1 % de los líderes potenciales, o la diezmilésima parte del pastel del liderazgo. Piénsese cuánto se pierde e imagínese el poder de captar ese potencial.

Los primeros jesuitas eran un poco más ambiciosos y mostraban mejor apetito cuando se servía el pastel del liderazgo. Haciendo a un lado las anteojeras que obligan a ver como líderes únicamente a quienes ejercen el mando, prepararon a todos los novicios para ser líderes. Desecharon las teorías del "único grande hombre" y se concentraron en el 99 % restante de los líderes en potencia.

Todo individuo es un líder y todo el tiempo está dirigiendo, a veces de manera inmediata, dramática y obvia, más a menudo de una manera sutil, difícil de medir, mas no por ello menos real.

Muy bien por los jesuitas. Pero, ¿no es eso de que "todos somos líderes" pura palabrería consoladora para soslayar una buena definición de liderazgo? Pues si todos dirigen, no hay quien siga; y sin muchos seguidores no hay verdaderos líderes. Las teorías del "único hombre grande" no son igualitarias pero sí reflejan la realidad del liderazgo en el mundo real. ¿O no es así? La mayoría de las personas están de acuerdo en que los líderes influyen en los demás y producen un cambio, ¿pero qué tipo de influencia o cambio define el liderazgo? La audaz decisión del presidente de una compañía de fusionarse con otra inevitablemente será aplaudida como liderazgo corporativo, lo mismo que sus esfuerzos por identificar a las personas que prometen y formarlas para ser futuros líderes. Sin embargo, éstas son dos clases totalmente distintas de comportamiento. La fusión tiene un impacto obvio e inmediato, mientras que el desarrollo de los subalternos es una iniciativa sutil que puede tardar años en traer una recompensa. Con todo, a pocos les costaría trabajo reconocer ambas cosas como manifestaciones de liderazgo, por lo menos cuando el presidente de la compañía es el que toma la iniciativa.

Pero si el presidente que prepara a los futuros gerentes de la compañía es un líder, ¿no son también líderes los que años atrás le enseñaron a él a leer y escribir y pensar?

Si el general que dispone de un centenar de soldados para una carga definitiva es un líder, ¿no lo son igualmente los padres de esos soldados que los educaron para ser adultos conscientes de sus deberes y resueltos?

Si el gerente que conduce a sus empleados en medio de una crisis en el trabajo es un líder, ¿no es también un líder el que anima a un amigo para que arrostre un difícil problema personal?

En resumen, ¿quién inventó ese metro que mide a algunos como líderes y a otros sólo como maestros, padres, amigos o colegas? ¿Y dónde están las líneas divisorias? ¿Se necesita influir por lo menos en cien personas a la vez para ser líder? ¿O es suficiente con 50? ¿O qué tal 20, o 10, o una sola persona?

¿Y el impacto de un líder tiene que hacerse visible en el término de una hora, o de un año? ¿No hay también líderes cuya influencia es escasamente perceptible durante su vida pero se manifiesta una generación más tarde en los que ellos criaron, enseñaron, educaron o formaron?

La confusión proviene de una visión sumamente estrecha de que líderes son únicamente quienes ejercen mando sobre los demás *y* producen un impacto trasformador, *y* hacen esto a corto plazo. Y cuanto más rápidamente lo hagan y a más gente afecten, tanto más arriba figuran en la escala del liderazgo.

Pero el estereotipo de liderazgo de los de arriba, que todo lo trasforma inmediatamente, no es la solución: es el problema. Si sólo los que están en una posición de mandar a grandes equipos son los líderes, todos los demás tienen que ser seguidores. Y los que se catalogan como seguidores actuarán inevitablemente como tales, desprovistos de la energía y el empuje necesarios para aprovechar sus propias oportunidades de liderazgo.

El modelo jesuita acaba con el precepto del "único grande hombre" por la sencilla razón de que todos ejercen influencia, buena o mala, grande o pequeña, todo el tiempo. Un líder aprovecha todas las oportunidades que se le presenten para influir y producir un impacto. Las circunstancias les dan a unos pocos la oportunidad de vivir momentos definitorios que cambian el mundo; la gran mayoría de la gente no tiene esas oportunidades. Sin embargo, *el liderazgo lo define no sólo la magnitud de la oportunidad sino también la calidad de la respuesta.* Uno no puede controlar todas sus circunstancias pero sí la manera como responde a ellas.

El liderazgo nace desde adentro. Determina quién soy yo, así como qué hago

En lugar de repetir una y otra vez listas trilladas de lo que hacen los líderes, el método jesuita se concentra en quiénes son líderes. Nadie llegó nunca a ser líder leyendo un libro de instrucciones y mucho menos repitiendo como loro reglas o máximas iguales para todos.

El medio más eficaz de liderazgo con que cuenta el individuo es el conocimiento de sí mismo: una persona que entiende lo que valora y lo que quiere, que se basa en determinados principios y se enfrenta al mundo con una visión coherente. La conducta del líder se desarrolla de manera natural una vez que se hayan sentado esos cimientos. Si no se han sentado, la simple técnica no los reemplaza.

La mayor fortaleza del líder es su visión personal, que comunica por el ejemplo de su vida diaria. *Visión* en este sentido no se refiere a un vago mensaje o a consignas adoptados del léxico de la corporación, como "traer buenas cosas a la vida" o ser "el supermercado del mundo"; por el contrario, la visión es algo intensamente personal, el producto de madura reflexión: *¿Qué es lo que yo busco? ¿Qué quiero? ¿Cómo encajo en el mundo?*

Pese a los sabihondos de relaciones públicas, la declaración de misión no arraiga por estar hermosamente redactada. Sólo echa raíces cuando los subalternos ven que los gerentes se interesan personalmente en ella. Vencer a la competencia cobra vida para mí no cuando oigo al gerente predicar esa meta sino cuando veo al gerente apasionadamente dedicado a ganar. Simplemente, lo que nace de adentro es el factor decisivo entre el hablar y el hacer. La técnica —cómo hechizar a un equipo, cómo formular metas a largo plazo, cómo establecer objetivos y hacerlos aceptar— puede ampliar la visión, pero jamás puede reemplazarla.

El liderazgo no es un acto;
es una manera de vivir

El liderazgo no es un oficio ni una función que uno desempeña en el trabajo y luego deja a un lado cuando regresa a su casa a descansar y disfrutar de la vida real. Más bien el liderazgo es la vida real del líder.

Los primeros jesuitas se referían a menudo a lo que llamaban *nuestro modo de proceder*. Ciertos comportamientos se ajustaban a ese modo; otros no. Nadie trató de expresar "nuestro modo" por escrito porque nadie habría podido hacerlo y además no se necesitaba. Era algo que fluía de la visión del mundo y las prioridades que compartían todos los miembros de la Compañía de Jesús. Su modo de proceder era una brújula, no una lista de comprobación. Si uno sabe adónde quiere ir, la brújula es un instrumento mucho más útil. Lanzado al extraño terreno cultural de la China, el jesuita comprobó que la lista de comprobación de tácticas que funcionaban en Europa resultaba inoperante en ese país, pero su brújula, su modo de proceder, le servía muy bien. Sabiendo lo que valoraba y lo que quería realizar, se orientó en el nuevo ambiente y confiado se amoldó a las circunstancias no familiares.

Hacerse líder es un proceso continuo
de autodesarrollo

La atractiva pero engañosa promesa implícita en "los siete pasos para llegar a ser líder" es que uno llegará a serlo si completa esos siete pasos. Todo el que haya tratado de guiarse a sí mismo o guiar a un equipo sabe que nada está más lejos de la verdad. El liderazgo personal es una tarea permanente en la cual el conocimiento de sí mismo va madurando de manera continua. El ambiente externo evoluciona y las circunstancias personales cambian, lo mismo que las prioridades personales. Algunas fortalezas personales decaen a medida que surgen oportunidades para desarrollar otras. Todos estos cambios requieren un continuo crecimiento equilibrado y una evolución como líder. Para el líder débil, el proceso continuo es una amenaza o una carga; una perspectiva más atractiva es llegar a alguna planicie imaginaria de liderazgo donde se pueda descansar y gozar de su elevada posición. Por el contrario, el líder fuerte acoge la oportunidad de seguir aprendiendo acerca de sí mismo y del mundo, y goza con la perspectiva de nuevos descubrimientos e intereses.

UNA EXTRAÑA DEFINICIÓN DE LIDERAZGO
EN COMPARACIÓN CON OTRAS

Todo lo anterior hace aparecer a Ignacio de Loyola y sus colegas como una extraña adición al elenco del liderazgo. Se parecen sin duda a los que hoy llamamos líderes y hacen lo que esperamos de los líderes: innovar, correr riesgos y producir cambios importantes. No les costaría trabajo comprobar su autenticidad como dirigentes.

Con todo, se situaron fuera de la corriente principal —a veces incómodamente afuera— al ofrecer una visión única de quiénes son los líderes y cómo se forman. En nuestra cultura de satisfacciones instantáneas hay algo seductor en la perspectiva de comprar un libro antes de tomar un avión en

Chicago y llegar a Nueva York siendo ya un buen líder. Los jesuitas no hacen tales promesas. Su visión no se puede destilar en simple técnica; no viene con una lista de tácticas a la medida. Nos ofrecen un rumbo pero nos despiden con preguntas en vez de respuestas prácticas y fáciles de implementar. Si todo liderazgo es ante todo liderazgo de sí mismo, que nace de las creencias y actitudes personales, entonces cada uno tiene que resolver qué legado personal de liderazgo quiere dejar a sus sucesores. Si el papel que desempeñamos como líderes se está desenvolviendo continuamente, tomaremos esa decisión más de una vez. Y si influimos todo el tiempo en quienes nos rodean, ya sea que nos demos cuenta de ello o no, generalmente no estamos escogiendo nuestras oportunidades de dirigir sino que se nos imponen independientemente de nuestra voluntad. Nuestra única alternativa es responder bien o hacer un pésimo trabajo.

Si esos primeros jesuitas fueron líderes distintos, quizá fueron también mejores modelos de lo que por lo común se nos ofrece ahora, por la sencilla razón de que su modelo se basaba en seres humanos reales que vivieron una vida real en el mundo real. Consideremos, por otra parte, a algunos de los gurús que hemos consultado en busca de consejo que nos ilumine sobre la materia al embarcarnos en el tercer milenio.

El general

A Atila el huno, conocido también como "El azote de Dios", lo han elogiado por lo menos dos libros de liderazgo. Sin duda se le puede tener como un líder, a su manera, pues unió a muchas tribus dispersas para lanzar la gran algarada que castigó a Europa hacia el año 440 de nuestra era. Es más:

definitivamente "aclaró" la estructura de liderazgo de los hunos al asesinar a Bleda, su hermano y colega de luchas. Seguro de su autoridad, Atila concibió y puso en práctica una clara visión estratégica. Sus hordas asolaron a Europa desde el Rin hasta el mar Caspio y extorsionaron a los pueblos, que tenían que pagarle un tributo a cambio de tratados de paz que ponían fin al saqueo. Probablemente fue el primer empresario que organizó un lucrativo negocio sobre el principio de que los clientes deberían pagarle para que dejara de prestarles "sus servicios".

Los poderes motivadores de Atila tienen que haber sido impresionantes, según se colige de lo que les exigía a sus secuaces resistir. Los lanzó contra ejércitos más numerosos, mejor equipados y tecnológicamente superiores. Si triunfaba, el botín era en su mayor parte para él y sus íntimos; si perdía, los de abajo eran los que sufrían las consecuencias en una medida desproporcionada. Cuando los romanos, los francos y los visigodos se unieron para derrotar a los hunos en los campos cataláunicos, Atila simplemente volvió grupas y se marchó a su casa, dejando a más de 100 000 hunos tendidos en el campo, en una de las más horribles matanzas de la historia militar.

Esa filosofía administrativa de "con cara gano yo, con sello pierdes tú" se la llevó Atila consigo hasta el sepulcro: hace parte de la leyenda que los que lo enterraron con su cuantioso tesoro fueron sacrificados allí mismo para que el lugar de la tumba nunca pudiera ser revelado y robado.

Por impresionantes que hayan sido las primeras acometidas de Atila, no podemos citar la organización de los hunos como un modelo de excelencia sostenida. Después de ocho años de lucrativo desenfreno, Atila perdió sus dos últimas campañas principales y la dinastía de los hunos empezó a eclipsarse aun antes de su muerte.

De favorito a asesor administrativo

Nicolás Maquiavelo (1469-1527), contemporáneo de Ignacio de Loyola, ha sido ensalzado por lo menos en media docena de libros sobre el liderazgo.

Seis libros. ¿Qué tenía Maquiavelo que el pobre Loyola no tuviera? Ciertamente no tenía experiencia de liderazgo. Es cierto que mucho prometía cuando empezó su carrera. A los 29 años ya era alto funcionario en Florencia mientras que Loyola había cumplido los 49 cuando fundó la Compañía de Jesús. Sin embargo, la experiencia de Maquiavelo en el gobierno fue desconcertantemente corta. Apenas pasaba de los 40 años cuando fue destituido al recuperar el poder la famosa familia de los Médicis. Un año después fue reducido corto tiempo a prisión, debido a una sospecha probablemente infundada de que conspiraba contra ellos.

Marginado y sin empleo, Maquiavelo tuvo tiempo de sobra para escribir *El Príncipe*, su cartilla para aspirantes a líderes empeñados en adquirir, retener y ejercer el poder, y la razón de nuestra fascinación con él como consultor de liderazgo. Dedicó el libro a Lorenzo de Médicis, posiblemente en un intento fallido para congraciarse con él, pero la verdadera inspiración de esa obra fue César Borgia, el joven prodigio que a los 17 años fue ungido cardenal. ¿Fue esto el reconocimiento de una temprana vocación de santo? No precisamente. Lo que sucede es que el papa que lo consagró era su padre. Como muchos adolescentes que abandonan los estudios al llegar a la edad adulta, César Borgia colgó los hábitos y el capelo cardenalicio, se casó y sucedió a su hermano mayor, asesinado, como capitán general del ejército pontificio. Nadie fue jamás procesado por la trágica muerte del hermano, pero César ha sido el sospechoso predilecto de los historiadores.

Maquiavelo menciona con aprobación cómo el cruel, desleal y desalmado oportunista Borgia traicionó a un subalterno fiel, lo hizo asesinar y "lo exhibió en la plaza pública de Cesena una mañana, en dos pedazos". Una página más adelante en su obra dice Maquiavelo: "Así pues, repasando todos los actos del duque, no encuentro nada que reprocharle; antes bien, me parece que tengo razón al proponerlo... como un modelo".

Atila hablaba poco y no escribió nada; Maquiavelo, en cambio, nos dejó muchas joyas de su sabiduría de liderazgo:

"Si es preciso elegir, ser temido es mucho más seguro que ser amado; pues una buena regla general sobre los hombres es que son ingratos, volubles, mentirosos, impostores, cobardes y ávidos de ganancias".

"Los príncipes que más han realizado son quienes prestaron poca atención a cumplir sus promesas, pero sabían manipular audazmente la mente de los hombres. Al fin de cuentas, les ganaron a quienes actuaban con honradez".

"Uno tiene que ser un gran mentiroso y un hipócrita. Los hombres son tan pobres de espíritu y están tan dominados por sus necesidades inmediatas, que un embaucador encontrará siempre mucha gente dispuesta a dejarse engañar".

Pues bien, por lo menos sabemos cuál es la posición de Maquiavelo sobre la cuestión. ¿Pero es ésa la posición que queremos que adopten nuestros líderes? ¿Es la que el lector querría adoptar?

El entrenador

Los entrenadores de deportes parecen ser los más destacados modelos de liderazgo en la cultura estadounidense. Una visita a cualquier librería será recompensada con por lo menos una docena de invitaciones a comprar consejos administrativos procedentes de entrenadores deportivos activos o jubilados. En vista de esta gran oleada de sabiduría deportiva, se diría que los problemas que tienen los entrenadores tienen que ser muy parecidos a los que a todos se nos presentan en la vida.

¿Lo son en realidad? ¿Cuántos vivimos y trabajamos en un ambiente que se parezca siquiera remotamente al baloncesto profesional? Las reglas de este deporte rara vez cambian, y muy poco. Tres personas armadas de silbatos vigilan que todos obedezcan las reglas y paran el juego a la menor violación para hacer justicia inmediata. Los que no están satisfechos o se sienten abrumados por el curso de los acontecimientos pueden suspender el partido pidiendo tiempo para reagruparse y volver a la cancha.

Todo entrenador se limita a dar sólo un producto: un equipo campeón de baloncesto, de manera que nadie tiene que preocuparse porque lo aventajen los competidores al introducir nuevos productos. (Imagínese qué tranquila sería la vida de los fabricantes de reproductores de discos compactos si existiera una prohibición parecida contra los casetes de audio.) Y en este pequeño mundo del deporte nadie tiene tampoco que angustiarse por niveles óptimos de personal para la compañía; el nivel óptimo es doce jugadores, ni uno más ni uno menos. Estos doce empleados siempre trabajan juntos en el mismo lugar; trabajan en un solo proyecto a la vez y siempre es el mismo proyecto: ganarle al equipo X.

Lo que define al líder es su habilidad para motivar a esos doce empleados a trabajar juntos hacia la meta común de ganar un partido de baloncesto. Se vale en gran medida de su experiencia, buen juicio y conocimiento del juego, pero también emplea otros recursos motivadores: en los Estados Unidos dispone de unos 80 millones de dólares para repartir entre los doce empleados que figuran en su nómina. A los jugadores menos valiosos les paga unos 280 000 dólares por cabeza, como ordena el "salario mínimo" de la Asociación Nacional de Baloncesto, para motivarlos a que practiquen y trabajen de firme en los aproximadamente 80 partidos que se juegan en la temporada. Esto le deja fondos suficientes para pagarle a cada uno de los mejores jugadores entre 5 y 10 millones de dólares, a fin de estimularlos a dedicar todos sus esfuerzos a lograr el éxito de la compañía.

¿Será presuntuoso afirmar que el ambiente de trabajo y los retos de la vida de la abrumadora mayoría de los 135 millones de personas empleadas en oficios civiles en los Estados Unidos no se parecen mucho al ambiente de trabajo del jugador profesional de baloncesto?

Los jesuitas

Aun cuando los jesuitas no son popularmente conocidos como expertos en liderazgo, sus métodos, visión y longevidad los hacen modelos en esta materia superiores a la muchedumbre antes aludida. A diferencia de los triunfos de los hunos, que fueron flor de un día, la Compañía de Jesús lleva ya 450 años de éxitos. Mientras Maquiavelo fincaba sus esperanzas en la capacidad de un gran príncipe para conducir a infelices seguidores, el equipo jesuita basó las suyas en el talento de todo el grupo. Los jesuitas vieron sus esperanzas realizadas en el comportamiento heroico e innovador de sus miembros a lo largo de los siglos y en todo el globo terráqueo. Estaban tan fieramente comprometidos a triunfar como Atila o Maquiavelo, pero, a diferencia de ellos, no consideraban ni el engaño ni el asesinato como estrategias aceptables para ganar o ejercer influencia. Y a diferencia de los jugadores profesionales de baloncesto, los primeros jesuitas operaban en un mundo cambiante y sin reglas.

UN EXAMEN MÁS DETENIDO
DE LOS CUATRO PILARES

¿Cuáles *son* los secretos de los líderes jesuitas? ¿Cómo llegó cada uno de los jesuitas a ser líder, y por qué tuvieron éxito sus esfuerzos conjuntos? Cuatro principios se destacan. Los jesuitas se volvieron líderes porque:

- Entendieron sus fortalezas, sus debilidades, sus valores, y su visión del mundo;
- Innovaron confiadamente y se adaptaron a un mundo cambiante;
- Trataron al prójimo con amor y una actitud positiva; y
- Se fortalecieron a sí mismos y fortalecieron a los demás con aspiraciones heroicas.

Estos cuatro principios no salieron de un libro de reglas ni de un manual de instrucciones. Es seguro que ninguno de los primeros jesuitas —ni nadie en el siglo XVI— usó la palabra liderazgo como nosotros la entendemos hoy. Tampoco hablaban explícitamente de conocimiento de sí mismos, ni de ingenio, amor y heroísmo como cuatro principios que guiaran a su comunidad. Pero esos principios de liderazgo aparecen hoy cuando examinamos sus palabras y acciones en busca de los temas que los animaron en sus grandes éxitos. En el caso de los primeros jesuitas la busca resulta fructífera: esos cuatro principios infiltraban su trabajo y sus realizaciones, resaltaban en sus escritos y dominaban su bien pensado plan de entrenamiento. Eran la guía para todo jesuita y constituían la base de la cultura jesuítica corporativa.

Conocerse a sí mismo:
"Ordenar su propia vida"

Los líderes prosperan al entender quiénes son y qué valoran, al observar malsanos puntos de debilidad que los descarrilan y al cultivar el hábito de continua reflexión y aprendizaje.

Sólo la persona que sabe lo que quiere puede buscarlo enérgicamente. Sólo quienes han puntualizado sus debilidades pueden superarlas. Éstos son principios obvios pero que rara vez se llevan a la práctica.

Los primeros jesuitas inventaron toda una serie de técnicas y prácticas para formar discípulos que tuvieran conciencia de sí mismos. Aislados durante un mes del trabajo, las amistades, las noticias y hasta de las conversaciones casuales, los novicios dedicaban toda su energía a una minuciosa evaluación de sí mismos. Practicar los ejercicios espirituales era el momento culminante de un régimen de entrenamiento que lo abarcaba todo, hasta mendigar comida y posada en un largo peregrinaje. Los novicios salían del entrenamiento sabiendo lo que querían en la vida, cómo alcanzarlo y qué debilidades podían hacerlos tropezar.

Tomar conciencia de sí mismo es un producto nunca terminado. Sin duda, algunos de los valores que lo guían a uno en la vida se adoptan desde temprana edad y de ahí en adelante no son negociables, pero nuestro complejo mundo sigue cambiando. Los líderes también tienen que cambiar. Cada uno de los primeros jesuitas dedicaba todos los años una semana de intensa concentración a revitalizar su compromiso central y evaluar su rendimiento durante el año anterior. Además, las técnicas jesuitas de autoconocimiento permitían acomodarse al cambio porque infundían al novicio el hábito de continuo aprendizaje y de meditación diaria sobre sus actividades. Estas técnicas siguen siendo pertinentes hoy, precisamente porque se diseñaron para que los individuos muy ocupados "reflexionaran sobre la marcha". Los religiosos anteriores a los jesuitas por lo general confiaban en las paredes del convento para que les ayudaran a concentrarse todos los días y a permanecer dueños de sí mismos. Pero Loyola echó por tierra las paredes del claustro y sumergió a los jesuitas en el mar tormentoso de la vida cotidiana. Una vez que cayeron las paredes, los jesuitas tuvieron que apelar a otras técnicas para permanecer serenos en medio de la barahúnda infernal que los rodeaba, exactamente lo mismo que a todos nosotros.

Siglos después los estudios académicos al fin se están poniendo al día con la visión de Loyola y están validando su insistencia en el conocimiento de uno mismo. Aun cuando muchos ejecutivos ascienden por la jerarquía en virtud de su destreza técnica, su inteligencia natural o por pura ambición, por sí solas estas características rara vez dan por resultado un liderazgo sobresaliente a largo plazo. La investigación moderna sugiere que el cociente intelectual y las habilidades técnicas son mucho menos importantes para un liderazgo de éxito que un maduro conocimiento de uno mismo. En otros términos, la dura experiencia indica que el factor crítico está en las destrezas ideales que implica el conocimiento de uno mismo.

Ingenio: "Todo el mundo será nuestro hogar"

Los líderes se acomodan y hacen acomodar a los demás en un mundo cambiante. Exploran nuevas ideas, métodos y culturas en vez de mantenerse a la defensiva ante lo que pueda esperarles a la vuelta de la esquina. Afirmándose en principios no negociables, cultivan la "indiferencia" que les permite adaptarse sin temor.

Para Ignacio de Loyola el ideal jesuita es "vivir con un pie levantado", es decir, siempre listo para responder a las oportunidades que se ofrezcan.

El conocimiento de uno mismo es la clave para vivir bien con un pie levantado. Un líder tiene que despojarse de hábitos arraigados, prejuicios, preferencias culturales y abandonar esa actitud de "así es como lo hemos hecho siempre" — el lastre que impide una rápida respuesta adaptable. Las creencias básicas no son negociables; son el ancla que permite cambiar resueltamente en lugar de dejarse llevar por la corriente sin propósito alguno. El líder se adapta confiadamente, sabiendo qué es y qué no es negociable.

Un cambio aparentemente interminable ha ofuscado a nuestra generación. En los últimos cincuenta años el hombre llegó a la Luna y la mayoría de los habitantes de la Tierra aprendieron a comunicarse por el correo electrónico. Los primeros jesuitas afrontaron cambios igualmente profundos. Los viajes de descubrimiento triplicaron la extensión del mundo habitado entonces conocido por los europeos. Asia y América empezaron a aparecer en el mapamundi —es decir, en la versión europea del mapamundi— en contornos indefinidos que se fueron precisando en las primeras décadas del siglo XVI.

En Europa, la reforma protestante, iniciada por Martín Lutero, acabó en una sola generación con la dominación monolítica que la Iglesia católica romana había ejercido durante siglos sobre el cristianismo, y ganó amplio apoyo para nuevas ideas y prácticas religiosas. Los reformadores contribuyeron a fomentar la primera revolución mundial de los medios de información. Se ha calculado que Lutero personalmente fue el autor de una cuarta parte de los títulos que se publicaron en Alemania en un período de diez años. A medida que Lutero y otros aprovechaban por primera vez en su corta historia todo el poder de la prensa de imprimir, los editores inundaban a Europa con más libros y folletos en cincuenta años que cuantos se habían publicado en el milenio anterior.

En esos tiempos atribulados, la jerarquía del Vaticano vaciló entre una actitud de parálisis y una reacción defensiva frente al ambiente turbio[4]. Atareadas con otras prioridades o chapaleando en la negación, las autoridades eclesiásticas primero dejaron que se enconara el reto de Martín Lutero y luego excomulgaron sumariamente al monje disidente y le

---

[4] Estrictamente hablando, el término *Vaticano* —como sinónimo de la burocracia papal— no se usó con propiedad antes de 1870. En virtud de la brevedad, se usa a través de este libro aunque constituya un anacronismo.

dieron así una plataforma en torno a la cual podía concitar apoyo. Mientras Lutero y otros inundaban a Europa con libros y panfletos en los cuales exponían su doctrina, las autoridades del Vaticano se ocupaban en publicar su primer índice de libros prohibidos.

Mientras el Vaticano se esforzaba por detener el cambio que no era de su agrado, los jesuitas de Loyola se lanzaron resueltos a ese mundo cambiante. En Europa, los funcionarios del Vaticano condenaban la Biblia y los libros de oraciones en lenguas vernáculas, pero los jesuitas preparaban originales traducciones y diccionarios del tamil, el japonés, el vietnamita y muchos otros idiomas para poder presentar su evangelio en las lenguas nativas a las poblaciones locales. Mientras una pesada iglesia institucional desperdiciaba casi diez años en preparar el Concilio de Trento —donde se galvanizarían sus respuestas estratégicas a la amenaza protestante— los jesuitas, más ágiles, adelantaban su agenda estratégica con mayor rapidez y urgencia. En el término de diez años de identificación con la educación superior como prioridad para la década de 1540 habían abierto más de treinta universidades alrededor del mundo.

¿Cómo se adaptaron tan rápida y totalmente los jesuitas a ese mundo que probablemente cambió tanto durante su vida como había cambiado en los mil años anteriores? Los jesuitas apreciaban la agilidad individual y corporativa. Eran rápidos, flexibles, abiertos a nuevas ideas. Las mismas prácticas que fomentaban el conocimiento de sí mismos, los *ejercicios espirituales* de Ignacio de Loyola, infundían "indiferencia", o sea desapego a lugares y posesiones, porque lo contrario puede dar por resultado indebida resistencia al movimiento y al cambio. El mensaje de "vivir con un pie levantado" se reforzó sin cesar: los lugartenientes de Loyola recorrieron Europa recordándoles a los jesuitas dispuestos a acoger nuevas misiones que "el mundo entero sería su hogar". Loyola los estimulaba así a actuar en la práctica con rapidez, pero al mismo tiempo describía una actitud mental que todo jesuita debía cultivar.

Amor: "Con más amor que temor"

Los líderes se enfrentan al mundo llenos de confianza, con un sentido claro de su propio valer como individuos dotados de talento, dignidad y potencial para dirigir. Encuentran esos mismos atributos en otras personas y se comprometen resueltamente a honrar y liberar el potencial que perciben en sí mismos y en los demás. Crean ambientes rodeados y activados por la lealtad, el afecto y el apoyo mutuo.

Maquiavelo aconsejaba a los líderes que "ser temidos es mucho más seguro que ser amados", consejo que no sorprende en boca de un hombre que estaba convencido de que los seres humanos son "ingratos, volubles, mentirosos e impostores, cobardes y ávidos de ganancias".

Loyola tenía un criterio diametralmente opuesto; aconsejaba a los directores de los jesuitas gobernar con "todo el amor y modestia y caridad posibles", de manera que sus equipos medraran en ambientes "de más amor que temor".

Esta actitud tan patentemente contraria de los jesuitas provenía de su visión totalmente contraria del mundo. Mientras Maquiavelo veía el mundo poblado por embaucadores, miedosos y desagradecidos, los jesuitas lo veían a través de un lente muy distinto: veían a cada persona como un ser dotado de singular talento y dignidad. La conducta de los jesuitas provenía de su visión, así como los consejos de Maquiavelo de la suya. Movidos por el amor, los jesuitas trabajaban con pasión y valor, ya fuera enseñando a los adolescentes o enfrentándose a los colonizadores que abusaban de los pueblos indígenas de América Latina.

Los jesuitas continuaron comprometidos con esa visión porque funcionaba. Los llenaba de energía trabajar con colegas que los estimaban, confiaban en ellos y los apoyaban. Sus equipos estaban unidos por lazos de afecto y lealtad, no minados por traiciones ni críticas. Francisco Javier, pionero de la Compañía de Jesús en el Asia, dio ejemplo elocuente del gran poder de esos lazos. Cruzando el continente en todas direcciones, miles de kilómetros y varios años apartado de sus colegas fundadores, derivaba energía de unos cuantos trozos de papel que llevaba consigo y en los cuales constaban las firmas de aquéllos. ¿Por qué? Las firmas le recordaban "el gran amor que mis colegas siempre me mostraron y me siguen mostrando". Sería difícil imaginar hoy a un ejecutivo de una compañía abriendo su maletín para derivar similar energía del último memorando recibido de la sede principal.

Su visión igualitaria y global les permitió a los jesuitas organizar equipos en los cuales convivían sin chocar novicios de la nobleza europea con hijos de las familias más pobres del mundo, y todo lo intermedio. Entre quienes trabajaban en la China había nacionales de media docena de países, siglos antes de que el término "equipos multinacionales" entrara en el léxico de las grandes corporaciones.

Todo el mundo sabe que las organizaciones, los ejércitos, los equipos deportivos y las compañías dan lo mejor de sí cuando los miembros del equipo se respetan los unos a los

otros, se estiman y se valoran, se tienen recíproca confianza
y sacrifican pequeños intereses egoístas para apoyar las
metas del equipo y el éxito de sus colegas. Los individuos
también dan lo mejor de sí cuando los respeta, los estima y
confía en ellos alguien que genuinamente se interese por su
bienestar. Loyola no tenía miedo de llamar este conjunto de
actitudes "amor", y aprovechó su poder vitalizador y unificador para su equipo jesuita. Los líderes eficaces también
aprovechan hoy ese poder.

Heroísmo: "Despertar grandes deseos"

Los líderes imaginan un futuro inspirador y se esfuerzan por
darle forma, en vez de permanecer pasivos a la espera de lo
que traiga el futuro. Los héroes sacan oro de lo que tienen a
mano en lugar de esperar a tener en la mano oportunidades
de oro.

Los consultores en administración buscan sin cesar la
fórmula segura para suscitar un desempeño motivado y
comprometido de los individuos y los equipos. Por más que
los gerentes quisieran operar un interruptor o apretar un
botón para activar a los trabajadores, las cosas no funcionan
así. No existe un botón eléctrico para motivar; o, más bien,
sí hay una especie de botón, pero está *en el interior* de cada
uno. Sólo el individuo puede motivarse a sí mismo.

Loyola animaba a los jesuitas de Ferrara, en Italia, dicién-
doles que "trataran de concebir grandes resoluciones y
provocar deseos igualmente grandes". No era un consejo
aislado. La cultura jesuita impulsaba a los miembros de la
Compañía a concebir "grandes deseos" mediante la visuali-
zación de objetivos heroicos. Así obtenían un comportamien-

to sobresaliente de individuos y equipos. Lo mismo ocurre cuando atletas, músicos o gerentes se concentran firmemente en metas ambiciosas. También movía a los jesuitas una energía infatigable, expresada en una consigna simple, *magis*, que en latín quiere decir "más", siempre algo más, algo más grande. Esa consigna llevó a los exploradores jesuitas de todo el mundo a ser los primeros europeos que penetraron en el Tíbet y reconocieron las fuentes del Nilo Azul y las cabeceras del río Misisipí. A los maestros jesuitas en centenares de colegios, la consigna *magis* los centraba en proveer la educación secundaria de más alta calidad disponible en el mundo: un estudiante a la vez, un día a la vez. Hicieran lo que hicieran, se mantenían convencidos de que el rendimiento de la más alta calidad se obtenía cuando los individuos y los equipos apuntaban más alto.

Sobre esta convicción construyeron su compañía. Aspiraban a poner el esfuerzo total del equipo al servicio de algo que era más grande que cualquier individuo, a pesar de que el compromiso del equipo dependía del compromiso individual. Cada novicio pasaba primero por el proceso de dar forma *personalmente* a las metas del equipo y apropiarse de ellas, de provocar sus propios "grandes deseos" y motivarse a sí mismo.

¿Cómo crearon los jesuitas la compañía religiosa de más éxito en la historia? ¿Y cómo llegan los individuos a ser líderes hoy? Conociéndose a sí mismos. Innovando para amoldarse a un mundo cambiante. Amando al prójimo. Apuntando muy alto y más lejos.

Conocimiento de sí mismo, ingenio, amor y heroísmo. No son cuatro técnicas sino cuatro principios que dan forma a una manera de vivir, un modo de proceder. Ningún jesuita triunfó adoptando tres de los principios y prescindiendo del cuarto. Para entender el liderazgo jesuita tenemos que disecarlo primero, estudiar sus cuatro elementos medulares y en seguida volver a reunirlos para traer a la vida ese liderazgo, pues su poder real no reside en la simple suma de sus partes sino en lo que resulta cuando esos cuatro principios se refuerzan recíprocamente en una vida integrada.

En los capítulos siguientes se exploran más detalladamente estos cuatro pilares, pero la historia del liderazgo jesuita debe empezar por el hombre que principalmente lo inspiró: Ignacio de Loyola. Su historia personal, de militar a líder de la sociedad, es un arquetipo familiar, tan venerable como George Washington y de tanta actualidad como Colin Powell. Pero la transformación de San Ignacio de soldado a líder de una compañía se sale de los estereotipos de cómo ocurren las trasformaciones humanas y provoca la reflexión sobre los atributos que distinguen el verdadero liderazgo. En el capítulo siguiente se repasan igualmente los sencillos comienzos de la Compañía de Jesús, fundada por un grupo de hombres que carecían de un producto, de una marca o de un plan de negocios, pero que percibían con toda claridad lo que apreciaban y cómo querían ver esos valores reflejados en su trabajo.

CAPÍTULO 3

Los jesuitas

Una compañía casual con visión y propósito

L os jesuitas gozan de un envidiable reconocimiento de su nombre. Pero mientras todo el mundo sabe por qué es famosa Coca-Cola, el nombre de los jesuitas sólo evoca una mezcolanza de hechos, anécdotas e imágenes inconexas: un oportuno epíteto ("jesuítico") que se lanza contra un taimado contrincante en una negociación, el recuerdo de un clérigo metido en un vagón de la policía durante una manifestación contra la guerra de Vietnam, el de otro que se retira de un Congreso eclesial por petición de un papa descontento, y el de otro clérigo asesinado por fuerzas armadas en El Salvador. El término *jesuita* también trae a la memoria instituciones educativas de alta calidad, con ex alumnos como Bill Clinton, François Mitterand, Antonin Scala y Fidel Castro; y equipos de baloncesto de gran prestigio, ganadores de muchos campeonatos como los de las universidades de Georgetown, Gonzaga, Boston College, Marquette y la Universidad de Detroit Mercy.

Los diez jesuitas fundadores constituían un grupo nada común, mucho más heterogéneo que cuantos dirigían compañías y organizaciones del siglo XVI. Veinticuatro años mediaban entre el más joven y el más viejo en este mezclado grupo de españoles, franceses y portugueses. Sus familias y antecedentes socioeconómicos creaban también un ancho golfo. Pierre Favre era hijo de labradores franceses que apenas tenían con qué comer; Francisco Javier era un vasco noble de Navarra, criado en el castillo familiar y presunto heredero de pingüe fortuna; como Javier, el castellano Diego Laínez también era rico, pero a diferencia de aquél, era nieto de un judío y como tal, "cristiano nuevo" en el código rabiosamente antisemita de la era de la Inquisición española. A los cristianos nuevos ni siquiera les era permitido profesar en ninguna de las principales órdenes religiosas, de suerte que resultaba irónico que Laínez ayudara a fundar una, y más irónico aún que sucediera a Loyola como general de los jesuitas.

El grupo básico se fue consolidando poco a poco, cuando sus integrantes estudiaban para obtener grados avanzados en la Universidad de París, que era entonces el centro universitario más prestigioso del mundo. Aunque la mayoría se distinguió en tan selecto ambiente académico, sus dotes intelectuales variaban tanto como sus antecedentes personales. Uno de ellos recordaba a Diego Laínez como "dotado de una inteligencia singular, casi divina, y milagrosamente informado de las sutilezas de las diversas ramas del saber". Laínez por su parte no podía dejar de observar "las limitadas dotes de elocuencia y sabiduría" de Ignacio de Loyola.

Y sin embargo, el de las "limitadas dotes" de elocuencia y sabiduría vino a ser el punto focal del grupo. Aparentemente ese puñado de los primeros talentos de Europa resolvió congregarse en torno al menos indicado como jefe, ya que carecía de todas las credenciales convencionales de un líder. A la edad de 38 años y en el atardecer de una vida promedio en el siglo XVI, por su trayectoria Loyola no ofrecía ningún potencial de líder: fracasó en dos carreras, fue arrestado dos veces, tuvo múltiples choques con el Santo Oficio y otras autoridades, y carecía de dinero. No tenía a su haber ninguna realización, ninguna perspectiva clara, nada de seguidores y ningún plan.

¿Quién se alistaría con un hombre así?

Un líder que volvió a nacer

Abraham Zaleznik, profesor emérito de la Escuela de Negocios de Harvard, ha observado que "los líderes son individuos que nacen dos veces, que tienen alguna experiencia extraordinaria que les comunica un sentido de apartamiento o aun de malquerencia de su ambiente y, en consecuencia, se concentran en sí mismos y resurgen con una identidad creada, no heredada". Ignacio de Loyola ciertamente tenía un escaso historial pero calificaba como un hombre que volvió a nacer. Su primer nacimiento ocurrió en Azpeitia, pequeño pueblo del país vasco, una remota región del norte de España, no lejos de la frontera con Francia. Los Loyola pertenecían a la pequeña nobleza, y aunque esta calidad no implicaba una vida de lujo en la apartada Azpeitia, sí le dio a Ignacio pasaporte para salir al mundo. En su adolescencia sirvió como paje del tesorero de la corte real, lo cual le sirvió de aprendizaje para una carrera militar y cortesana; poco tiempo perdía en las destrezas menos críticas como la lectura y la escritura, y mucho tiempo dedicaba a la esgrima y al código de la caballería que trastornó a Don Quijote, según cuenta Cervantes.

La autobiografía y posteriores biografías de San Ignacio no ofrecen sino un vistazo superficial de sus primeros años, tal vez con buenas razones. Los hagiógrafos tienden a disimular detalles embarazosos en el retrato de los santos, y algunos biógrafos de Loyola no fueron la excepción. Loyola tuvo sus lunares. El jesuita Juan Polanco, quien le sirvió de asistente ejecutivo, pinta un retrato suficiente de "antes de la conversión" para que los lectores imaginen lo demás: "Aun cuando muy asido a la fe, no vivió de acuerdo con sus creencias ni se mantuvo sin pecado. Era especialmente desordenado en lo tocante al juego, a las mujeres y a los duelos". Sufrió arresto por faltas que el magistrado local se abstuvo de puntualizar por deferencia para la familia pero que, sin embargo, calificó de "muy escandalosas". Otro contemporáneo suyo recordaba así al fogoso mancebo en acción: "...desenvainó la espada y los persiguió calle abajo. Si no lo hubieran contenido habría dado muerte a alguno de ellos, o ellos se la habrían infligido". ¿Qué grave ofensa había dado lugar a tan desenfrenada cólera? Que dos transeúntes habían tropezado con él en una angosta callejuela.

Su primera carrera, la de militar, no duró mucho: terminó en la misma batalla en que empezó. Loyola y sus soldados tuvieron la mala suerte de estar de guarnición en la ciudadela de Pamplona cuando la atacó una fuerza muy superior del ejército francés. El heroico pero equivocado vasco concitó a sus compatriotas para oponer una resistencia inútil, que sólo logró aplazar lo inevitable pero le costó su carrera, su imagen

El líder pionero de los jesuitas
Este retrato póstumo de Ignacio de Loyola lo pintó en 1556 el maestro renacentista Jacopino del Conte. Se expone en la sede internacional de la Compañía de Jesús en Roma.

y casi la vida, por obra y gracia de una bala de cañón que le despedazó la pierna derecha.

Un gallardo libertino (como Loyola se creía) no parece tan gallardo con una pierna coja de resultas de una herida en combate, ni las ceñidas medias calzas que entonces se estilaban en las cortes medievales resultaban un atuendo muy atractivo cuando un hueso torpemente soldado había dejado una fea protuberancia debajo de la rodilla. Con todo, el tenaz joven no estaba dispuesto a abandonar así como así sus aspiraciones militares y cortesanas, de modo que se sometió a lo que en el siglo XVI sería el equivalente de una operación de cirugía cosmética. Imagínese lo que sería un "cirujano" autodidacta blandiendo sin temor un instrumento trozador, lo más parecido posible a una sierra, contra la tibia herida... y es fácil dar por sabido que no había anestesiólogo a mano. No se sabe qué admirar más: que Loyola hubiera sobrevivido a la herida que recibió o que resistiera la operación para reparar el daño. En todo caso, sobrevivió. Alguna mejora le produjo la operación, aunque lo dejó ligeramente cojo — y sin carrera militar.

La historia de Loyola se desenvuelve de manera previsible como en los libros de cuentos: el joven disoluto, la crisis personal, la intensa experiencia de la conversión. La trama familiar, a menudo presentada de manera romántica, encubre lo que debe haber sido una lucha interna mucho más complicada para reconstruir algún sentido de sí mismo y un propósito. La cruenta operación quirúrgica de la pierna puede haber sido la parte más fácil de su reconstrucción personal. La cirugía duró sólo unas pocas horas pero lo que Zaleznik llamaría el segundo nacimiento de Loyola se extendió por casi una década. Una profunda y permanente conversión religiosa durante su convalecencia le dio un destino espiritual, pero traducir esa meta a un compromiso maduro, sensato, en el mundo de todos los días, resultó ser un proceso muy largo y tortuoso.

Seducido al principio por fantasías que imitaban las heroicas privaciones de los santos, que leía en las leyendas populares, "pensó en ir a Jerusalén descalzo y no comer otra cosa que verduras y practicar todos los demás rigores" de los santos. Aunque sus fantasías eran bastante detalladas y tenía en cuenta calzado y régimen alimenticio, otros detalles parecen haberle preocupado menos, como, por ejemplo, qué iba a *hacer* cuando llegara a Jerusalén. Su familia se alarmó tanto al enterarse de su mal concebido plan como se habría alarmado cualquier otra familia, e hizo todo lo posible por disuadirlo de su intento. "Su hermano lo llevó de pieza en pieza rogándole que no se echara a perder".

De nada valió. Y así empezó su segunda carrera. Loyola viajó más de 3 200 kilómetros en una era en la cual pocos europeos se alejaban más de 16 de su pueblo natal. Mendigaba la comida y la posada, con frecuencia dormía a campo raso o agazapado en un portal. Antes tan vanidoso, que se sometió a una operación quirúrgica que pudo costarle la vida, en un desesperado esfuerzo por restablecer su buena apariencia, ahora adoptó una actitud diametralmente opuesta, como lo relata él mismo en su autobiografía (en la cual siempre se refiere a sí mismo en tercera persona): "Resolvió dejarse crecer el cabello siguiendo su curso natural, sin peinarlo ni recortarlo ni cubrirlo con cosa alguna noche y día. Por la misma razón se dejó crecer las uñas de los pies y de las manos, porque en esto también había sido presuntuoso".

Aunque Loyola no fue ciertamente el primer europeo que emprendiera la peregrinación a Tierra Santa, tiene que haber sido una figura que inspirara lástima. Devastadoras acometidas de la peste bubónica seguían asolando periódicamente a las ciudades europeas y dejaban a los moradores en estado de alarma y angustia. Algunos poblados rehusaban dejar entrar a vagabundos como Loyola que no fuesen capaces de demostrar su buena salud. Con razón Loyola recuerda haber encontrado en Venecia a un hombre que "le echó un vistazo y huyó despavorido... seguramente porque lo veía tan pálido".

Contra todas las probabilidades, Loyola llego a Jerusalén en el otoño de 1523, después de una peregrinación de 18 meses... pero a las tres semanas lo deportaron. Jerusalén era un lugar peligroso para los pocos viajeros solitarios que lograban llegar hasta allá, y la orden religiosa que supervigilaba a los peregrinos se desesperaba y se empobrecía porque tenía que pagar el rescate de todos los europeos secuestrados. Así, la segunda carrera de Ignacio de Loyola, la de pasar la vida en Jerusalén e imitar el heroísmo de los santos, se esfumó también muy pronto, aunque no con tanta violencia como la primera. El triste deportado hubo de echar pie atrás y después de haber estado a punto de naufragar volvió a desembarcar en Venecia. Seis meses y casi 1000 kilómetros después se encontraba en Barcelona donde, a los 33 años de edad, el inquieto Loyola lanzó su tercera carrera: estudiar lo básico de la gramática latina con un grupo de párvulos. Sólo dedica una frase de su autobiografía a explicar este súbito cambio de rumbo hacia lo que muchos podrían considerar la única cosa sensata que había hecho hasta entonces: "Continuamente meditaba sobre lo que debía hacer, y al fin se inclinó por estudiar durante algún tiempo para poder ayudar a las almas". Poco a poco fue avanzando, desde el estudio de la gramática elemental en Barcelona hasta la realización de estudios universitarios en Alcalá y Salamanca y finalmente en París, donde trabó conocimiento con los que serían sus socios en la fundación de la Compañía de Jesús. El futuro "director ejecutivo" de la orden jesuita había llegado al fin a lo que muchos consideran *el punto de partida* de su vocación, y sin embargo ya frisaba en los 40, años crepusculares de lo que era la expectativa de vida en el siglo XVI.

El atractivo personal
de un hombre que volvió a nacer

¿Cómo es posible que un grupo de los hombres más talentosos en Europa se dejara seducir por semejante hombre? *Excéntri-*

ca es un término demasiado débil para describir lo que fue la vida de Loyola antes de su viaje a París.

Ciertamente no fue la suya la mejor manera de crear un *currículum vitae,* ni fue el progreso en su carrera de los que impresionan a los que están buscando empleados: ningún penoso ascenso por los peldaños de la escala jerárquica, ni un asiduo cultivar de los que manejan el poder, ni una sucesión de posiciones gerenciales cada vez con mayores responsabilidades. Tampoco tenía una trayectoria de resultados mágicos.

Pero en el anterior itinerario de la jornada de siete años de Loyola entre Pamplona y París hubo un desvío que cambió toda su vida. Se detuvo en la población española de Manresa con la intención de descansar unos días, pero se quedó allí todo un año. Las palabras le faltaron cuando trató posteriormente de explicar con precisión qué fue lo que pasó allí, pero no dejó duda sobre el impacto de la mística experiencia que lo abrumó. Una tarde pasada a orillas del río Cardoner "dejó tan iluminada su mente que se sintió como si fuera otro hombre con otra mente". Si sumara todo lo que había aprendido en su vida, Loyola "no creía que hubiera ganado tanto como esa vez".

Por mística que haya sido la experiencia, no fue *mágica.* A pesar de que de un solo golpe espiritual pareció haber aprendido más sobre sí mismo y el mundo que en toda su vida anterior, la revelación no le dio nuevo conocimiento de cuestiones mundanas, como para qué *oficio* serviría, pues pese a lo que el mundo cree, así es la vida: en el conocimiento de sí mismo hay más que elegir una carrera. Loyola salió de Manresa sin más plan que antes y se encontró otra vez en el camino acariciando la misma vaga idea de pasar la vida en Jerusalén.

Pero lo que *había* ganado resultó ser más valioso y dura-
dero que un divino consejo sobre la carrera, y mucho más
importante para entender el liderazgo. Salió con un profundo
conocimiento de sí mismo, capaz de señalar sus debilidades
con mayor madurez y exactitud que nunca, y sin embargo
capaz de valorarse a sí mismo como un hombre digno y bien
dotado en un mundo que ahora le parecía mucho más positivo que cuando llegó a Manresa. Aunque su peregrinación
personal continuó, su vida de penitencia se modificó. Por
ejemplo, pensó que peinarse no era un gran pecado. Pues
bien, las pequeñas realizaciones preceden a las grandes. Si
no sabía qué oficio seguir, su nuevo sentido de propósito y
rumbo le sirvió de brújula y al fin desarrolló una visión del
mundo. O en términos no tan grandiosos, entendió cómo
encajaba en el mundo y que el mundo no era un lugar hostil.

El conocimiento de sí mismo que había adquirido fue lo
que en definitiva le ganó la adhesión de los demás, aun de los
hombres más meritorios de Europa. Desde luego que también tuvieron que atraerlos en parte sus naturales dotes de
liderazgo que ni siquiera su vida excéntrica podía ocultar del
todo: el heroísmo que mostró como militar al dirigir a sus
compatriotas en la defensa de Pamplona, la decisión y fortaleza que lo llevaron a emprender la peregrinación a Jerusalén
sin que nada lo arredrara, y la adaptabilidad de su carácter,
manifestada en su trasformación de soldado a peregrino y de
ahí a estudiante de gramática elemental y luego a erudito
universitario. Pero su atractivo básico no lo constituyeron *sus*
propias dotes de líder sino su capacidad de identificar y hacer
valer el potencial de liderazgo latente que *otras personas*
poseen. Todos los miembros del grupo fundador cuentan
historias parecidas acerca de haber hecho un sistemático

examen de conciencia bajo la dirección de San Ignacio y haber salido de él fortalecidos, centrados y capaces de exponer metas y debilidades personales. Era una formidable asesoría de un hombre que hizo un modelo de esta mal comprendida y mal utilizada herramienta de la vida. Loyola vio no sólo su propia fortaleza y sus debilidades sino que fue también generoso, aplicado y lo bastante franco como para guiar a los demás en su propio examen de conciencia.

El segundo nacimiento de Loyola duró años y lo vio vagando miles de millas como pordiosero. Pero él había descubierto la manera de evitarles a los demás el trauma y los años perdidos de su segundo nacimiento y les ofreció el fruto del conocimiento de sí mismo que fue su resultado. Había traducido su experiencia en un programa accesible de meditación y prácticas que denominó *los ejercicios espirituales*. Los miembros de ese equipo multinacional (y tan distintos unos de otros en lo económico y social), tenían poco en común cuando llegaron a París, como no fuera el deseo de obtener la mejor educación superior posible, lazo unificador que vino a ser la experiencia común de hacer los "ejercicios".

A medida que trabaron amistad, se congregaron en una asociación para ayudar a las almas, sin mayores ataduras entre sí. ¿Para ayudar a las almas? ¿Qué quería decir *eso*? ¿Cuál era su ocupación? ¿Qué productos tenían? No habrían podido contestar estas preguntas con precisión, como se vio en sus primeras tentativas. Empezaron por resucitar el quijotesco sueño de Loyola de ir a trabajar en Tierra Santa, pasando primero por Italia para recabar del papa su aprobación del proyecto, pero como suele suceder con las cosas mal pensadas, ni ellos ni su plan llegaron a ninguna parte. No había buques que salieran para Palestina y las tensiones políticas crecientes exponían a grandes riesgos, a manos de las flotas turcas otomanas, a cuanta embarcación se aventurara en el Mediterráneo. Así que con gran contrariedad suya pero por fortuna para el mundo, se vieron los diez varados en Italia y reducidos a predicar en las esquinas, trabajar en los hospitales y hacer cualquier otra cosa según su idea de ayudar a las almas. No todos tenían iguales dotes de oratoria callejera. Los colegas de Loyola recordaban que a su jefe, que predicaba valerosamente en una plazuela en un galimatías casi ininteligible de español, latín e italiano, lo cuasilapidaron los muchachos con una andanada de manzanas.

LA FORMACIÓN DE LA COMPAÑÍA

Conscientes o no de ello, los jesuitas parecían haber fracasado, pero en realidad en lo único que habían fallado era en no llamar la atención. Su empuje, creatividad y flexibilidad eran muy notorios, aun en esos esfuerzos iniciales. Como sucede con tanta frecuencia, la calidad no necesita que se anuncie y, con la única excepción de los ineptos ensayos de Loyola como predicador callejero, las realizaciones de los jesuitas fueron espléndidas. El papa y otros altos dignatarios de la Iglesia empezaron a escogerlos para diversas misiones doctrinarias o de enseñanza: dos fueron enviados a Parma, dos a Siena y uno a Nápoles. "El talento se impone", dice un dicho, y la necesidad de talentos que tenía a la sazón la Iglesia católica rara vez había sido más grande. Martín Lutero y otros reformadores habían ganado mucho terreno en Europa en poco más de una generación. Durante más de un milenio la

Iglesia gozó de una hegemonía no discutida en los asuntos espirituales y morales del continente, pero después de una acometida de 20 años por parte de los protestantes, el Vaticano ya no contaba con la adhesión segura sino de un puñado de países que bordean el Mediterráneo. La Iglesia Católica era fácil blanco como institución: una burocracia corrupta ocupaba los altos rangos de la jerarquía, mientras que los niveles medios los ocupaban clérigos desmoralizados y de poca educación. Contra ese telón de fondo, la energía, la integridad y la fuerza intelectual en bruto de los recién llegados fue un raro y muy oportuno tónico.

Pero como muchos brillantes emprendedores de nuestros días, los amigos fueron víctimas de su propio éxito y reputación. A los pocos años de estar trabajando en Italia, fue obvio que el pequeño grupo de Loyola iba camino a la desintegración. Ya disperso en distintas direcciones, el equipo había acumulado un sinnúmero de proyectos que habrían ocupado "a cuatro veces su número". Y la fuerza centrífuga se aceleraba. A la vuelta de unos pocos años los diez fundadores se verían separados los unos de los otros y dispersos no sólo por Italia sino por toda Europa y más allá: Portugal, Irlanda, Alemania, Austria, Suiza y la India.

La perspectiva de la inevitable dispersión espoleó sus primeros serios debates sobre el futuro que les esperaba a la larga. ¿Debían constituirse como una nueva orden religiosa y elegir un superior general? ¿O debían continuar con su laxa asociación y aceptar la posibilidad de que su dispersión en lejanos destinos produjera al fin su disolución? Discutieron el asunto de manera intermitente en el curso del verano, siempre que las exigencias del trabajo les daban lugar a ello, y al fin resolvieron constituirse legalmente en corporación. ¿Por qué?

Heroísmo y afecto mutuo. No es esto lo que mueve hoy a las compañías. ¿Qué es lo que mantiene unidas a las compañías en la actualidad? La masa crítica, el tamaño, el capital, el alcance global y amplias capacidades para pulverizar a sus opositores. ¿La responsabilidad limitada? Desde luego. ¿La posibilidad de enriquecerse vendiendo acciones en el mercado? Claro está. ¿Pero heroísmo y afecto mutuo? No es lo usual.

El equipo reconoció que las oportunidades de trabajo lo separarían, pero sus miembros acogían con beneplácito la oportunidad de probar cada uno sus fuerzas y su imaginación en territorios desconocidos. No podían desechar esas oportunidades tan dispersas sólo por permanecer unidos. Sin embargo, creían que había una manera de mantener el espíritu que los unificaba aunque las distintas misiones los separaran materialmente. La pregunta que se hacían deja en claro que lo que ellos esperaban de la Compañía no era lo mismo que la mayor parte espera de las nuestras: "¿Estamos de acuerdo en que quienes vayan a lejanos destinos seguirán siendo objeto de nuestro afectuosa solicitud, lo mismo que nosotros de la de ellos?" Al fin y al cabo, ¿para qué forma uno una compañía o entra en ella? De otra manera, ¿por qué no actuar cada uno por su cuenta?

Con todo, la decisión de constituirse en corporación no fue sencilla. Había muchos inconvenientes por considerar. Las órdenes religiosas del siglo XVI no gozaban de mucha estimación, y uno de los fundadores arguyó que esa medida perjudicaría la buena reputación que tan penosamente habían ganado por su integridad: "Parece que el término *obediencia religiosa* se ha desprestigiado entre el pueblo cristiano". Además, lo que ellos querían era una orden que gozara de amplia flexibilidad para aprovechar las oportunidades que se presentaran, y temían que el papa los sometiera a alguna de las reglas ya existentes que les atara las manos y no les diera "suficiente oportunidad y amplitud" para realizar su visión. Querían proteger su capacidad para movilizarse, adaptarse e innovar.

Al fin una consideración se impuso a todas las demás: "La obediencia surge en una vida no interrumpida de hechos heroicos y de virtudes heroicas; pues el que vive bajo la regla de obediencia está totalmente dispuesto a ejecutar al instante y sin vacilación cuanto se le mande, por difícil que le sea realizarlo".

Una vida no interrumpida de hechos heroicos y de virtudes heroicas es otra cosa que nosotros no asociamos generalmente con las compañías, pero Loyola y los suyos sí. La corporación era el camino hacia el heroísmo y la mejor manera de preservar la mutua "afectuosa solicitud". Resolvieron formalizar su asociación y solicitar la aprobación pontificia para fundar una nueva orden religiosa que se denominaría *Compañía de Jesús*.

Una fusión que pudo
haber acabado con todo

Infortunadamente y tal como ellos lo temían, los burócratas del Vaticano trataron de absorber al pequeño grupo de Loyola en una orden religiosa ya existente y bien establecida, la de los teatinos. Éstos poseían todo lo que les faltaba a los jesuitas, en especial valiosas conexiones, y debían su fundación a un cardenal poderoso destinado a ser papa. Sus recursos financieros eran abundantes, sus miembros aumentaban, en tanto que el equipo jesuita era un puñado de principiantes paupérrimos pero resueltos a sacar adelante su propia idea revolucionaria de una vida religiosa. Tras hábiles maniobras diplomáticas, que les valieron la enemistad de un futuro papa, los jesuitas lograron aprobación para su propia compañía con sus propios estatutos. Quedaban aún, empero, muchas dudas oficiales sobre su viabilidad a largo plazo.

El papa, cauteloso, limitó inicialmente a sesenta el máximo número de sus miembros. Hoy más de 20 000 jesuitas trabajan en más de un centenar de países. Teatinos hay aproximadamente unos 200.

EL ÉXITO DE IGNACIO DE LOYOLA COMO LÍDER

La historia de Ignacio de Loyola como santo resulta más verosímil que su historia como nuevo líder de una corporación. Habría que limar ciertas asperezas antes de destacarlo en un libro sobre liderazgo. Cierto es que se portó como un héroe en el combate, pero aquello del pelo desgreñado habría que suprimirlo. Y uno quisiera que el grupo inicial de jesuitas hubiera sido un poco más enfocado en sus aspiraciones, un poco más *corporativo*. Al fin y al cabo, construyeron la red educativa más grande del mundo. ¿Por qué no empezar con su férrea determinación de hacer eso y prescindir de aquello del "afecto mutuo"?

¿Cómo se llega hoy a ser un líder de éxito? Si la ruta

sugerida por Loyola comprende una pierna fracturada, un año de peregrinación, otro de intensa meditación y un par de veces detenido por la policía, la mayoría de la gente diría: no, gracias, mejor optemos por la manera convencional de trepar a la cumbre: obtener un postgrado en administración de empresas y agarrarse de los faldones de un mentor poderoso.

Notables fueron las realizaciones de los jesuitas durante los últimos quince años de San Ignacio, pero hasta quienes simpatizan con su historia podrían tener la tentación de preguntarse cuánto más habrían podido hacer si Loyola se hubiera organizado a los 29 años en lugar de a los 49.

Tal vez habrían logrado *menos*.

En lugar de volver a fundir la historia de Loyola en un molde convencionalmente aceptable, vale la pena reflexionar en lo que su vida real y la evolución de su equipo nos dicen sobre el liderazgo. Se siente uno tentado a examinar la prehistoria jesuita como se examina un *currículum vitae:* buscando realizaciones tangibles y descartando lo demás. Loyola no tuvo prácticamente ninguna realización tangible que mostrar durante casi dos terceras partes de su vida. Pero lo que él y sus compañeros realizaron pudo haber sido tan importante como lo que forma los clásicos *currícula vitae*, o aun más. Los jesuitas se conocían a sí mismos; salieron de su prehistoria corporativa con una idea clara de que querían trabajar en equipo, movidos por el heroísmo, abiertos a toda nueva oportunidad y estrechamente unidos por el apoyo mutuo. Cuando al fin se lanzaron desde el punto de partida, los animaba un impulso explosivo rara vez visto en su época ni en otra alguna. ¿No será que estos hechos son algo más que coincidencias? En otras palabras, el inmediato y sostenido éxito corporativo de los jesuitas puede haber tenido algo que ver con la toma de conciencia y los valores del equipo forjados durante su prehistoria. Y tales intangibles bien pudieron ser más críticos para el éxito personal y colectivo que las realizaciones tangibles que apreciamos cuando examinamos *currícula vitae* o planeamos nuestro propio futuro.

Si no hubiera sido por la herida que sufrió en Pamplona, Loyola podría haber seguido ascendiendo por las filas de la milicia y la vida cortesana sin haber meditado jamás a fondo sobre sus dotes, sus debilidades, valores y metas. Sin ese examen de conciencia es muy posible, y aun probable, que hubiera logrado menos en esa carrera de lo que realizó como fundador y líder de la Compañía de Jesús, a pesar de que su carrera de jesuita empezó tarde en la vida, después de una tortuosa desviación de diez años. Loyola, como militar, pudo haber ascendido por lo que equivalía a la escala corporativa en la España del siglo XVI. Sin embargo, sin los tropiezos, crisis y retos que sufrió en su vida *real,* tal vez nunca habría tomado conciencia de sí mismo, de qué era lo que anhelaba, qué recursos tenía y por qué había fallado en el camino. Sólo planteándose y contestando estos interrogantes se puede desarrollar la capacidad de liderazgo.

Una orden religiosa entre muchas

Sólo a medias se ha dado respuesta a la pregunta que enmarca este capítulo: ¿Qué es un jesuita? Para qué crearon los jesuitas su compañía está claro: para nada específico. O, para ser justos, para hacer cualquier cosa que estuviera de acuerdo con una declaración de misión que no los limitaba a nada: ayudar a las almas y actuar heroicamente. Pero aun cuando era tan amplio el campo de acción que se dejaban, no era *del todo* abierto. Al fin y al cabo, habían constituido una orden religiosa.

No toda la oposición del Vaticano al deseo de los jesuitas de formar su propia compañía se debía a mala voluntad que les tuvieran a Loyola y a sus ideas; muchos burócratas de la Iglesia tenían también una objeción fundamental: ya había demasiadas órdenes religiosas esparcidas por toda Europa. En ese entonces, como ahora, la gran mayoría de los religiosos no eran miembros de una orden sino curas que ejercían su ministerio en una parroquia bajo la dirección del obispo diocesano. Pero desde muy temprano en la historia de la Iglesia muchos clérigos o seglares se unían en agrupaciones que se llamaron órdenes. Cada una tenía sus propias reglas, tradiciones y hábitos. Era una situación confusa y como las órdenes sobrepasaban los límites de las diversas diócesis, a los obispos les resultaba difícil su supervigilancia. Algunos burócratas temían que esto complicara los problemas de corrupción que ya eran serios en la Iglesia.

Algunas de las órdenes habían surgido bajo el liderazgo de un carismático santo fundador, como San Francisco de Asís, que no pretendió encabezar una organización numerosa y sin embargo tuvo no menos de 3 000 seguidores en el curso de su vida. Otras órdenes aparecieron con el único objeto de complacer el deseo de algún poderoso jerarca de dejar un legado religioso. Otros, en fin, buscaban un nicho ocupacional, como los monjes guerreros, llamados Caballeros del Temple, cuyo instituto era guardar los caminos para los cristianos que emprendían la peregrinación a Tierra Santa. Los templarios defendían una extensa línea de fortificaciones a lo largo de las más transitadas rutas de peregrinaje.

Pero los caballeros templarios eran una excepción de la tradición, que dio más contemplativos que guerreros. Las órdenes por lo general seguían la tradición monástica de una u otra manera. El salmista del Antiguo Testamento escribió: "Siete veces al día te alabo, y en medio de la noche me yergo para confesarme ante ti". San Benedicto tomó a pecho las palabras del salmista y codificó en el siglo XVI una famosa regla monástica que ha gobernado a muchas órdenes religiosas hasta nuestros días. Los benedictinos oran en comunidad siete veces al día a determinadas horas, inclusive una vez *en medio de la noche*. Pasan el resto del tiempo dedicados al estudio, las labores domésticas y la contemplación. Algunos monjes fueron aun más allá en busca de una vida contemplativa. San Bruno condujo a seis compañeros a un lugar de los Alpes, lo más lejos posible de las distracciones de la vida urbana. Tanto la orden de San Bruno como el famoso licor que preparaban sus monjes para sostenerse tomaron el nombre de aquel remoto claustro alpino, Chartreuse [la Cartuja]. Los austeros cartujos vivían (y viven todavía) una existencia de ermitaños. Cada uno guisaba su propio alimento en su celda privada dentro de un conglomerado más extenso, y los hermanos se reunían únicamente para la oración en comunidad y en raros períodos de recreación.

Existieron centenares de órdenes religiosas y centenares sobreviven actualmente. Algunas son bien conocidas y cuentan con más de 10 000 miembros en todo el mundo, como los jesuitas, los franciscanos y los dominicos. Otras son

mucho más pequeñas, grupos menos conocidos que osten-
tan nombres misteriosos, casi cabalísticos, como escalabri-
nianos, eudistas, somascanos, rogacionistas, rosminianos,
premonstratenses, la orden de San Pablo, el primer ermitaño, los padres y hermanos estigmatinos, la orden maronita
libanesa, la de camanduleros de Monte Corona, los hermanos
hospitalarios de San Juan de Dios, y muchas más.

Una identidad propia

¿Cómo se puede distinguir entre semejante balumba de
órdenes? ¿En qué se asemejan y en qué son distintas? ¿Y
cómo se comparan con los jesuitas?

En primer lugar, aunque cada una de las órdenes religiosas puede hacer hincapié en determinadas tradiciones o
prácticas, todas comparten la afiliación a la Iglesia católica y
profesan su doctrina y su credo. Esto es cierto aun de los
jesuitas, pese a que sus enemigos dentro de la misma Iglesia
y tal vez uno o dos papas impacientes abriguen sus dudas. No
hay una religión jesuita ni se dedican los jesuitas a una ocupación específica, como los caballeros templarios. A pesar de
que su esmerada educación llevó desde el principio a la
mayoría de ellos al campo de la docencia, los fundadores
prepararon a sus miembros para cualquier oficio en el cual
pudieran "ayudar a las almas". Finalmente, los jesuitas no se
distinguen por el color de sus hábitos. Pocos amantes del café
que los italianos llaman *cappuccino* se acuerdan de que tan
agradable bebida debe su nombre al color del hábito de los
frailes capuchinos; y pocos transeúntes que cruzan la calle

Whitefriars en Londres caen en la cuenta de que allí se alzó en un tiempo el monasterio de frailes carmelitas, cuyo hábito era blanco. A los jesuitas, en cambio, ningún color del traje los distingue. Siempre han usado ropa negra y sencilla, salvo que, como lo vamos a ver, algunos de los primeros jesuitas quisieron adaptarse a las culturas asiáticas, en las cuales los religiosos usan cualquier color menos negro.

Los jesuitas, lo mismo que los miembros de otras órdenes, hacen votos de pobreza, castidad y obediencia. Estos votos significan exactamente lo que es de suponer: ninguna posesión personal (material), nada de matrimonio ni relaciones sexuales, y si el jefe ordena ir a Tombuctú, uno va. Como si la pobreza, la castidad y la obediencia no fueran ya penalidades suficientes, unas pocas órdenes religiosas profesan algunos otros votos. Los miembros de la centenaria orden de la Merced, románticamente apodada "orden de los cautivos" o "de los hermanos redentores", se obligaban a entregarse como rescate por los cristianos cautivos de los sarracenos. Los jesuitas son otro de esos raros casos: la mayoría de sus miembros hacen un cuarto voto adicional de inmediata movilización para cualquier misión que el papa pida. Sin duda esto es un poquito más prosaico que la redención de cautivos, pero es distintivo de los jesuitas.

Las órdenes religiosas pueden componerse de hombres o de mujeres, de clérigos o de seglares. Algunas veces una orden se divide en dos o tres más pequeñas. Hay, por ejemplo, una orden dominica para mujeres y una llamada tercera orden para seglares, todas gobernadas por separado pero observantes de la tradición y preceptos de Santo Domingo. A diferencia de los dominicos, la orden de los jesuitas es exclusivamente para hombres.

Bueno, casi exclusivamente. "Mateo Sánchez" podría decirnos otra cosa. Ése fue el seudónimo de la infanta Juana, hija del emperador Carlos V y hermana del rey Felipe II. Viuda del príncipe de la corona de Portugal y regente de España, la infanta Juana obviamente contaba con valiosas relaciones y fue muy mujer lo mismo que muy jesuita. Fue una de muchas personas prestigiosas cuyo apoyo buscaron los primeros jesuitas. Los contactos de Loyola llegaron a incluir figuras poderosas como el papa, los reyes de España y Portugal, el emperador del Sacro Imperio Romano e incontables figuras "menores", cardenales, duques y príncipes. En sólo unos pocos años a partir de su fundación, la afiliación a la orden jesuita se multiplicó por 15 y sus operaciones se extendieron de acuerdo. Ese rápido crecimiento dependía de las oportunidades y del apoyo financiero de sus patrocinadores. Se cuenta que el rey Juan III de Portugal le dijo a un miembro de su comitiva que él "quisiera recibir a toda la Compañía de Jesús en su reino, aun cuando le costara la mitad de su imperio".

Además de dar a los jesuitas oportunidades de trabajo y apoyo financiero, nobles europeos bien relacionados llegaban a veces hasta solicitar admisión en la Compañía, a pesar de que Loyola imponía la misma regla de pobreza a los ricos que a los demás mortales. No tardó la Compañía en ostentar en su lista de afiliados nombres que son familiares para cualquier turista que haya visitado los museos y *palazzos* italianos: Borgia, Gonzaga, Acquaviva, Bellarmine. Si bien todos se desprendían de sus riquezas para entrar en la Compañía, ninguno abandonaba sus apellidos de familia ni sus conexiones, de las cuales la compañía se beneficiaba no menos que se beneficiaría hoy cualquier empresa de una red de empleados muy bien conectados con los poderosos.

Pero a veces esas relaciones que tan asiduamente buscaban los jesuitas les traían problemas. Loyola sin duda estaba
feliz de que una personalidad tan poderosa como la infanta
Juana de Austria se interesara tanto por apoyarlos, hasta que
la reina regente manifestó su intención de ingresar en la
Compañía de Jesús. Para realizar ese deseo a ella no le parecía
que fuera un obstáculo el hecho de ser mujer y seguir viviendo con el estilo de vida de una reina, y seguramente
pensó que Loyola tampoco se detendría ante consideraciones tan pequeñas. Pero para él la situación era un dilema. Si
le negaba la admisión, corría el riesgo de incurrir en la cólera
de una persona real que no estaba acostumbrada a ser con-
trariada; y si se la concedía, se exponía al horrible escándalo
que armarían las malas lenguas si su real hermano, su
imperial padre o el público europeo en general se enteraban
de que los jesuitas habían concedido el singular privilegio de
ingresar en su orden a una mujer cuya amistad personal con
Ignacio de Loyola era conocida.

Doña Juana fue admitida pero con la condición de que ese
hecho se mantuviera en estricto secreto. Ella siguió manejan-
do los asuntos del reino y disfrutando secretamente de su
posición privilegiada como la única mujer afiliada a la Compañía de Jesús, que tanto admiraba. Gran alivio fue para
Loyola y su círculo íntimo que ningún subalterno jesuita
preguntara nunca qué fue del misterioso Mateo Sánchez, que
no aparecía nunca en el refectorio, ni en la capilla, ni en la sala
de recreación.

Para ser precisos, anotemos que la Compañía de Jesús es
una orden exclusivamente para hombres y siempre lo ha
sido, con la única excepción aludida — o la única que ha
salido a la luz.

Virtualmente todas las órdenes religiosas tienen otra cosa en común: que han tenido sus malas épocas. Pobre del catequista que en nuestros días buscara adeptos ofreciendo sólo "pobreza, castidad y obediencia". La afiliación a las órdenes religiosas ha caído en picada. En 1965 había en el mundo alrededor de 230 000 sacerdotes que pertenecían a alguna orden; hoy hay menos de 150 000, aun cuando la población católica va en aumento, y la demografía no augura un brillante futuro: en los Estados Unidos la edad promedio de los clérigos es de 60 años. Los jesuitas no son una excepción de estas tendencias. En los años 60 llegaron a tener 36 000 miembros en todo el mundo y hoy son apenas 21 000. Con todo, les ha ido mejor que a los demás. Durante la mayor parte de su historia su compañía era enana en comparación con los dominicos y los franciscanos. Hoy es la orden más grande del mundo.

Pero la resistencia de los jesuitas se puso a prueba en hogueras mucho más ardientes que la inhospitalaria cultura de principios del siglo XXI, y los mismos jesuitas con sus tácticas atizaron las hogueras que los amenazaban. Desde el principio, Loyola se daba muy bien cuenta de que las ambiciones, y a veces las rudas maneras, de los jesuitas eran peligrosas. Uno de ellos visitaba la corte de la gran duquesa de Toscana y censuró duramente los excesos de las damas ricas que se adornaban con joyas costosas mientras los pobres carecían de lo más necesario. Loyola sin duda compartía ese sentimiento pero, sin embargo, reprendió al jesuita por su falta de tacto al reprender tan ásperamente el estilo de vida de sus anfitriones: "Entre algunas personas que no se toman el trabajo de averiguar la verdad, sobre todo aquí en Roma, ya tenemos la fama de que queremos dominar el mundo".

Los temores de Loyola eran bien fundados. Los jesuitas nunca aprendieron a ser más moderados, por lo cual se vieron muchas veces en medio de agrias disputas que ellos mismos habían provocado, y gozaban apabullando a sus contrincantes. Con el transcurso de los años, las filas de sus agraviados enemigos llegaron a incluir a los personajes más disímiles. Misioneros no jesuitas en la China condenaban las tácticas de Mateo Ricci y sus sucesores como heréticas. Pensadores liberales de la Ilustración, como Voltaire y Rousseau, muchos educados en colegios jesuitas, veían a la Compañía de Jesús como el único grupo capaz de rebatir intelectualmente su arremetida contra la Iglesia Católica. Los políticos de toda Europa hicieron de los jesuitas blanco de sus dardos en su empeño por detener el poder del Vaticano. Liberales y conservadores, políticos y sacerdotes, devotos creyentes y ateos ciertamente no habrían podido encontrar ninguna cosa en que ponerse de acuerdo, salvo en acabar con los jesuitas.

A mediados del siglo XVIII estuvieron a punto de lograrlo de una manera espectacular, cuando la Compañía ya contaba con 25 000 afiliados. Desterrados de un país tras otro, los jesuitas fueron totalmente desbandados en 1773 por el papa. El general de los jesuitas fue reducido a prisión, sus escuelas se cerraron y sus propiedades se confiscaron. Muchos que súbitamente se encontraron "ex jesuitas" fueron conducidos bajo guardia armada a los puertos de deportación, para ir a vagar por Europa como indigentes. Durante casi 40 años la Compañía de Jesús desapareció.

Para decir verdad, eso de que el papa acabó totalmente con los jesuitas es una exageración. Aun cuando más del 99 % de la compañía se cerró, 200 jesuitas sobrevivieron donde menos era de esperar y bajo la protección nada menos que de Catalina la Grande de Rusia, quien estimaba tanto cuatro escuelas jesuitas establecidas en sus dominios, que no permitió que se promulgara en el país la bula pontificia de supresión. Este grupo aislado burló tenazmente dicha bula, eligió un general y continuó su trabajo. Con el tiempo otros grupos pequeños de jesuitas "suprimidos" fueron saliendo del monte para ingresar a la orden jesuita rusa y seguir viviendo una existencia precaria. En los Estados Unidos, la Universidad de Georgetown, en Washington, se jacta de haber sido la primera de las 28 fundadas por jesuitas en el país. Pero Georgetown se fundó en 1789, durante la supresión de la Compañía de Jesús y por consiguiente por ex jesuitas, que además se afiliaron a la orden jesuita rusa en 1805. Esta extraña afiliación duró pocos años, pues el grupo de Georgetown y otros grupos volvieron a la orden original cuando el papa la restauró, en 1814. Los amantes de formular hipótesis locas podrán perder unas cuantas horas pensando qué habría sido de la Universidad de Georgetown si la revolución rusa hubiera ocurrido antes de la restauración jesuita.

La suerte, una sagaz diplomacia y cambios en el panorama geopolítico contribuyeron a mantener viva la Compañía de Jesús en su época de crisis, pero mucho más decisiva fue la tenacidad de sus afiliados en el terreno, que no permitieron que muriera su compañía y su visión. Es la misma historia que se representa hoy en escenarios más pequeños, cuando el equipo deportivo tiene fe en sí mismo para sobreponerse a los contratiempos de una temporada, o cuando los empleados de Harley-Davidson unen sus fuerzas para salvar a su empresa que está al borde de la quiebra, o cuando los padres se sacrifican para sacar adelante a la familia en medio de dificultades económicas que parecen invencibles: el triunfo que corona la decisión y persistencia de muchos, no el esfuerzo aislado de uno solo.

QUÉ SIGNIFICA UNA *COMPAÑÍA*

A lo largo de este libro nos hemos venido refiriendo a los jesuitas como una compañía, cosa que puede chocar a algunos, tanto dentro de la orden como fuera de ella. Habrá quienes crean que su noble empresa se mancha con la implícita asociación con una crasa busca de utilidades, mientras que, por su parte, los partidarios irreductibles del mercado libre rechazarán la comparación porque la orden jesuita no es una empresa con ánimo de lucro y no debe presentarse como si lo fuera.

Pero hay una razón clara para llamarlos una compañía, y es que ése fue el nombre que ellos mismos se dieron. Cuando se reunieron los primeros, no tenían ningún nombre. La gente los llamaba *iñiguistas* o *ignacianos*, es decir, seguidores de Ignacio de Loyola. Estos apodos tenían muchos precedentes: después de todo, los dominicos eran los seguidores de Santo Domingo y los franciscanos los seguidores de San Francisco; pero San Ignacio, tal vez rehuyendo el culto a la personalidad, instó a sus colegas para que hicieran algo distinto y optaron por denominar su orden Compañía de Jesús. En documentos formales escritos en latín el nombre es *Societas Iesu* (Sociedad de Jesús), y de ahí que ocasionalmente los jesuitas se refieran a sí mismos como "la Sociedad".

En todo caso, los del primer grupo no se llamaban

"jesuitas"a sí mismos. Este nombre se originó a mediados de los años 1500. Para algunos era apenas una abreviatura, pero muchos más lo usaban con un sentido despectivo. Un inglés se quejaba de "la más peligrosa infección e irremediable veneno de la doctrina jesuítica". Como otros grupos en la historia que han sido objeto de apodos ofensivos, los jesuitas acabaron por apoderarse del que les aplicaban y lo usaron ellos mismos, pero nunca se libraron totalmente del sentido peyorativo de *jesuítico* que sigue apareciendo en edición tras edición de los diccionarios.

De modo que fundaron una compañía. ¿Qué clase de compañía? ¿Qué sentido tenía esta palabra para ellos? Hoy, *compañía* casi inevitablemente denota una empresa comercial, pero las *compañías* del siglo XVI eran algo muy distinto: congregaciones religiosas, grupos militares o simplemente grupos de amigos. Aun cuando a un individuo que trabaja en la oscuridad en alguno de esos inmensos conglomerados estadounidenses no le parezca verosímil, las palabras compañía y compañero tienen un origen común, y es así, exactamente, como los fundadores jesuitas entendían su compañía: ésta era, ante todo, una organización religiosa integrada por "compañeros de Jesús", en el sentido espiritual. Al mismo tiempo eran compañeros y amigos los unos de los otros y su intención era que ese espíritu reinara en toda su organización. Recuérdese que un motivo clave para constituirse en corporación fue su deseo de trabajar en un grupo en el cual "quienes vayan a lejanos destinos seguirán siendo objeto de nuestra afectuosa solicitud, lo mismo que nosotros de la de ellos".

Denominar compañía a los jesuitas destaca el paralelo entre la de ellos y las de nuestros días. La cuestión más intrigante no es si a los jesuitas se les debe llamar una compañía sino por qué el sentido de esa palabra se ha apartado tanto de su significado original. A la Compañía de Jesús la animaba una rica corriente de "amistoso compañerismo" y atrajo a novicios de talento que anhelaban seguir "una vida no interrumpida de metas y virtudes heroicas". ¿A cuántas compañías de las 500 de la revista *Fortune* las anima hoy tal propósito? ¿Cuántas personas entran a una empresa para probar su heroísmo en acción? ¿Por qué han dejado las compañías modernas de ser "grupos de amigos" y se ha perdido del todo esa camaradería?

En los siguientes capítulos se estudia más detalladamente cómo construyeron los jesuitas tal compañía y cómo su idea de los cuatro pilares puede todavía formar líderes heroicos en todas las actividades de la vida. Pero esta historia del liderazgo jesuita se salta primero setenta años después de su fundación, para rememorar a un hombre que muere abandonado en un remoto rincón de la China.

CAPÍTULO 4

Modelos de liderazgo

Tres casos de estudio inverosímiles

Por cualquier norma que se les juzgue, Benedetto de Goes, Matteo Ricci y Christopher Clavius no parecen haber sido modelos de liderazgo. Ninguno de ellos tuvo bajo sus órdenes decenas de subalternos y ninguno subió muy alto por la jerarquía jesuita. No fueron ni los más santos, ni los más eminentes ni los más influyentes jesuitas de la historia, pero fueron líderes, y precisamente porque no se amoldan a nuestra idea convencional del liderazgo es por lo que su vida plantea importantes preguntas sobre qué significa ser líder, ya sea como jesuita del siglo XVII o en cualquier campo de la vida moderna.

EL EXPLORADOR

Cuando murió, Benedetto de Goes era un fracasado en la vida, o por lo menos así parecía: estaba en la miseria, más o menos solitario y muy lejos de la meta que durante cinco años se había esforzado por alcanzar. Nadie sabe dónde fue enterrado, ni si lo enterraron. Nadie informó a sus parientes porque nadie sabía si los tendría. La causa de su muerte es un misterio. Lo que parece más verosímil es que él mismo se agotó físicamente hasta morir después de caminar tres mil millas por uno de los más remotos y abruptos terrenos del Asia. Pero también corrieron rumores de que había sido víctima de una muerte violenta y hubo sospechas de que lo habían envenenado ladrones o fanáticos religiosos.

En 1607, cuando murió, no estaba totalmente solo. Muchos curiosos moradores del pueblo de Xuzhou, en la China, tienen que haberse detenido a ver al extranjero que desde hacia más de un año vivía entre ellos. De Goes era una curiosidad, pero no sólo por ser forastero, pues los chinos ya habían visto muchos. A quienes vivían en las provincias del litoral, el polvoriento Xuzhou, al borde de lo que es hoy la provincia de Gansu, puede haberles parecido el fin del mundo, a mil millas de Beijing, pero para los mercaderes que viajaban con sus caravanas en dirección contraria, Xuzhou marcaba el término de un viaje agotador a través del desierto de Gobi y el regreso a la civilización. Muchos llegaban después de años de caminar con su fortuna atada a las caravanas que serpenteaban por la Ruta de la Seda desde la India o el Medio Oriente. Comprando y vendiendo durante el viaje, la mayor parte de los comerciantes se establecían en algún oasis o volvían atrás sin haber completado más que una parte de la jornada, o morían por el camino. De los que llegaban hasta Xuzhou, algunos se quedaban allí del todo y fundaban sus propias comunidades de mercaderes musulmanes.

Pero de Goes era un ser extraño y único, aun para los habitantes de Xuzhou que estaban acostumbrados a ver rostros extranjeros. Fue el primer europeo que llegó allí durante la vida de los que entonces habitaban ese pueblo, y tal vez el primer europeo que se hubiera visto jamás en Xuzhou.

No era la primera vez que de Goes hacía una entrada curiosa. A los 21 años, cuando era soldado, estando a un océano de distancia de su pueblo natal en las Azores, se presentó en Goa pidiendo admisión para ingresar a la Compañía de Jesús. Bien pudo ser un hombre que quería borrar su vida pasada y empezar otra vez en un continente nuevo — una especie de legionario de la vida espiritual. Si tal fue el caso, los votos de pobreza, castidad y obediencia perpetuas pueden haber sido demasiado para él. De Goes se retiró del noviciado jesuita después de dos años, pero apareció a los cuatro años implorando readmisión.

Esta segunda vez perseveró y prosperó. Era un connotado lingüista y por eso lo incluyeron en un grupo de tres embajadores jesuitas ante la corte del emperador mogol Akbar, en Agra. Los conquistadores mogoles del norte de la India, que hablaban persa, controlaban un imperio que abarcaba gran parte de lo que hoy son el norte de la India, Paquistán, Afganistán y Bangladesh. Un nieto de Akbar fue quien concibió la obra maestra de arquitectura que es el Taj Mahal, y la visión del propio Akbar no fue menos grandiosa, pues pretendía acabar con la confusa variedad de religiones del mundo y unificarlas todas en un credo perfecto que las integrara. Había convocado a los jesuitas a su corte para que le ayudaran en ese gran plan y los escuchó cuando defendían la religión cristiana, lo mismo que a los mullahs musulmanes y a los brahmines hindúes. El ex soldado de Goes no brillaba en el debate teológico, a diferencia de sus colegas jesuitas que poseían más amplia erudición, pero su dominio del idioma persa le dio acceso a Akbar y luego le mereció la confianza del emperador. Cuando éste resolvió concertar la paz con el virrey portugués de la India, de Goes fue su emisario en las negociaciones.

La misión que puso fin a la vida de de Goes se inició poco después de haberse tenido noticia de que uno de sus colegas jesuitas había obtenido permiso de residir en Beijing, la ciudad imperial china, en la cual no se había tolerado la presencia de ningún jesuita. Es más: de ningún europeo desde hacía más de un siglo. Ahora uno de su grupo no sólo vivía allí sino que parecía haber cultivado relaciones estrechas con el mismísimo emperador. El éxito que habían tenido en la India y la China sin duda llevó a los jesuitas a imaginar esos dos reinos como los núcleos de lo que esperaban sería su imperio espiritual en el Asia, y esa visión los estimuló para explorar una vía de comunicación terrestre entre los dos países. Un distinguido lingüista y ex soldado como de Goes era el hombre preciso para esa misión.

Ni los jesuitas ni ningún otro occidental tenían ni la más vaga idea de qué habría entre esos dos países. Sus anfitriones no tenían mapas confiables del vasto interior del Asia, y si bien los exploradores europeos que viajaban por mar iban trazando lentamente los contornos de la costa asiática, el interior del continente permanecía desconocido.

En busca de una ruta menos penosa

De Goes y sus colegas tenían dos razones vitales para querer crear esa ruta terrestre a través de lo desconocido. La primera era, en realidad, una cuestión de vida o muerte. Su progreso en Asia no se había realizado sin pagar un alto costo. No era la menor de las dificultades el peligroso viaje por mar desde

Diálogo interreligioso en el siglo XVII
Esta imagen de dos jesuitas en la corte del emperador mogol se ha tomado de una miniatura del 1605, que los representa en un debate con sabios hindúes y musulmanes sobre sus respectivas religiones.

Portugal hasta el Asia en pequeños buques de madera, no más largos y mucho menos estancos que un moderno vagón de ferrocarril. Las técnicas de navegación celeste permitían a los pilotos estimar la latitud con cierta precisión, pero el cálculo de la longitud era pura adivinación y seguiría siéndolo durante otro siglo. Dicho en pocas palabras, exploradores, comerciantes, jesuitas y otros se mecían en las olas del mar sin saber nunca a ciencia cierta dónde estaban ni a qué distancia de su destino.

Los viajes tenían un costo horripilante en vidas humanas. Hubo años en que no menos de la tercera parte de los jesuitas que se embarcaron con destino al Oriente perecieron en un naufragio o víctimas de las fiebres. Aun los viajes que tenían éxito podían durar años enteros. Los veleros permanecían encalmados por las temibles calmas chichas ecuatoriales frente a las costas africanas. Buques averiados por un temporal lograban a duras penas refugiarse en Mozambique o en algún otro puerto intermedio y perdían allí meses haciendo las reparaciones del caso. Otros barcos esperaban frente a Goa la mudanza estacional de los vientos alisios que les permitiera continuar la navegación.

Quienes sobrevivían a tantos contratiempos llegaban débiles y desnutridos, habiendo perdido años de vida. Pero todavía no habían cesado las penalidades. Sólo podían comunicarse con sus colegas en el Asia o en Europa por cartas que iban en esos mismos buques que hacían la carrera de Oriente. Un jesuita en lo que es hoy Malasia escribía a sus impacientes superiores en Roma: "Tengan en cuenta que cuando mandan una orden no podrán recibir una respuesta a lo que nos ordenan en menos de tres años y nueve meses". Otro, en la China, compartía con patetismo su angustia personal: "A veces al recordar las muchas y largas cartas que les he escrito sobre este lugar a personas que ya habían muerto, pierdo las fuerzas y el ánimo para volver a escribir".

Tenía que haber una ruta mejor, y eso era lo que se proponía descubrir de Goes: una ruta segura y más rápida para viajar y comunicarse dentro del Asia, lo que significaría menos colegas perdidos en el mar y menos años de difícil viaje. Y si existía tal ruta, tal vez se podría explorar también un vínculo entre el Asia y Europa.

Los jesuitas tenían razones para creer que esa ruta ya existía, porque los mercaderes que llegaban a la corte de Akbar hablaban de sus viajes a la China a lo largo de la "ruta de la seda". Sus narraciones corroboraban informes centenarios que habían tentado a los exploradores europeos y que le daban a de Goes una segunda razón para acometer su misión: descubrir la gran Catay.

En busca de un tesoro huidizo

Marco Polo, viajero italiano, decía haber visitado en los años de 1200 un poderoso imperio en Oriente, rico y de una avanzada civilización. Cuando Cristóbal Colón dio fondo en el mar Caribe en 1492, estaba convencido de que apenas unos pocos días más de navegación lo separaban de ese gran reino. No tuvo esa suerte Colón, ni la tuvieron sus sucesores en los viajes de descubrimiento. En efecto, a medida que los exploradores armaban lentamente el rompecabezas, se vieron ante un desconcertante problema: no había tal Catay, pero sí menos y menos lugares vacíos en el mapa del mundo. Pocos exploradores europeos habían tenido el atrevimiento de dejar atrás la seguridad de las factorías de la costa y aventurarse tierra adentro, de modo que el interior del Asia seguía siendo un misterio. Por ejemplo, nadie sabía con certeza dónde terminaba el imperio chino ni qué países —si es que los había— quedaban al otro lado de la Gran Muralla. Los cartógrafos europeos echaron mano de una solución expeditiva: se aprovecharon de ese interrogante que cubría el interior del continente y relegaron a Catay a la región no explorada del Asia que queda al norte de la India y al noroeste de la China.

Los jesuitas tenían sus propias razones para querer resolver el misterio de Catay. Marco Polo mencionaba comunidades cristianas en ese reino, y ahora los jesuitas de la India oían hablar a los mercaderes que habían transitado la ruta de la seda de ritos que parecían cristianos. Si había en efecto comunidades cristianas perdidas en el Asia, los jesuitas querían encontrarlas. Por eso se encargó a de Goes el segundo objetivo: encontrar el gran reino de Catay, si existía, y las comunidades cristianas perdidas, si éstas existían también.

Viaje a lo desconocido

En el otoño de 1602, de Goes partió de Agra. Como pasaporte llevaba un salvoconducto expedido por Akbar, pero no había llegado ni siquiera a los límites del imperio mogol cuando encontró territorios independientes donde Akbar era "más un nombre que una realidad". Acompañado por un solo guía, de Goes se incorporó a una caravana de 500 personas que, por los angostos senderos y desfiladeros de las montañas, formaba una larga y abigarrada mezcolanza de camellos, caballos, mercaderes y mercenarios que conducían mercancías, comida y enseres para pasar muchas noches a la intemperie.

Para camuflarse entre los demás viajeros, de Goes se vistió como mercader, pero naturalmente el disfraz no engañó a nadie. Como europeo y cristiano unas veces era bien recibido y otras veces tratado como extranjero pernicioso en las remotas comunidades de las montañas. El rey de Kashgar festejó al forastero y se divirtió con debates sobre el cristianismo y el Islam. Más adelante, el rey de Aksu, que tenía 12 años, menos interesado en temas tan elevados, le pidió que bailara una danza de su tierra natal, y de Goes no tuvo más remedio que complacerlo. ¿Cómo se le dice a un rey que no?

El viaje tiene que haber sido regocijante y aterrador, pero

increíblemente bello. Seguramente de Goes era el primer europeo que lo hacía en los últimos cien años, y ningún otro volvería a hacerlo en los dos siglos siguientes. La caravana atravesó territorios que hoy son parte de la India, Paquistán, Afganistán, Rusia y Mongolia. A los dos años de camino cruzó el llamado techo del mundo, el nudo de montañas donde el Karacoram, los Himalaya y el Hindu Kush forman la altiplanicie más elevada del mundo. De Goes no tenía mucho tiempo libre para admirar los picos nevados que se elevan a más de 10 000 metros y que generaciones posteriores llamarían con orgullo el pico Lenin, el pico Stalin y, después, los revisionistas, el pico Comunismo. Pero a de Goes le preocupaba más el simple problema de sobrevivir en aquellas alturas donde la ruta subía en algunos puntos casi a 6 000 metros y donde, según informa, por lo menos cinco de los caballos de carga que llevaban "perecieron por el intenso frío, la falta total de combustible y el estado hostil de la atmósfera, que les hacía casi imposible la respiración". Intenso frío, falta de combustible y aire tan enrarecido que las bestias no podían respirar: ¿cómo sobrevivieron los viajeros? Las expediciones de épocas posteriores luchan con las condiciones en los grandes picos asiáticos a pesar de los dispositivos de alta tecnología del montañismo moderno: oxígeno enlatado, ropa de la era espacial y alimentos condensados de altas proteínas. De Goes y sus compañeros sólo tenían recursos de muy baja tecnología, remedios antiguos para defenderse del frío en las grandes alturas: comer manzanas y cebollas secas y untarles ajo en las encías a los caballos.

Quienes sobrevivían el ascenso a las montañas debían descender luego al otro lado, a la cuenca del Tarim, tan árida y remota, que aun siglos después el gobierno chino la consideró terreno ideal para su programa de pruebas nucleares. El "camino de la seda" caía desde una altitud de cinco kilómetros hasta la profundidad de centenares de metros bajo el nivel del mar. Las caravanas pasaban del frío intenso al calor sofocante del desierto, tempestades de arena remplazaban las tormentas de nieve y el panorama de hielo y nieve cedía campo al árido desierto. Salvo los más temerarios, todos viajaban por el desierto en grupos numerosos y sólo de noche. Partidas de salteadores tártaros tenían rienda libre para acometer las caravanas. De Goes informa como la cosa más natural los resultados de esos frecuentes ataques: "Uno encuentra con frecuencia cadáveres de musulmanes que se aventuraron a viajar sin acompañamiento".

De Goes sobrevivió en el desierto como había sobrevivido en las montañas. Un viaje que se calculaba en seis meses duró casi cuatro años. Desde el principio de la aventura, de Goes vio que la ruta terrestre era tal vez más peligrosa que la marítima. A sus superiores les envió esta estoica y moderada evaluación: "El viaje es muy largo, lleno de contratiempos y peligros. Ningún miembro de la Compañía de Jesús debe tratar de repetirlo".

Nueva definición del éxito o fracaso de un líder

De Goes sobrevivió lo peor del viaje, pero fue a morir mil millas antes de llegar a Beijing. Nunca encontró el reino de Catay ni encontró la tan anhelada ruta corta entre la India y la China.

A veces las apariencias engañan. Puede que Goes muriera en la miseria y más o menos solitario, pero no fue un fracasado. Si bien la romántica idea de Catay siguió alimentando la imaginación de unos cuantos exploradores que no daban su brazo a torcer, de Goes resolvió esencialmente el molesto interrogante histórico de la ubicación de Catay, al probar lo que ya algunos de sus colegas jesuitas empezaban a sospechar: que Catay era la China. No había otro gran reino; no había tales tribus cristianas perdidas. Si Marco Polo realizó efectivamente el viaje que describe (cosa que algunos eruditos modernos ponen en duda), el gran imperio que él llamó Catay era el mismo que los europeos del siglo XVI ya llamaban China. En lugar de disipar sus energías persiguiendo la ilusión de un imperio inexistente, los colegas de de Goes podrían en adelante concentrar sus esfuerzos en los dos imperios que sí existían: la India y la China.

También puso fin de Goes a las especulaciones sobre una ruta más eficiente entre esos dos países. Tal ruta tampoco existía ni existiría hasta varios siglos después, cuando los avances tecnológicos permitieron abrir una ruta terrestre más rápida y segura.

La historia de de Goes no es bien conocida ni siquiera entre los mismos jesuitas. Por lo menos hay una razón obvia para ello, y es que dejó muy pocos documentos históricos, y aun los pocos que se tienen como hechos de su vida son a veces contradictorios. Pero hay también otra razón: la Historia celebra gustosa a los que agregaron territorios al mapa: Colón, Hudson, hasta el padre Jacques Marquette, también jesuita, que navegó por las aguas del alto Misisipí. Pero sólo hay una rápida caída en el olvido para quienes volvieron con las manos vacías o borraron nombres del mapa, como de Goes, que borró a Catay. La diferencia es muy comprensible y en cierto modo curiosa. Colón encontró algo, aun cuando no fue lo que él esperaba. Y lo que aquellos tempranos exploradores descubrieron (o no) se debió muchas veces a la casualidad o a la suerte. La medida de su grandeza personal no es tanto lo que encontraron al final del camino sino más bien la fortaleza de carácter que los acompañó a lo largo del mismo: su imaginación, voluntad, perseverancia, valor, recursos y decisión de arrostrar el peligro del fracaso.

Estas características distinguieron a los exploradores que encontraron "lo que había", pero también a otros de menor estatura, como de Goes, que descubrieron "lo que no había". Así mismo han distinguido a muchos anónimos investigadores médicos cuyos fracasos señalaron el camino hacia la solución de un problema, y a los incontables científicos, inventores, filósofos y matemáticos que han contribuido de manera análoga en sus campos respectivos. La historia de de Goes define el liderazgo al mostrar cómo no es necesario lograr un gran triunfo personal para tener éxito como líder; hay veces en que el éxito toma la forma de un aporte al triunfo del equipo. En el caso de de Goes, el liderazgo se demostró por algo tan poco brillante como explorar un callejón sin salida para que futuros colegas no tuvieran que explorarlo.

De Goes murió casi solo en una remota aldea china. Ningún colega jesuita lo acompañó en su viaje y nadie lo asistió a la hora de la muerte. Entonces, ¿cómo salieron a la luz los pocos detalles que se conocen del histórico viaje?

De vez en cuando el servicio postal lo sorprende a uno. Ésta fue una de esas veces. Cuando la caravana llego por fin a Xuzhou, de Goes confió a mercaderes que iban a Beijing cartas dirigidas a Matteo Ricci. Las probabilidades de que esas misivas llegaran al destinatario eran mínimas: de Goes no tenía la dirección de Ricci ni podía dirigir sus cartas con caracteres chinos, más de mil millas lo separaban de Beijing y su cartero era un comerciante que podía hacerse rico vendiendo su mercancía en la capital pero no tenía nada que ganar buscando a Ricci.

Las verdaderas probabilidades eran peores aún. La verdad es que en ese tiempo no había nadie en Beijing que se llamara Matteo Ricci. El jesuita italiano a quien de Goes daba ese nombre era conocido en la China por otro nombre: Li Matou.

A pesar de todo, Ricci recibió la carta. Y tal vez no es tan extraordinario que la recibiera. El sobrescrito en caracteres romanos no era comprensible para ningún chino, pero debió sugerirles que el destinatario tenía que ser algún extranjero, y sólo había un occidental que residiera a la sazón legalmente en Beijing, con unos pocos colegas. Así que la carta, tal vez de una manera natural, llegó a manos de Ricci, y éste inmediatamente despachó a un joven postulante para que estableciera contacto con de Goes en Xuzhou. Este joven llegó apenas a tiempo, cuando de Goes agonizaba, y pudo salvar algunos apuntes de su diario. Regresó con éstos a Beijing, en compañía del sirviente que había acompañado a de Goes en su viaje.

El lingüista, cartógrafo, filósofo
y promotor de la aculturación

Matteo Ricci había emprendido otro viaje por su cuenta. Aunque menos penoso físicamente que el de de Goes por las montañas, duró muchos años más. En un sentido muy real aunque intangible, el viaje de Ricci a Beijing se inició en Italia en 1552, que fue el año de su nacimiento. Justamente ese año, la primera tentativa de los jesuitas por penetrar en la China acabó en fracaso en una isla lejana a unas treinta millas de lo que hoy es Hong Kong. Igual suerte corrieron muchas otras expediciones jesuitas durante varios años.

Los primeros jesuitas que trataron de llegar a la China se quedaron embotellados en la factoría portuguesa de Macao. Quienes se aventuraron a penetrar al interior de la China, donde dominaba la xenofobia, fueron expulsados prontamente, con frecuencia en jaulas y bajo la custodia de guardia armada.

Todo eso lo cambió radicalmente Ricci, quien modificó la conducta de los jesuitas en ese país y ayudó así a crear una estrategia jesuita para toda el Asia y para muchas generaciones. Desde temprano se mostró hombre capaz de trazarse su propio rumbo. La familia, que residía en la aldea de Macerata en Italia central, lo mandó a Roma para que siguiera la carrera de derecho y debió ser grande su asombro, si no su decepción, al enterarse de que el joven, que tenía 18 años, había resuelto en cambio hacerse jesuita.

Diez años después se encontraba en Macao, enfrascado en el estudio del idioma chino. Sus textos en aquella época anterior a Berlitz eran unas pocas notas garrapateadas y unas listas de vocabulario que sus colegas habían logrado descifrar. Ricci no se había podido imaginar la vida en la China ni mucho menos prepararse para ella. ¿Quién lo iba a preparar? Ni siquiera los europeos más cultos habían visto a un habitante del Asia ni habían oído una lengua asiática, ni habían visto los caracteres chinos. Las cartas de Ricci para sus colegas describen algo que era totalmente nuevo en Europa:

Ingenio jesuita: lingüista, cartógrafo y sacerdote

Este retrato póstumo de Matteo Ricci lo pintó su colega chino (Manuel) Yu Wen-hui convertido al cristianismo y posteriormente ordenado jesuita. El jesuita Nicolás Trigault llevó el retrato a Roma, en un viaje en el cual reclutó jesuitas para trabajar en la China, pero vio morir a la mayor parte de ellos en el penoso viaje marítimo.

Me he aplicado al estudio del idioma chino y puedo asegurar a vuestra reverencia que es una cosa distinta del griego o del alemán... La lengua hablada se presta a tanta ambigüedad que muchos sonidos significan más de un millar de cosas y a veces no hay más diferencia entre una y otra que la pronunciación del sonido en un tono de voz más alto o más bajo, y hay cuatro tonos... En cuanto al alfabeto, es algo increíble para quien no lo haya visto y ensayado, como lo he ensayado yo... El modo de escribir se parece más a la pintura, y tanto es así que escriben con un pincel, a la manera de los pintores.

Ricci dominó el idioma chino como no lo había dominado ningún occidental antes que él. A los pocos años de haber salido de Macao escribió y publicó un tratado en chino, titulado *De la amistad*, documento con el cual realizó mayores progresos que cuantos habían realizado sus predecesores en cuarenta años. "Este tratado ha establecido nuestra reputación como eruditos de talento y virtud, y así lo leen y lo reciben con beneplácito, y ya se ha publicado en dos lugares distintos".

Un cambio radical de estrategia

De la amistad fue un *tour de force* lingüístico, pero más notable aún fue por el cambio radical de estrategia que introdujo. Los misioneros europeos rara vez se habían preocupado por dominar la lengua de los países que visitaban; cuando mucho, aprendían lo necesario para traducir directamente las oraciones y catecismos cristianos, actitud que revelaba la creencia no bien disimulada de que las poblaciones indígenas eran las que tenían que cambiar, no los misioneros europeos ni los colonizadores. Se esperaba que los conversos se europeizaran (o se *civilizaran*, como decían los europeos). En el subcontinente indio, los catecúmenos bien podrían preguntarse qué tenían que ver las ruidosas botas de los europeos y los pesados vestidos de los portugueses con la vida cristiana, o por qué usar semejante ropa en ese clima subtropical. Pero para los europeos en el Asia, éstas no eran cuestiones discutibles. La gente civilizada vestía como visten los europeos — o por lo menos así se creía generalmente.

Pero Ricci no pensaba así. Su tratado sobre la amistad fue bienvenido; no irritaba como las botas europeas, pues Ricci no sólo dominaba el idioma chino sino que había perfeccionado un estilo familiar para sus lectores. No escribía en los términos escolásticos y áridos que había estudiado en Roma sino en formas literarias que un erudito confuciano bien habría podido emplear. Sus ideas, basadas en los valores judeocristianos, eran sin duda nuevas para sus lectores, pero para los letrados chinos eran familiares. Deliberadamente Ricci se había abstenido de traducir obras de la literatura europea, para tratar en cambio sobre una relación humana básica que se trata en los textos de Confucio.

Ricci invirtió las reglas del juego: en lugar de arrastrar a los potenciales conversos a una extraña cultura europea, inició una estrategia radicalmente nueva de "aculturación", término acuñado por jesuitas posteriores para designar la estrategia de asimilarse ellos mismos a la cultura de los pueblos que los recibían. Él fue quien cambió, adaptándose a la cultura, los valores y las normas de los chinos. Esta vez no era a los conversos a quienes se forzaba a usar la extraña ropa; fueron Ricci y los suyos quienes vistieron nuevos trajes. "Nos hemos dejado crecer la barba y el cabello hasta las orejas; al mismo tiempo hemos adoptado las vestiduras que distinguen a los literatos, que son de seda púrpura, y el dobladillo de los mantos y el cuello están bordeados de una cinta azul de seda, de poco menos de un palmo de anchura". ¿Qué dirían en la italiana Macerata?

Aprovechar la oportunidad

Ni para qué decir que nadie tomó a Ricci por un sabio chino a pesar de su nueva vestimenta, pero el simbolismo de ese gesto lo comprendieron todos. Las ropas negras sacerdotales serían un símbolo fácil de reconocer instantáneamente en Roma, pero en la China no significaban nada y sólo servían para apartar a los visitantes de Occidente. Por el contrario, el nuevo atuendo que adoptó Ricci era tan bien comprendido en la China como las sotanas negras en Roma. Él quería presentarse como hombre docto que poseía ideas dignas de respeto y atención.

Ricci no tardó en encontrar maneras de demostrar que poseía conocimientos únicos para compartir. A partir de las últimas décadas de la dinastía Ming, la China se había reconcentrado en sí misma; sus ciencias aplicadas, que en un tiempo fueron superiores a la tecnología europea, habían venido muy a menos. Pero para Ricci esta infortunada circunstancia fue una oportunidad. No sabiendo qué artefactos de la ciencia y la cultura europeas podían interesar a los chinos, había llevado consigo una rara colección de chucherías, de suerte que su residencia se convirtió en una combinación de tienda de curiosidades, museo, universidad y salón académico para el debate intelectual. Allí, los matemáticos discutían textos de la geometría de Euclides traducidos al chino por Ricci, y visitantes ilustrados examinaban libros, relojes y sextantes. Los astrónomos aprendían cómo el astrolabio podía ayudar a calcular los movimientos estelares. Un mapamundi, en particular, intrigaba a los visitantes porque

los chinos, que prácticamente no tenían ningún comercio con otros pueblos, ignoraban totalmente las demás partes del mundo. Sus tablas cosmográficas llevaban el título de "Descripción universal del mundo", [pero] reducían su extensión a sus propias quince provincias, agregando los nombres de unos pocos reinos de los cuales habían oído hablar, los cuales, tomados en su totalidad, escasamente igualaban la provincia más pequeña del imperio chino.

Ricci no había ido a la China para hacer mapas, pero

aprovechó esa nueva oportunidad de pulir su imagen —y la de Occidente—, pues los mapas del mundo que hacían los chinos no sólo revelaban ignorancia de la geografía mundial sino que revelaban también su prejuicio de que, fuera de la China, no había gran cosa que valiera la pena conocer. Ricci trazó un mapa nuevo con los nombres de los países escritos en caracteres chinos. Este primer esfuerzo fue un fracaso y demostró la dificultad de dejar a un lado la mentalidad europea en favor de la aculturación. El mapa de Ricci presentaba el mundo como lo veían los europeos: con Europa dominando orgullosamente el centro, el Asia a la derecha y la China relegada a la periferia. Era una ofensa. Los cartógrafos chinos reconocían alguna ignorancia de la geografía mundial, pero una cosa sí sabían muy bien: que la China, el "imperio del medio" en su idioma, era el centro del mundo. El mapa de Ricci estaba equivocado.

Apuntar alto desde el principio

Ni cojo ni manco, el jesuita se recuperó rápidamente con la solución más sencilla: reorientó su perspectiva, como quien hace rotar un globo terráqueo, y presentó un nuevo mapa. Esta vez la China ocupaba el centro del mundo, exactamente donde los chinos sabían que debía estar su país. Ricci fue aun más allá y anotó su planisferio con descripciones explicativas, aunque no exactamente lo que un europeo esperaría en un mapa. Por ejemplo, para Roma la explicación decía: "El Santo Padre, que es célibe y se entiende únicamente con la religión católica, reside en Roma. Todos los europeos que están en Roma lo reverencian". ¿*Todos*? Algo habrían tenido que decir al respecto los protestantes de las sectas luterana y calvinista, pero podemos disculpar a Ricci por juzgar que no era ése el mejor momento para complicar su mapa educativo e introducir el gran drama de la Reforma que en ese tiempo se desarrollaba en Europa.

El cartógrafo, astrónomo y autor tenía un programa. Aunque su método fuera oportunista, no era aleatorio. Su meta final era una audiencia con el emperador de la China. Seguramente abrigaba la esperanza de dar un golpe maestro si convertía al emperador y se servía de la influencia gravitacional del monarca para atraer a millones de súbditos chinos al redil del cristianismo. Por absurda que hoy nos parezca esa idea, a Ricci le habría parecido perfectamente lógica. Al fin y al cabo, él procedía de un continente que se había transformado justamente de ese modo, de arriba abajo. La Inglaterra católica se volvió súbitamente protestante porque así lo resolvió el rey Enrique VIII. Igual cosa sucedió en todo el continente europeo con una u otra variación. Para el modo de pensar de Ricci, la misma estrategia de arriba abajo debía producir iguales resultados en el Asia.

Aunque no lograra convertir al emperador, confiaba por lo menos en obtener aprobación formal o tolerancia tácita de los jesuitas que trabajaban en la China. A pesar del creciente prestigio de Ricci entre los principales funcionarios del gobierno, la situación de los jesuitas siguió siendo incierta. Gobernadores locales y burócratas imbuidos de xenofobia podían expulsar en cualquier momento a los europeos. Ricci dio instrucciones a sus colegas para que mantuvieran una posición discreta: nada de ruidosas reuniones callejeras, de incendiarios sermones sobre las penas del infierno ni de vistosas iglesias. Ricci y el puñado de jesuitas que se le unieron construyeron modestas capillas en los terrenos de sus residencias privadas.

Veinte años tardó Ricci, a partir de su llegada a Macao, en llegar a la ciudad imperial de Beijing. Se había estado moviendo constantemente, cultivando una red de funcionarios bien situados, buscando siempre el patrocinio de algún poderoso burócrata para introducirse en la corte imperial.

Al fin, los funcionarios de la corte convinieron en presentar al emperador los regalos de Ricci: estatuas de la Virgen y de Cristo, dos relojes, un mapamundi, una espineta (instrumento músico parecido al clavicordio) y dos prismas. Los regalos iban acompañados de un mensaje en el cual Ricci se presentaba como "un religioso sin esposa y sin hijos, por lo cual no pide ningún favor; que habiendo estudiado astronomía, geografía, cálculo y matemáticas... tendría mucho gusto en prestar algún servicio al emperador".

Los regalos fueron bien elegidos. El emperador quedó encantado, especialmente con un reloj de carillón que daba las horas. Este instrumento se descompuso y hubieron de llamar a Ricci para que les enseñara a los eunucos del emperador cómo arreglarlo. Esto fue lo más que pudo acercarse el jesuita a la anhelada audiencia. Sin embargo, llegar a Beijing había sido ya de por sí una proeza. Un embajador portugués que llegó muy cerca, casi un siglo antes que Ricci, fue detenido y remitido en una jaula y bajo guardia armada a Hong Kong, de donde fue desterrado de la China. No hay dato alguno de ningún europeo que hubiera llegado desde entonces. En sus últimos días Ricci, según se dice, les declaró a sus colegas que estaban "ante una puerta abierta".

Ricci murió tres años después de de Goes. No se sabe dónde fue enterrado éste último, pero la tumba de Ricci todavía la pueden encontrar quienes visitan a Beijing, pues fue el primer occidental a quien se otorgó un lote para ser sepultado en terrenos imperiales.

El gobernador de Beijing encargó una lápida en la cual hizo grabar los nombres de los amigos prestigiosos de Ricci en la China: el ministro de ritos, el ministro de hacienda y varios otros funcionarios y empleados ministeriales. Su muerte fue señalada por la reunión de la comunidad cristiana que él había establecido en Beijing y que ya constaba de 2 000 miembros. Si alguien asistió a la muerte de de Goes sería el que rondaba cerca del lecho mortuorio para apoderarse de sus pocos haberes.

La vida y las realizaciones extraordinarias de Ricci plantean varios interrogantes: ¿Cómo dio el imaginativo salto estratégico de enseñar astronomía a traducir una geometría y tratar de convertir a la China? ¿Qué inspiró la decisión y

Formar "hombres brillantes y eminentes"
El sabio jesuita Christopher Clavius, quien apoyó a Galileo y ayudó a desarrollar el calendario gregoriano que rige hoy en todo el mundo, aparece aquí con los más novedosos instrumentos de astrónomo y matemático del Renacimiento.

luego la flexibilidad y confianza en sí mismo para abandonar las ropas sacerdotales y los hábitos europeos y adoptar el estilo de vida chino? Estos interrogantes y otros por el estilo nos llevan a la esencia misma del liderazgo jesuita y constituyen el meollo de los capítulos siguientes.

El matemático y astrónomo

Christopher Clavius ofrece un contraste tajante al lado de Benedetto de Goes y Matteo Ricci. En su época, eran contados los europeos que se aventuraban más allá del continente. De Goes y Ricci fueron más lejos aún. Cuando los viajes marítimos que duraban años depositaban al fin a los agradecidos y llorosos viajeros en remotos puestos coloniales, casi todos daban por terminadas sus andanzas. No así de Goes y Ricci, que siguieron recorriendo rutas jamás exploradas por los europeos. Caminaron miles de millas aun después de llegar al Asia, llevando una vida peripatética que rara vez los dejó en un mismo lugar más de un año o dos.

La historia del jesuita alemán Clavius es muy distinta. Trabajó en un mismo oficio como profesor universitario durante 48 años, 46 de ellos en la misma institución, el Colegio Romano de los jesuitas. Los europeos del siglo XVI rara vez *vivían* hasta los 48 años, para no hablar de trabajar tanto tiempo. La idea de hacer un mismo oficio durante tantos años evoca ciertas imágenes, la mayoría de ellas nada honrosas y pocas aplicables a aventureros como de Goes y Ricci.

Pero la imagen de un cansado y pomposo profesor que

recicla año tras año las notas amarillentas de sus conferencias tampoco cuadra en el caso de Clavius. Una imagen totalmente distinta capta mejor su vida: la de un hombre que observa con asombro un eclipse solar. Se cuenta que Clavius presenció un eclipse en 1560 cuando tenía 23 años y hacía su noviciado, y que esa misma tarde resolvió cuál sería la ocupación de su vida. Infatigablemente persiguió desde entonces su pasión por la astronomía y la trasmitió a hombres como Ricci. En efecto, uno de los jesuitas sucesores de Ricci en Beijing predijo acertadamente un eclipse de Sol que ensombreció la capital una tarde de 1629, proeza que les mereció a los jesuitas un nombramiento sin precedentes en el observatorio imperial.

Preparar aprendices
para un mundo cambiante

Clavius no pudo haber previsto que la astronomía iba a ser un día la clave del éxito de los jesuitas en la China. Inició su carrera docente en una joven Compañía de Jesús que crecía de una manera fenomenal al mismo tiempo que afinaba sus prácticas y sus estrategias. Teniendo ya unos cien colegios abiertos, los jesuitas avanzaban en el camino de crear el sistema escolar privado más grande del mundo. En los 40 años trascurridos desde su fundación, la Compañía misma había aumentado de 10 miembros a 5 000.

Los superiores de los jesuitas se reunieron en Roma para trazar la dirección estratégica que debía seguir la Compañía. El matemático Clavius expuso su visión de que los jesuitas debían ser expertos no sólo en teología y filosofía, disciplinas que se esperaba dominara un sacerdote, sino también en idiomas, matemáticas y ciencias. El mundo estaba cambiando y los jesuitas debían estar en primera línea y brillar aun en estas disciplinas menores pero emergentes. Clavius propuso establecer cátedras magistrales para poner a los aprendices jesuitas a la vanguardia de la erudición europea. Sostuvo que él y sus colegas tenían que formar a los aprendices

> como hombres brillantes y eminentísimos que, cuando se distribuyan por diversos países y reinos como joyas resplandecientes, para honra de la Compañía de Jesús, infundan temor a todos los enemigos y sean increíble atracción para que los jóvenes acudan a nosotros de todas partes del mundo.

A algunos de sus colegas puede haberles molestado esa retórica rimbombante y esa falta de modestia en un sacerdote, pero la mayoría seguramente estuvo de acuerdo. Y quienes no aceptaban esas ideas lo habrán pensado dos veces antes de enfrentarse a la poderosa inteligencia de Clavius.

Durante más de 40 años Clavius aplicó su pasión y su visión a formar a los aprendices como "hombres brillantes y eminentes" en el Colegio Romano, es decir, a preparar maestros. El Colegio reunió a muchos de los aprendices que más prometían en toda Europa; Clavius escogió entre ellos a los más talentosos para darles las clases magistrales de matemáticas y astronomía. Probablemente uno de ellos fue Ricci, quien estudiaba esta última ciencia como discípulo de Clavius y no tenía ni la menor idea de que su destino era ir a trabajar en la China; tampoco tenía nadie en Europa ni la más remota idea del estado lamentable en que se encontraban las ciencias aplicadas en aquel país, hasta que Ricci viajó allá.

Ricci no estudiaba astronomía como parte de un gran plan de conversión de la China, pues la visión de Clavius era a la vez más sencilla y más extravagante que ese plan quijotesco de convertir a todo un imperio asiático. Ricci, Clavius y sus gerentes jesuitas no se detuvieron a preocuparse de qué podrían servirles las matemáticas superiores y la astronomía a los futuros sacerdotes. Como todos los maestros, Clavius creía que el reto intelectual de por sí hacía de sus talentosos aprendices personas mejores. Tan importantes como los hechos aprendidos era lo que se ganaba en el proceso mismo de aprender: disciplina, aplicación y voluntad para llevar el estudio de un problema hasta su culminación; el asombro, la curiosidad y la creatividad que engendra ver el mundo a través de un lente distinto; y la confianza que nace de resolver un problema que parecía insoluble. Aprendices talentosos y bien entrenados como Ricci, una vez formados como "hombres brillantes y eminentes", encontrarían la manera de abrirse camino.

Descartar viejas y queridas creencias para adoptar nuevas verdades reveladas

Clavius no sólo formó hombres eminentes sino que él mismo fue uno de ellos. Un joven científico italiano, Galileo Galilei, quien visitó a Roma por primera vez en 1587, solicitó la bendición de Clavius, uno de los principales matemáticos de Europa. Clavius quedó muy bien impresionado y le dio el apoyo que todo joven académico anhela y con el cual Galileo obtuvo su primer puesto docente. Clavius lo apoyó a pesar de que procedían de dos mundos distintos; o mejor, de dos *universos* diferentes. Los textos de astronomía de Clavius naturalmente defendían el sistema tolemaico que era el aprobado por la Iglesia católica, y según el cual el Sol, la Luna, las estrellas y los planetas giran alrededor de la Tierra, a la cual ha honrado Dios al colocarla en el centro del universo.

Pero Galileo se fue apartando poco a poco del sistema astronómico que Clavius y otros fieles aceptaban sin cuestionar. En los primeros años de 1600 había hecho el primer telescopio moderno que, aun cuando elemental, tenía poder suficiente para revelar que Venus mostraba fases muy parecidas a las de la Luna. Esto sugería que Venus gira alrededor del Sol, no de la Tierra. Si no, ¿cómo explicar las fases de Venus, es decir que Venus gira alrededor del Sol pero el Sol y los otros planetas giran alrededor de la Tierra, en un loco sistema solar? La teoría de un universo geocéntrico sólo se podría sostener si se distorsionaban las órbitas de los planetas de una manera imposible.

A pesar de que Galileo era muy cauteloso, se había metido en un campo minado que al fin no pudo cruzar. Los burócratas de la Iglesia tenían demasiados intereses creados en torno a la idea de un universo geocéntrico como para echar pie atrás y abandonar esa teoría. Por más que viera Galileo con su telescopio, por más claro que lo viera y por más naturalmente que sus observaciones indicaran un universo heliocéntrico, la Iglesia institucional no quería saber nada de eso.

Christopher Clavius pasaba ya de los 70 años cuando Galileo publicó sus descubrimientos que, a pesar de la manera muy cuidadosa como los presentó, eran un claro reto a la teoría de que la Tierra es el centro del universo. Nadie habría censurado a Clavius si en ese momento hubiera descansado sobre sus laureles; las ideas de Galileo contrariaban el trabajo de toda su vida, así que el joven no debía esperar apoyo por ese lado. No habría sido difícil para el famoso Clavius acabar de un manotazo con Galileo. Pero lo que hizo fue llevar a los estudiantes de una clase magistral de astronomía a la terraza del Colegio Romano. Los jesuitas se habían procurado ya telescopios mejores que el que Clavius había utilizado antes en su trabajo, y él y sus alumnos trataron de duplicar las observaciones de Galileo. Poco después Clavius publicó la última edición de su texto de astronomía. Muchos astrónomos se sorprendieron —y muchos religiosos se escandalizaron— al encontrar allí estas palabras: "Consulte el confiable librito de Galileo Galilei publicado en Venecia en 1610 y titulado *Sidereus Nuncius*".

Clavius respaldó todos los descubrimientos y cálculos de Galileo (su veredicto de "confiable" mantuvo por un tiempo a raya a los críticos de Galileo) y fue más lejos aún, tan lejos como se podía aventurar: un eclesiástico fiel que hablara a favor de la teoría heliocéntrica de Copérnico habría sido un hereje. Pero Clavius sabía que el sistema tolemaico que él había defendido toda la vida estaba condenado al cubo de la basura. Los primitivos telescopios que él y Galileo habían usado habían revelado lo suficiente para acabar con él. Tal vez habría alguna teoría, sin llegar al imposible heliocentrismo, para explicar el universo, pero la tolemaica ya no se podía sostener. Con respecto a las observaciones de Galileo, Clavius agregaba: "Puesto que las cosas son así, los astrónomos deben considerar cómo se pueden disponer los orbes siderales a fin de salvar estos fenómenos".

En otras palabras, los hechos son lo que son; los científicos deben aceptarlos y buscar una teoría verosímil para explicarlos.

Clavius murió poco después de publicar estos conceptos.

Galileo siguió proponiendo su peligrosa y discutible teoría, y unos 20 años después estaba de rodillas ante los inquisidores del Vaticano retractándose de su creencia en un universo heliocéntrico y jurando que la Tierra no se mueve, a fin de evitar una excomunión y quizás una muerte prematura a manos del verdugo.

¿Qué papel habría representado Clavius en el drama de Galileo si hubiera vivido? Siendo el primer astrónomo de su tiempo, sin duda se habría visto envuelto en la controversia. Es difícil imaginar a un funcionario de la Iglesia defendiendo a Galileo, dada la inalterable posición militante de la Iglesia, pero, por otra parte, el texto de Clavius es un claro testimonio de su honradez intelectual y su firme devoción a la verdad. Cómo habría resuelto ese dilema sigue siendo un enigma que no podemos contestar.

Cómo ayudó Clavius a fijar nuestro horario

Aunque las ideas astronómicas de Clavius empezaban a eclipsarse aun durante su vida, otro logro suyo ha resistido admirablemente el curso de los años. Pocos habrán oído hablar de él, pero todo el que consulte el almanaque algo le debe. Antes de su tiempo, el ritmo de la vida en Europa era regido desde hacía siglos por el calendario juliano, instituido por Julio César, pero estaba fallando. Las Sagradas Escrituras registran la crucifixión y la resurrección de Jesucristo como ocurridas durante la Pascua judía, que cae el primer mes de la primavera, razón por la cual la Iglesia católica fijó el Domingo de Pascua como el primer domingo después de la primera Luna llena que sigue al equinoccio vernal. Pero por razones que entonces no se entendían, el equinoccio se estaba atrasando con el transcurso de los siglos y, por tanto, lo mismo sucedía con el Domingo de Pascua. En el siglo XVI, el Domingo de Pascua iba retrogradando lenta pero seguramente hacia la Navidad.

El papa Gregorio XIII le pidió a Clavius que encabezara una comisión para estudiar tan enojoso problema. ¿Qué le pasaba al calendario? Se averiguó que el año solar real era más corto —674 segundos más corto, para ser exactos— que el año del calendario juliano. ¿Qué son 674 segundos? Poca cosa en un año, pero acumulados en varios siglos son problemáticos. Se agregaron tres días cada 400 años y el Domingo de Pascua seguía acercándose a la Navidad.

La comisión de Clavius adoptó en gran parte el método analítico del italiano Aloysius Lilius y su clara y sencilla solución. Lilius, que había muerto poco antes de que se organizara la comisión, había propuesto que se contaran como años bisiestos del siglo únicamente los que fueran exactamente divisibles por 400; es decir que el año 1900 no sería bisiesto pero el año 2000 sí. Esta sutil recalibración del mecanismo del año bisiesto permanece intacta y los cristianos celebran la Pascua en la primavera, sin saber cuánto deben a Lilius y a Clavius. Clavius se mostró modesto y políticamente astuto (seguramente no tenía otra alternativa) cuando llegó el momento de promulgar lo que posteriormente vino a llamarse el calendario gregoriano, en honor del papa Gregorio XIII.

No todo el mundo aceptó inmediatamente el nuevo calendario. Los últimos años del 1500 fueron decididamente una época menos ecuménica que la nuestra. Protestantes y católicos estaban trabados en interminables, agrias y a veces sangrientas pugnas en toda la Europa cristiana. ¿Quién podría asegurar que el nuevo calendario no era algún engañoso artificio jesuítico o papista? Aun cuando fuera más exacto, los jefes protestantes no tenían ningún interés en un calendario recomendado por el papa romano y un matemático jesuita. La Italia católica lo adoptó de inmediato, pero la Inglaterra activamente protestante no. Las regiones católicas de los estados alemanes lo acogieron, pero no las vecinas regiones protestantes. Durante varios años era un día en una parte de Alemania y otro día en otra parte.

Tampoco quedaron contentos todos los católicos. Con el fin de reparar el daño acumulado durante más de un milenio por el calendario juliano, la comisión de Clavius hizo que el papa proclamara que en el año de 1582 —y afortunadamente sólo en ese año— el día siguiente al 4 de octubre sería el 15 de ese mismo mes. Aun los buenos católicos tenían motivo para refunfuñar, pues creían que les recortaban casi dos semanas de vida. En medio de la confusión causada por el nuevo calendario, Clavius preparó lo que habría sido la última palabra sobre la materia. Cuando ya habían muerto todos los demás miembros de la comisión y el papa Gregorio, el anciano Clavius publicó su análisis matemático definitivo y las correspondientes pruebas, en 800 páginas, para sustentar el nuevo calendario.

Con todo, los viejos prejuicios no son fáciles de abandonar. Trascurrieron 200 años antes de que la Gran Bretaña adoptara el calendario gregoriano (en 1752). Rusia lo adoptó en 1918, una década después de que la confusión de fechas hizo que sus atletas llegaran con 12 días de retraso a las Olimpiadas de 1908. Los encargados de programar reuniones y los fabricantes de almanaques fueron al fin aliviados de los quebraderos de cabeza producidos por calendarios que no coincidían, aunque los fiesteros se vieron privados de una maravillosa oportunidad de celebrar dos veces el milenio.

Los viejos prejuicios ciertamente son duros de dejar. Sólo en 1822 la Iglesia autorizó formalmente la enseñanza de la teoría heliocéntrica en los países católicos, y apenas en 1992 el papa Juan Pablo II cerró un capítulo largo tiempo abierto, al ofrecer de manera póstuma a Galileo las excusas de la Iglesia.

UNA MANERA DISTINTA DE PENSAR EN EL LIDERAZGO

De Goes, Ricci y Clavius: tres modelos increíbles de liderazgo. Después de todo, ¿no son los líderes quienes dirigen a otras personas? ¿Y no son los más grandes líderes quienes dirigen a muchísimas personas? Ninguno de los tres mencionados dirigió nunca a más de unas pocas. Durante la mayor parte de su vida de trabajo cada uno se dirigió a sí mismo.

Que es precisamente lo que viene al caso: cada uno se dirigió a sí mismo. No rehuyeron esta tarea, la primera y la más crucial, a la cual todo líder tiene que hacer frente.

Lecciones de liderazgo provenientes de fuentes inesperadas

¿Qué hacen los líderes? Un somero estudio de de Goes, Ricci y Clavius revela en todos ellos ciertas calidades de liderazgo. Los líderes hacen lo siguiente:

- Están siempre enseñando y aprendiendo: Matteo Ricci dominó el idioma chino y absorbió la sabiduría de los Cuatro Libros de Confucio, introdujo su pensamiento en Europa gracias a su traducción al italiano y al mismo tiempo enseñó a sus maestros mandarines de todo, desde la geometría de Euclides hasta la astronomía y el mensaje cristiano.

- Forman hombres y mujeres "brillantes y eminentes": Christopher Clavius desafió a los estudiantes en sus clases magistrales en el Colegio Romano año tras año durante más de 40.

- Se vigorizan con la misma ambición de sus metas heroicas: de Goes recorrió millares de millas por el interior desconocido del Asia en busca de un camino a la China; Ricci puso su mira en una audiencia imperial que no lograron los europeos en tres siglos; y Clavius luchó por tener un grupo de talentos sin precedentes distribuidos por el mundo.

- Son innovadores y atacan los problemas de maneras que sus antecesores no imaginaron jamás: Ricci ideó una original estrategia para propagar el mensaje cristiano: la traducción de textos de geometría y la refacción del mapamundi.

- Se dedican a la excelencia: Clavius produjo laboriosamente, en 800 páginas, una prueba matemática para sustentar su reforma del calendario.

- Permanecen abiertos a las ideas nuevas aun en la vejez: a los 73 años Clavius reprodujo cuidadosamente las observaciones de Galileo.

- Honran la verdad sin egoísmo: Goes reconoció francamente que no había encontrado un camino mejor para ir a la China, pese a todos sus esfuerzos personales en la empresa; Clavius apoyó las observaciones de Galileo, a sabiendas de la amenaza que planteaban para las teorías que él había defendido toda la vida.

* Influyen en los demás con el ejemplo, sus ideas y su enseñanza: Clavius inspiró a Ricci y subsiguientes astrónomos en la China, y los tres, Clavius, de Goes y Ricci, siguen influyendo hoy en los jesuitas.

El liderazgo consiste no sólo en hacer una tarea sino en saber hacerla; para todos los líderes, incluyendo a de Goes, Ricci y Clavius, esto significa *influir, prever, perseverar, infundir energía, innovar y enseñar.*

Ciertos supuestos han venido a dominar con el tiempo nuestros estereotipos del líder y el liderazgo:

* Que el líder es "quien está encargado": el que maneja una compañía, encabeza un gobierno, entrena un equipo o manda tropas;
* Que el liderazgo produce resultados directos y que la conducta más activa de un líder produce resultados inmediatos; y
* Que el liderazgo produce "momentos determinantes": la batalla decisiva, el campeonato deportivo, la nueva estrategia del negocio.

De Goes, Ricci y Clavius definen de una manera muy distinta quiénes son los líderes y cómo se desarrollan sus vidas. A pesar de lo exótico de sus problemas, representan un modelo de liderazgo aplicable a la vida real que todos vivimos:

- La mayoría de las personas no se ven nunca en el caso de tener que motivar ejércitos o subalternos; nos enfrentamos al problema más prosaico de de Goes: motivarnos a nosotros mismos para hacer largos viajes que a veces poco prometen.

- Rara vez se desenvuelve la vida según un plan estratégico preconcebido; el liderazgo es más bien improvisado. Los problemas se presentan, como se le presentaron a Ricci en la desconocida China, de una manera sorpresiva. No vienen con un manual de liderazgo ni se ajustan a un plan de vida, y debemos apelar a nuestro ingenio y sabiduría acumulada.

- A diferencia del general que conduce a la batalla o el entrenador que dirige a su equipo, pocos experimentan un dramático momento determinante. Nuestros "momentos" son más bien un patrón de vida tachonado de oportunidades ordinarias de producir sutiles diferencias: las enseñanzas que Clavius impartió a centenares y centenares de novicios jesuitas que pasaron por su salón de clase a lo largo de 48 años.

- Y como de Goes y Ricci y Clavius, pocos podemos discernir el impacto de nuestro liderazgo en el mundo con la claridad y certeza de una bola de billar que golpea a otra. Tenemos que contentarnos no con resultados manifiestos sino con la mera convicción personal de que nuestros actos, decisiones y opciones tienen valor.

Una compañía típica tiene relativamente pocos líderes, todos en posiciones de autoridad e influencia. Los jesuitas crearon una compañía en la cual todos los empleados eran líderes. En la compañía típica todos vuelven los ojos a sus pocos líderes en los momentos determinantes; en la Compañía de Jesús se miraban en el espejo. Además entendían que todo momento —no sólo los determinantes— era una oportunidad de producir un impacto, de hacer una vida de liderazgo.

Todos son líderes y todos pueden dirigir constantemente. En raras ocasiones los momentos de liderazgo son dramáticos y obvios; más a menudo son sutiles oportunidades que, tomadas en su conjunto, pueden formar una vida de positiva influencia. Y si esto es así, se sigue que el liderazgo más inspirado y motivado tiene que ser autoiniciado y autodirigido. En los capítulos siguientes se explora la visión jesuítica del liderazgo y cómo les ayudó a mantener una trayectoria de casi quinientos años de éxitos.

CAPÍTULO 5

"Ordenar su propia vida"

El conocimiento de sí mismo como base del liderazgo

Quien sabe lo que quiere puede buscarlo enérgicamente. Nadie llega por accidente a ser un gran maestro, padre, violinista o ejecutivo de una corporación.

Sólo quienes conocen sus debilidades pueden enfrentarse a ellas o incluso superarlas. Los ejecutivos cuya carrera se estanca por falta de confianza en sí mismos sólo pueden reanudar su trayectoria ascendente si identifican y atacan sus debilidades.

A quienes han identificado qué los mueve a comprometerse de todo corazón no les cuesta trabajo mantenerse motivados.

En estas afirmaciones no hay nada nuevo, y sin embargo, aunque son obvias, pocas personas hacen la inversión personal para beneficiarse de ellas.

Muchas personas invierten tiempo y dinero para adquirir las credenciales y destrezas profesionales necesarias para el éxito. Los líderes invierten igualmente en sus destrezas *humanas,* en su capacidad de conducir. Un viaje introspectivo, ya sea que se haga de una vez o en un largo período de tiempo, sienta los cimientos del éxito. Este viaje comprende:

- Apreciarse a sí mismo como persona de talento;
- Identificar fallas personales que impiden la realización de todo el potencial, especialmente las debilidades que se manifiestan como tendencias habituales;
- Expresar metas y aspiraciones personalmente motivadoras, sin contentarse con ir a la deriva sino con vivir de acuerdo con el propio sentido de *magis;*
- Determinar qué representa uno, qué influencia quiere tener;
- Desarrollar una visión general que lo guíe en el trato con los demás; y
- Adquirir el hábito de actualizarse con regularidad, en efecto *diariamente*, en todo lo anterior.

Quienes adquieren esta serie de destrezas personales se hacen mucho más capaces de adelantar una acción comprometida, enérgica. Imagínese el poder colectivo de millares de personas que posean estas destrezas personales. Por eso, Vladimir Lenin, que no era amigo de los jesuitas —ni de ningún creyente en alguna religión— envidiaba al equipo de Loyola; se cuenta que una vez dijo que si sólo tuviera una docena de cuadros tan talentosos y dedicados como los jesuitas, su movimiento comunista barrería el mundo.

Por fortuna todo el mundo posee la capacidad de cultivar las destrezas del liderazgo si hace la inversión introspectiva que las desarrolla. Nadie que carezca de habilidades técnicas sería tan ingenuo de entrar a una empresa creyendo que va a tener éxito: ¿quién se imagina que puede ser un buen contador sin saber de contabilidad, o un buen abogado sin haber estudiado derecho? Sin embargo, somos tan ingenuos que creemos que los que no se conocen a sí mismos —sus virtudes, debilidades, valores y visión del mundo— pueden a la larga alcanzar éxito. A medida que el mundo se hace más complejo y cambia más que el loco ambiente del siglo XVI, se hace más claro que sólo quienes tienen una capacidad hondamente arraigada de aprendizaje continuo tienen posibilidad de sobrenadar en el oleaje del cambio. Joseph Badaracco, profesor en la Escuela de Negocios de Harvard, escribe sobre la importancia del hábito de la autorreflexión. Después de entrevistar a líderes corporativos para entender cómo manejaron felizmente las crisis o momentos determinantes en sus compañías, Badaracco concluye:

> Pueden hacer una pausa en las tareas gerenciales que consumen su tiempo y emprender un proceso de indagación interior — un proceso que más comúnmente se realiza de carrera y no en un tranquilo aislamiento. Pueden ahondar más allá de la agitada superficie de su vida cotidiana y reconcentrarse en sus valores y principios básicos. Una vez revelados, esos valores y principios renuevan su sentido de propósito en el trabajo y actúan a modo de trampolín para la acción pragmática y políticamente astuta. Repitiendo el proceso una y otra vez durante su vida de trabajo, esos ejecutivos logran plasmar una auténtica y recia identidad basada en su propia comprensión de qué es lo correcto. Y de esta manera empiezan a hacer la transición de gerentes a líderes.

Si el conocimiento de sí mismo es crucial para el éxito del líder, como lo han sostenido Loyola, Peter Drucker, Daniel Goleman, Badaracco y otros, tenemos que revisar nuestras ideas sobre el liderazgo y cómo ayudamos a los líderes a desarrollarse. En primer lugar, nadie puede hacer que otro se conozca a sí mismo, de modo que los líderes tienen que hacerse ellos mismos. Sólo yo puedo reunir la voluntad, el valor y la honradez para examinarme a mí mismo. Otros — maestros, gerentes, amigos, padres y mentores— ayudan, por supuesto, pero más bien desempeñan un papel como el de "director" en el instrumento clave de Loyola para conocerse a sí mismo: los *ejercicios espirituales*. La función del director es "señalar, como con el dedo, la veta de la mina para que cada uno la excave por sí mismo".

Señalar la veta para que otros la excaven: los hijos, los empleados, los compañeros de trabajo, los amigos. Pero primero hay que tomar la decisión de perseguir toda la vida la meta de conocerse a sí mismo. Todo liderazgo empieza por el liderazgo de sí mismo. Lo primero son las bases: las metas y los valores, el conocimiento de las propias fortalezas y debilidades, y una perspectiva del mundo. En seguida viene el vigorizante hábito diario de actualizar y profundizar el conocimiento de sí mismo, al mismo tiempo que uno se sumerge en un mundo en permanente evolución.

UNA COMPAÑÍA DE DIEZ HOMBRES SIN PLAN: LOS COMIENZOS DEL CRECIMIENTO DE LOS JESUITAS

Los jesuitas se esforzaban por mantenerse a la par con su éxito desbordante. La Compañía de diez hombres sin plan fundada en 1540 se había centuplicado en quince años, y Loyola se vio a la cabeza de un contingente de mil hombres dispersos por docenas de avanzadas en cuatro continentes.

Jesuitas emprendedores olían las oportunidades en lugares que pocos europeos conocían o habían visitado, lugares que hoy son Japón, Brasil, Etiopía, Madagascar, Sri Lanka, Malasia y demás. El rey Juan III de Portugal se enteraba más acerca de su imperio colonial por los jesuitas que por sus propios cortesanos, exploradores o diplomáticos. Mientras que éstos se quedaban en la relativa seguridad de las factorías establecidas en el litoral, los jesuitas se mezclaban con las comunidades del interior y se constituían en embajadores ante las cortes reales.

No menos aventurera, aunque sí con mejor suerte, fue la acción de la Compañía en su propio terreno, o sea en Europa. Más de 30 colegios jesuitas funcionaban en el continente para la época en que murió San Ignacio, progreso nada despreciable para una compañía que 12 años atrás no había abierto ni manejado nunca una escuela. Las operaciones en Europa no se limitaron a establecer instituciones de educación superior. Los funcionarios de la Iglesia reclutaban jesuitas bien preparados y de talento para ayudar en la contrarreforma, fortalecer a las congregaciones vacilantes o volver a captar comunidades que ya se habían pasado al protestantismo en Europa central y septentrional.

A medida que los triunfos de los jesuitas atraían más clientes y aumentaba la demanda de sus servicios, sus oportunidades superaron los recursos. Un jesuita describía así su abrumadora carga de trabajo: "Nunca me puedo retirar antes de la medianoche. Algunas mañanas encuentro que han escalado los muros y se han instalado dentro de mi casa, esperándome". Los fundadores estarían sin duda encantados con la notoriedad y el éxito, superiores a sus mayores esperanzas, pero ese mismo éxito les planteó el crónico dolor de cabeza de la dotación de personal. Olas de jesuitas se dispersaban por todo el mundo para establecer cabezas de playa e inevitablemente volvían los ojos a la sede en solicitud de refuerzos. En Roma, Loyola se devanaba los sesos con la ecuación de personal que no se podía resolver.

La paciencia se agotaba. Jerome Domenech seguramente esperaba una rápida respuesta cuando le escribió a Loyola quejándose de la falta de personal, puesto que su operación en Sicilia era una vitrina de exhibición: la primera escuela jesuita que se abría para estudiantes laicos. La respuesta de Roma sí fue rápida, pero en vez de anunciarle que le enviaban ayuda, Domenech se enteró de que sus quejas estuvieron a punto de costarle su empleo. El secretario de Loyola le decía: "Si nuestro padre [es decir, Loyola] no se viera impedido por ciertas consideraciones, le demostraría de una manera mucho más efectiva a vuestra reverencia cuánto le han disgustado sus quejas, que reflejan descrédito para él, puesto que también vuestra reverencia critica en público sus nombramientos como desacertados". Y en seguida, sin que Domenech se lo hubiera pedido, el secretario pasaba a enumerar los problemas de personal que asediaban a Loyola en Italia:

Vuestra paternidad no ve (y esto es aun más sorprendente) que nuestro padre está obligado a ver por el bien universal, así que además de darle hombres suficientes para realizar la labor que vuestra reverencia ha emprendido, él debe tener en cuenta a otros para quienes Nuestro Señor quiere servirse de nuestra Compañía y sus miembros. El colegio de Venecia tiene un solo sacerdote que no tiene conocimientos de filosofía ni teología; el de Padua tiene dos que poco entienden de literatura; el de Medina tiene dos que son apenas regulares en latín y son aún muy jóvenes.

Domenech no fue el único jesuita insatisfecho, ni fue el único que metiera el brazo en el avispero para pedir ayuda. El holandés Peter Canisius comandaba las filas de la contrarreforma en el norte de Europa, labor muy visible y crítica tanto para el Vaticano como para los jesuitas. Sin embargo, incluso él hubo de suplicar que le mandaran refuerzos; y lo mismo que su colega en Sicilia, se llevó su buen rapapolvo: "No debe su paternidad ser tan persistente en pedirnos un nuevo ayudante a todas horas del día. No somos ricos en maestros experimentados".

Un problema común ayer y hoy

El problema de los jesuitas nos es familiar. Compañías de gran éxito y rápido crecimiento encuentran inevitablemente dificultades para conseguir el personal que necesitan. A fines de la década de 1990, el panorama económico ofrecía más puestos de trabajo que personas preparadas para desempeñarlos. Las compañías de la "nueva economía" de la Internet, de rápido crecimiento pero, como se vio luego, mal concebidas, disputaban a los negocios de la "vieja economía" el escaso número de trabajadores calificados. La prensa comercial inventó una frase para describir esa crisis: "la guerra por el talento". Y aunque incontables restos de compañías en línea, antes tan alabadas, afean el panorama económico, su desaparición no ha traído un armisticio en esa guerra.

Ya no son sólo las principiantes de rápido crecimiento como la Compañía de Jesús en sus comienzos o las punto-com de nuestros días las que luchan por encontrar talentos.

El reciente malestar económico puede hacer que la "guerra por el talento" parezca una idea trasnochada, pues las empresas de hoy parecen haber logrado el tope de candidatos bien calificados. En los Estados Unidos, el exiguo índice de natalidad presagia una escasez a largo plazo de personal de calidad que afectará a las compañías en toda clase de industrias. Por ejemplo, la población económicamente activa alimentada por la generación de posguerra creció a razón de 2,3% anual de 1975 a 1990; pero de ese año a 2005 habrá crecido sólo el 1,2% al año, que es la tasa más baja desde 1930. El sector más productivo de la población, que es el de trabajadores de 35 a 44 años de edad, va a disminuir aproximadamente en un 15% entre 2000 y 2015. Y si para la economía estadounidense estas proyecciones estadísticas son preocupantes, las perspectivas en otras partes son peores aún. En los primeros 20 años del nuevo milenio, la población trabajadora total disminuirá en cuatro de las diez economías más grandes del mundo: el Japón, Alemania, el Reino Unido y Francia.

Los empleadores no pueden hacer mucho por reforzar el lado de la oferta de esta ecuación: quienes en 2015 van a constituir el sector entre los 35 y los 44 años ya nacieron. Es muy tarde para producir más. Políticas más liberales de inmigración sólo podrían cerrar una pequeña parte del déficit.

Los consultores de administración ya se han acostumbrados a guiar a los emprendedores que crecen rápidamente a sortear estas deficiencias, y habrían aconsejado también a Loyola y sus atribulados colegas hacer un reclutamiento más amplio, enrolar gente tan activamente como fuera posible y preparar en menos tiempo a los novicios para mandarlos al terreno. Los consultores les habrían dicho a los jesuitas que sus problemas de personal eran en realidad un buen síntoma, el subproducto natural del impulso empresarial que proviene de su ventaja de ser los primeros. Los jesuitas dominaban el nuevo mercado de la educación porque sus competidores todavía no se habían organizado para aprovechar las oportunidades. Más que todo, debían defender y ampliar la dominante participación de mercado que ya tenían y mantener a raya a los competidores.

La importancia de la calidad
del personal

Si el problema de los jesuitas no es único en la historia de las compañías, tal vez sí lo sea su reacción. Unos cuantos de los subalternos de Loyola mostraron un espíritu que les habría valido un lucrativo puesto de consultores si hubieran vivido unos pocos siglos más tarde. En sus juntas analizaron el problema, discutieron y formularon 18 tácticas de enganche, que incluyeron en un proyecto de las *Constituciones* jesuitas que sometieron a la aprobación de Loyola. Éste las devolvió con un rudo comentario garrapateado al margen de las propuestas: "Suprimirlas todas o dejar unas pocas, pero que siempre siga siendo muy difícil entrar [a la orden jesuita]".

¿Sería que el prior estaba de mal humor ese día? Nada de eso. Su rechazo de las técnicas que le proponían no fue una aberración. En realidad, aunque dirigía una empresa que crecía más rápidamente que el personal para manejar las nuevas oportunidades, Loyola no quería admitir gente en la

Compañía con excesiva liberalidad. Acelerar el alistamiento de postulantes no le preocupaba. Un colega recordaba haberle oído decir que "si algo lo hacía desear seguir viviendo... era poder hacer más estricta la admisión a la Compañía".

De modo que el proceso de selección se hizo más estricto aún. ¿Se abrevió el entrenamiento a nivel de ingreso para apresurar el envío de los alistados a los lugares donde tanto se necesitaban en todo el mundo? Eso jamás. Los novicios se sometían a una orientación más larga y rigurosa que los de cualquier otra orden religiosa o empresa comercial. En otras religiones, los recién ingresados por lo general se preparaban para el sacerdocio en un año de intensa enseñanza de las reglas, prácticas y estilo de vida de su orden, bajo la tutela de un superior experimentado; entre los jesuitas los postulantes se sometían a un entrenamiento espiritual que duraba el doble y, además, después de pasar años trabajando en el terreno, tenían que regresar a la sede para ser sometidos a un año más de desarrollo profesional y para hacer examen de conciencia en mitad de su carrera. Oficialmente la compañía llamaba esto la *tercera probación*, pero los primeros jesuitas también lo llamaban la *escuela del afecto*.

Como cualquier consultor lo habría advertido, la selectividad en el enganche y el largo adiestramiento causaban inevitablemente un cuello de botella en la tarea de reforzar las operaciones. Doce años después de la muerte de Loyola, el tercer general de los jesuitas, Francis Borgia, cerraba escuelas selectivamente porque temía que la base de talentos se estaba dispersando demasiado. Y el quinto general, Claudio Acquaviva, negó más de 150 solicitudes de abrir nuevas escuelas. No sabemos qué les habrían aconsejado a estos generales jesuitas los consultores en administración del siglo

XVII, si los hubiera habido; hoy les habrían advertido que se estaban exponiendo a perder su "ventaja de ser los primeros". Pero el liderazgo jesuita no se inmutó. Lejos de asustarse porque se perdían algunas oportunidades, reforzaron su dedicación al desarrollo personal: dieron a los gerentes jesuitas locales instrucciones de que por ningún motivo se podían sacrificar los ejercicios espirituales por el afán de mandar gente al terreno.

A primera vista esa estrategia parece contraproducente, pues *ya* estaban cortos de personal. Se diría que Loyola y quienes le siguieron debían haberse concentrado en atraer más postulantes en lugar de hacer más rígidos los requisitos de entrada. Al rechazar oportunidades y dilatar el adiestramiento, lo que hacían era perder el impulso de la compañía.

Pero lo que resultó no fue una pérdida de impulso. Los miembros pasaron de 10 en 1540 a 1 000 en 1556, año en que murió Loyola, y a más de 5 000 en 1580. El primer colegio jesuita se había abierto en 1548; más de 30 estaban en pleno funcionamiento a la muerte de Loyola y más de 200 se establecieron antes de que terminara el siglo. En efecto, nada de contraproducente tenía la estrategia jesuita. En el léxico de nuestros consultores en administración figura mucho la "ventaja de ser los primeros", pero también el "crecimiento sostenible". Muchas empresas han quebrado por no poder sostener su crecimiento. Los clientes en línea del siglo XXI, encantados con la promesa de que podrían hacer por computador sus compras de fin de año, se desencantaron con los vendedores por la Internet que no habían previsto la necesidad de entregar los pedidos antes de la mañana de Navidad. La mayoría de esas superambiciosas compañías en línea no vivieron para ver una segunda Nochebuena.

Los líderes jesuitas reconocieron que el gran éxito de su compañía era resultado directo de un servicio de la más alta calidad. Municipios de toda Europa los inundaban con solicitudes de que abrieran escuelas, y la inundación probablemente seguiría mientras la reputación de la compañía permaneciera intacta. La misma dinámica explica su éxito para atraer postulantes: su reputación de selectividad, altas normas y notables resultados eran precisamente lo que atraía a los jóvenes de talento. Los jesuitas seguramente habrían conseguido más aspirantes en corto tiempo si bajaban su estándar, pero esa táctica habría perjudicado su capacidad de atraer a la larga a los jóvenes que realmente querían atraer, los que llamaban *aptissimi*, voz latina con la cual designaban a lo mejor de lo mejor en materia de talentos en Europa y más allá. Al frenar un crecimiento desorbitado y rechazar las tácticas de pescar cualquier cosa, mantuvieron su reputación y su empinada trayectoria de crecimiento. Paradójicamente, siguieron creciendo rápidamente porque no crecían con *excesiva* rapidez.

La historia de los jesuitas, que ya va para los 500 años, habría sido muy instructiva para incontables emprendedores de rápido crecimiento que se estrellaron y se quemaron de manera espectacular después de una meteórica explosión de exagerado crecimiento. Pero, ¿qué tiene que ver todo esto con el conocerse a sí mismo, primer principio del liderazgo jesuita y tema de este capítulo?

Muchísimo.

El vínculo entre el conocimiento de sí mismo y el éxito

Ni Loyola ni sus sucesores se sentaron jamás a discurrir sobre la ventaja de ser los primeros ni sobre el crecimiento sostenible. Se preocupaban sin duda por preservar el futuro de su compañía y aprovechar las muchas oportunidades que veían a su alrededor, pero todo indica que no se concentraban en grandiosas estrategias para toda la compañía sino en la sencilla estrategia de modelar jesuitas de calidad, uno por uno, lo que hoy llamaríamos modelar líderes.

El último proyecto de Loyola fue traducir la visión jesuita en una robustísima serie de reglas y procedimientos para gobernar a la joven Compañía. El resultado fue una obra de 250 páginas llamada *Las Constituciones*, cuyas dos terceras partes están ocupadas por las guías para escoger y entrenar novicios; todo lo demás, concerniente a la vida jesuita, está contenido en unas 80 páginas: reglas de trabajo, métodos de gobierno, criterios para elegir jefes, guías para entrar en nuevos negocios, etc. Es de suponer que no fue que a Loyola se le acabaran las fuerzas cuando terminó la sección sobre entrenamiento; el mensaje implícito en la disparidad de los textos citados es obvio: que el éxito continuo depende de convertir a los novicios en líderes. Resuelto ese problema, esos mismos líderes resolverán todos los demás.

Para los jesuitas la formación de líderes tenía poco que ver con el desarrollo de habilidades técnicas o vocacionales. Ellos creían en el adiestramiento en servicio, que con frecuencia lanza al principiante a aguas profundas. Los superiores mandaban a los jóvenes jesuitas a hacer un viaje marítimo de dos años, confiando en que cada uno aprendería las destrezas necesarias para su trabajo: conocimiento del idioma, asimilación a una cultura extraña y, en caso de necesidad, hasta la capacidad de operar un astrolabio, levantar un mapa o construir un cañón. El viajero no llevaba consigo manuales técnicos para hacer frente a cualquier contingencia potencial. Llevaba, sí, la más importante de todas las destrezas para sobresalir en ambientes extraños: el conocimiento de sí mismo.

Cuatrocientos cincuenta años después, el continuo énfasis puesto por los jesuitas en el conocimiento de sí mismos encuentra validación en todas partes. Es cierto que sería difícil encontrar un informe anual de una sociedad anónima que ensalce el conocimiento de sí mismo con el mismo orgullo que se reserva para una alta relación precio-utilidades. Pero ya empiezan los académicos a señalar el fuerte vínculo entre el conocimiento de sí mismo y el éxito.

Peter Drucker ha sido un precursor en estudios sobre administración y liderazgo en los últimos 30 años. Ha escrito de manera convincente sobre las ramificaciones de nuestra cambiante economía, en especial sobre el desplazamiento hacia la "economía del conocimiento" impulsado por la tecnología. No hace muchos años, el trabajo de la mayoría de las personas implicaba seguir órdenes y realizar las tareas que se les asignaban. Los jefes parcelaban las tareas y éstas encajaban en una rutina ordenada y previsible de la corporación. Hoy no es así. Hoy los puestos de trabajo se han vuelto en gran medida autodirigidos y el cuadro general no es nada previsible. Hay menos supervisores que den instrucciones. Muchas veces, las compañías, continuamente y sin contemplaciones, han eliminado niveles jerárquicos y han prescindido de mandos medios, en busca de eficiencia. Los gerentes de nivel intermedio que sobreviven son responsables por un tramo de control más amplio: están demasiado ocupados para supervisar detalladamente a sus subalternos. La mayoría de los empleados de oficina actúan por su cuenta casi todo el tiempo y asignan prioridades independientemente a sus diversas responsabilidades. Además, en un mercado más competitivo y cambiante, las compañías tienen que reaccionar con mayor rapidez y urgencia, lo cual ha descentralizado más aún la toma de decisiones. En el actual ambiente de los negocios, "quien vacila está perdido". Empleados que antes habrían podido ser reprendidos por no consultar una decisión con su superior antes de tomarla, hoy son penalizados por no mostrar suficiente iniciativa.

Drucker destaca las implicaciones humanas de este cambio. ¿Cómo prosperan los trabajadores en tal ambiente? Destrezas que en un tiempo fueron críticas únicamente para los altos ejecutivos han pasado a ser indispensables para todos. Ya nadie puede triunfar —ni siquiera sobrevivir— con sólo seguir órdenes. El empleado es cada día más dueño de sí mismo y toma las decisiones de manera autónoma. Con el paso acelerado del cambio, las funciones y las tareas evolucionan constantemente, de modo que es necesario formar nuevos juicios y aprender por el camino.

¿Quiénes triunfan en semejante ambiente? Quienes tienen capacidad para aprender, innovar, asumir la responsabilidad de sus actos y correr riesgos. Estas características no son como las destrezas técnicas que requiere un abogado, un contador o un vendedor. Nacen de la comprensión de sí mismo, no del entrenamiento vocacional. Como lo sostiene Drucker en la *Harvard Business Review*, en este nuevo ambiente, "las carreras que tienen éxito no se planean. Se desarrollan cuando las personas están preparadas para las oportunidades porque conocen sus fortalezas, su método de trabajo y sus valores". Claro está que en ningún oficio se puede tener éxito si se carece de las destrezas técnicas necesarias, pero mientras que esas destrezas por sí solas pueden haber constituido una fórmula del éxito, hoy los empleados tienen también que ser capaces de evaluar sus fortalezas y debilidades y cómo los capacita su estilo de trabajo para un ambiente que cambia rápida y constantemente. En otras palabras, tienen que conocerse a sí mismos. Drucker destaca a dos de los mejores practicantes de estas habilidades y ofrece su propia evaluación, tal vez generosa, de cómo el conocimiento de sí mismos sirvió a sus compañías:

> Juan Calvino e Ignacio de Loyola incorporaron una permanente evaluación de sí mismos en la práctica de sus seguidores. En efecto, la firme concentración en el rendimiento y los resultados que este hábito produce explican por qué las instituciones que estos dos hombres fundaron, la Iglesia calvinista y la Compañía de Jesús, llegaron a dominar a Europa en el curso de 30 años.

Si bien algunos historiadores pueden discutir la afirmación de que los jesuitas y los calvinistas dominaron a Europa en 30 años, menos discutible es la tesis básica de Drucker. La rapidez del cambio social y corporativo se está acelerando y los individuos, tanto en su vida personal como en la profesional, se ven obligados a tomar más decisiones y más rápidamente, con menos orientación, información incompleta y pocos antecedentes pertinentes. Moverse con acierto en un panorama tan variable pone a prueba la confianza de uno en sí mismo, su buen juicio, su capacidad de aprendizaje y la seguridad en la toma de decisiones.

Daniel Goleman ha realizado una extensa investigación en el campo gerencial del conocimiento de sí mismo, y como resultado ha escrito dos éxitos de librería: *Emotional Intelligence* y *Working with Emotional Intelligence*. Goleman ha estudiado en particular cómo algunos altos ejecutivos han triunfado mientras que otros han fracasado.

Sabemos lo que esperamos que hagan estos líderes: señalar una dirección y establecer una visión; motivar equipos para realizar metas; sobreponerse a los obstáculos y producir cambio para mejorar. Las compañías generalmente tienen procedimientos para identificar los empleados inteligentes, talentosos y ambiciosos con potencial para asumir funciones de liderazgo. Pero esos métodos de selección no siempre funcionan bien. Muchas estrellas que prometen se destruyen a sí mismas, sin realizar jamás su temprano potencial. Nadie entiende en realidad por qué algunos individuos de talento triunfan mientras que otros se estrellan y se queman, por qué el primero de la clase rara vez es el primero en la vida, ni por qué el brillante joven gerente no llega a director ejecutivo. Goleman ha enfocado su investigación en este rompecabezas, y sus percepciones no sólo tienen validez en el mundo de los altos ejecutivos.

Cuanto más alto sea el cargo del individuo dentro de la empresa, tanto menos críticas para el éxito son las destrezas intelectuales y técnicas en comparación con el grupo de habilidades que Goleman denomina "inteligencia emocional". "Cuando comparé a los rendidores estrella en altos cargos de liderazgo con los que apenas bordean el promedio, encontré que casi el 90 % de la diferencia entre unos y otros se podía atribuir a factores de inteligencia emocional más que a habilidades cognitivas". ¿Y qué es la "inteligencia emocional"? Tal como la entiende Goleman, comprende cinco competencias básicas:

> Conocimiento de sí mismo: la capacidad de reconocer y entender los propios estados de ánimo, emociones y motivos.
>
> Autodirección: la capacidad de controlar o cambiar la dirección de impulsos y estados de ánimo perjudiciales, la inclinación a suspender juicios y a pensar antes de actuar.
>
> Motivación: la pasión del trabajo por motivos distintos del dinero o la posición.
>
> Empatía: la habilidad de entender la conformación emocional de otras personas.
>
> Destreza social: la pericia en el manejo de relaciones y la creación de redes de comunicación, la habilidad para encontrar un terreno común y crear un buen entendimiento.

Repasemos la lista. ¿Cuántas compañías entrevistan a los candidatos teniendo en cuenta estos criterios? ¿Cuántas tratan de desarrollar esas características en sus empleados? Y cuando identifican "futuros líderes", ¿cuántas se basan en estas destrezas humanas?

Las respuestas a estas preguntas, por lo menos hasta hace poco, eran ninguna, ninguna y ninguna. Podemos derivar una obvia conclusión del trabajo de Goleman: ésa es la razón de que las compañías obtengan resultados erráticos en la selección y formación de líderes: casi siempre están buscando destrezas que no son las que se necesitan. Las estrellas nacientes en las corporaciones suelen distinguirse por su viva inteligencia, pero eso no es lo que las faculta para *dirigir*. Y buscar líderes dotados de cualidades que no vienen al caso es dar palos de ciego. Es como escoger futuros cantantes de ópera mediante el examen de su habilidad para el golf.

Por lo menos una compañía *sí* buscó potencial de inteligencia emocional en los candidatos y, lo que es más importante aún, formuló un programa para engendrarla en los novicios. Así lo ha venido haciendo desde hace más de 450 años. Lo que hemos llamado examen de conciencia de los jesuitas coincide muy bien con la idea de inteligencia emocional de Goleman. Tanto los jesuitas como Goleman querían identificar las características personales indispensables para un buen liderazgo.

El resumen de cinco puntos de Goleman define en gran parte el "qué", las conductas básicas y características personales de quienes poseen inteligencia emocional. El método jesuita va un paso más allá al identificar no sólo el "qué" sino también el "cómo": un programa para crear esas habilidades. Centrales e irremplazables en el proceso eran los ejercicios espirituales. El novicio jesuita salía de sus 30 días de inmersión en el programa con valiosas aptitudes personales, incluyendo:

- La capacidad de reflexionar sistemáticamente sobre sus debilidades, sobre todo aquéllas que se manifiestan como tendencias habituales;
- Una perspectiva mundial integrada, una visión y un sistema de valores;
- Un profundo respeto por el prójimo y por toda la creación;

- Un aprecio por sí mismo como un ser querido e importante;
- La habilidad de desconectar las distracciones diarias a fin de reflexionar, y el hábito de hacer esto a diario; y
- Un método para considerar las alternativas y tomar las decisiones.

A la mayoría de los gerentes le encantaría contratar candidatos que demostraran poseer estas seis credenciales. El problema es que éstas no aparecen en los *currícula vitae* y que no sabemos cómo averiguarlas en las entrevistas. Tampoco creemos que inculcarlas sea función de la compañía. Señalar que la falta de conocimiento de sí mismo está perjudicando la carrera de un impulsivo gerente está muy bien para la evaluación anual de rendimiento, pero, ¿debemos mostrarle a ese mismo gerente un camino hacia un mejor conocimiento de sí mismo? Eso es lo que hacen los grupos de autoayuda, no las compañías.

El resultado de esta infortunada actitud está a la vista: la mayor parte de las empresas grandes tienen antecedentes muy pobres en lo tocante a identificar futuros líderes. Jóvenes que mucho prometen son ungidos y a la vuelta de poco tiempo su carrera se descarrila o se estanca, raras veces por falta de inteligencia o de conocimientos técnicos (que son lo que los hace surgir), sino porque nunca entienden sus debilidades y por tanto no pueden remediarlas. O nunca adquieren la destreza de aprender de la experiencia, aprovechar nueva información y rectificar el rumbo.

Tal desperdicio de talentos era inaceptable para Loyola. Ya de suyo era difícil encontrar *aptissimi*. En lugar de sólo desear que los jóvenes inteligentes poseyeran las destrezas humanas indispensables para tener éxito a largo plazo, él tenía suficiente confianza en la naturaleza humana para creer que esas destrezas se podían adquirir. Y tenía un procedimiento revolucionario para hacer que así sucediera.

CAPÍTULO 6

Los ejercicios espirituales

*Un instrumento de desarrollo
para toda la vida*

E s sabido que el antiguo filósofo griego Sócrates fue quien destacó de manera radical el valor del conocimiento de sí mismo: "La vida no examinada no vale la pena vivirla". Aun cuando pocos pensadores de hoy harían eco a tan extrema condena de un enfoque irreflexivo de la vida, no cabe duda de que el valor de conocerse a sí mismo se ha vuelto a descubrir como nunca antes. Ese conocimiento, siempre ensalzado por los filósofos, poetas, psicólogos, escritores y otros "tipos reflexivos", es un instrumento que se promueve como indispensable para el éxito, aun en la dura realidad de las salas de las juntas directivas de las corporaciones. Los ejecutivos ponen en juego una amplia gama de herramientas en la busca de mayor conocimiento de sus aptitudes, debilidades, valores y características de la personalidad, desde extensas sesiones de entrenamiento y la retroalimentación de 360 grados que se pide a los subalternos, hasta el indicador Myers-Briggs y la prueba de personalidad de Enneagram. Hasta los magos de la astrología y el desarrollo personal encuentran audiencia entre los ejecutivos sedientos de conocimiento de ellos mismos.

Ninguna compañía valora tan profundamente ese conocimiento como los jesuitas. Es el cimiento de su modelo de liderazgo. En lugar de repetir al azar los enfoques de la toma de conciencia, la Compañía de Jesús desarrolló y promovió un instrumento universal para todos sus miembros: *los ejercicios espirituales*, formulados por San Ignacio de Loyola con base en su propio viaje en busca de una conciencia personal y espiritual. Tomó nota no sólo de lo que aprendía sino también de las prácticas reflexivas que lo condujeron a esas percepciones. Destiló las más eficaces de esas prácticas en lo que podría haberse llamado un "manual" para el examen de conciencia.

Pero no es un manual para leerlo; no se adquiere conocimiento de sí mismo leyendo sobre lo que otra persona logró sino mediante reflexión centrada en la propia experiencia. Sería imposible sobreestimar la importancia de los ejercicios espirituales en la cultura jesuita. Son un resumen de la visión de la Compañía y sirven como la suprema experiencia de desarrollo personal de todo jesuita. Practicar los ejercicios es la experiencia unificadora de la vida jesuita, compartida por los aprendices desde Roma hasta la India, desde la generación de los fundadores hasta la de quienes se inician hoy. A veces los jesuitas se denominan a sí mismos "los hombres de los ejercicios", celebrando implícitamente la camaradería que nace de su común campamento para reclutas espirituales pero señalando más crucialmente su devoción a una visión y valores compartidos. Los ejercicios se diseñaron para ayudar a cada uno a elegir o confirmar una dirección en la vida, y sin embargo resultan igualmente útiles como un poderoso instrumento corporativo. La sola referencia a "los ejercicios" les permite a los directores activar en los aprendices una reserva de energía y buena voluntad, lo mismo que recordarles su sistema unificador de valores.

Loyola tenía razón al denominarlos "ejercicios", puesto que son actos que hay que practicar, no reglas para leer o estudiar. "Pues así como dar un paseo, viajar a pie y correr son ejercicios físicos, así el nombre de ejercicios espirituales se da a todo medio que prepare y disponga nuestra alma para librarse de todos sus afectos desordenados". La persona que los hace es *la persona que se ejercita*, no la que pasivamente lee sobre las experiencias y percepciones de Loyola sino un atleta espiritual que crea sus propios recursos interiores.

Un director espiritual experimentado e imparcial guía a los participantes sin enseñarles, sólo ayudándoles a interpretar sus propias experiencias. El director no interpone sus propias opiniones sino que es una caja de resonancia "que no debe inclinarse en ninguna dirección sino más bien actuar como el fiel de la balanza en equilibrio". ¿Por qué esa actitud de guardar las distancias? Un viejo manual jesuita para directores espirituales observaba que "la experiencia enseña que el hombre acoge con más gusto y entusiasmo lo que él mismo descubre. Por tanto bastará señalar como con el dedo la veta de la mina y dejar que cada uno excave por sí mismo". Loyola captó intuitivamente lo que todo terapeuta competente entiende sobre el autodescubrimiento y lo que todo gerente de calidad entiende sobre motivación: los interruptores están por dentro.

Los ejercicios exigen una total dedicación intelectual, emocional y espiritual, por lo cual monopolizan el foco y la energía durante los 30 días que duran. Esto significa que no puede haber contacto con la familia, amigos o compañeros de trabajo; ninguna participación en el trabajo; ningún material de lectura fuera de textos espirituales; nada de tomar parte en conversaciones casuales (hasta las comidas se toman en silencio). ¿Por qué suprimir tanto de la acostumbrada actividad diaria? Sencillamente porque nuestros hábitos y ocupaciones fácilmente se convierten en preocupaciones, un tejido de pensamientos, inquietudes, imágenes e ideas que nos distraen e impiden una genuina introspección. Tal era la convicción de Loyola en el siglo XVI, antes de la proliferación de teléfonos, correo electrónico, teléfonos móviles, radio, televisión, revistas, periódicos, telefax, carteleras, relojes de pulsera, automóviles, trenes, aviones y buses. Es muy fácil dejarse llevar por las olas de la superficie, distraídos por una interminable corriente de ruidos de fondo. Loyola expurgó las distracciones para liberar el tiempo y el espacio psíquicos.

Y así, cada aprendiz se deja solo consigo mismo. Durante un mes, cada día se dispone en torno a cuatro o cinco períodos de meditación de una hora cada uno. El resto del día se destina a la filtración interior de reflexiones, recuerdos, pensamientos, impulsos y convicciones que pueden haberse olvidado desde hace mucho, que nunca se han dejado salir a la superficie, que no se han meditado lo suficiente o simplemente que se han enterrado entre los desperdicios de las preocupaciones diarias.

Sin embargo, aunque el ritmo diario de los ejercicios deja amplio campo para la libre introspección, eso no quiere decir que sean fortuitos. Por el contrario, las meditaciones sobre hechos bíblicos o imaginarias composiciones de lugar se enderezan indefectiblemente hacia la meta de un total compromiso humano. Desde luego el compromiso personal de

Loyola fue con el servicio cristiano, y el propósito y materia de los ejercicios son enfáticamente cristianos, pero operan como un instrumento de liderazgo, no por tener sus raíces en una convicción religiosa sino porque modelan los recursos personales necesarios para los propósitos humanos de éxito, libremente escogidos y poderosos, de toda clase: metas religiosas y de trabajo, aspiraciones y relaciones personales. En el término de un mes los aprendices se desbaratan a sí mismos para construir sólidos cimientos personales de conocimiento de ellos mismos, ingenio, heroísmo y amor.

LAS BASES DEL EXAMEN DE CONCIENCIA: DOMINARSE Y ORDENAR SU PROPIA VIDA

Los ejercicios súbitamente meten al aprendiz en un baño de agua helada de dolorosa evaluación de sí mismo, "para percibir el desorden de mis actos a fin de enmendarme y poner orden en mi vida". Los aprendices se abrochan los cinturones en previsión de un viaje aterrador a través de las visiones, ruidos y vientos del infierno "para ver con los ojos de la imaginación los inmensos fuegos y, por así decirlo, las almas dentro de los cuerpos en llamas... Oiré en la imaginación los lamentos, los gritos y las blasfemias... Con el sentido del olfato percibiré el humo, el azufre, la inmundicia y las cosas podridas".

Este episodio de meditación ocurre hacia el día *dos;* más de un postulante se arrepentirá de haberse comprometido a aguantar 30 días en esto. A pesar de todo, las imágenes de Loyola reflejan la mentalidad religiosa de una era muy distinta. En las últimas décadas del siglo XX muchos relegaron a Satanás a una posición cuando mucho metafórica, pero para los europeos del siglo XVI era un enemigo real y formidable. Los ejercicios de la época de Loyola pintaban un mundo en el cual los descuidados, perezosos o irreflexivos podían caer en las trampas del falaz enemigo.

El gráfico cuadro del infierno que pinta Loyola sorprende menos que su alentador mensaje de que los aprendices no serán abandonados temerosos, deprimidos e impotentes frente a la satánica acometida. Por el contrario, se les exhorta para prepararse y presentar batalla contra el que Loyola llama "el enemigo de nuestra naturaleza humana". ¿Cómo se pone orden en la vida? En primer lugar, haciendo inventario de las debilidades (los llamados "afectos desordenados"). Este descubrimiento de sí mismo basta para ahuyentar al taimado pero cobarde enemigo de la naturaleza humana, pues el enemigo es como "un falso amante" cuyo mayor temor es que sus siniestras maniobras se saquen a la luz.

Nosotros, los sofisticados hombres modernos, podemos reírnos de todo esto como una reliquia de una época supersticiosa y romántica, pero esas imágenes transmiten una rica percepción. La cultura contemporánea en cierto modo ha reemplazado a Satanás con toda suerte de demonios personales, psicológicos y sociales que son los autores de nuestros errores. Entre esos demonios se cuentan los vicios, las debilidades, los medios de información, una niñez en medio de un ambiente sin amor, la mala suerte, la presión de los demás, la codicia, el temor al éxito, el narcisismo, las costumbres sociales relajadas, los jefes estúpidos y muchísimos más. Pero ya sea personalizado (como Satanás) o explicado psicológicamente o de cualquier otra manera, el "enemigo de nuestra naturaleza humana" sí existe. La cuestión de fondo en el comportamiento real de los hombres es que nadie llega a dar de sí el máximo posible, y para ello hay por lo general razones identificables. Como observa Loyola, el "enemigo de la naturaleza humana" teme ser descubierto. Mientras nuestras debilidades no sean reconocidas o permanezcan ocultas, somos impotentes ante ellas. El proceso a veces doloroso de sacarlas a la luz del día y entenderlas es el primer paso para superarlas. Esta búsqueda interior de lo que Loyola llamaba "los afectos desordenados" es una evaluación de lo que un freudiano denominaría "apegos que impiden el funcionamiento efectivo del ego". Los veteranos de Alcohólicos Anónimos lo podrían llamar un "denodado inventario moral", mientras que otros lo reconocen simplemente como "hacer el inventario de quién soy yo, adónde quiero ir y qué me detiene".

La base del ingenio:
"hacernos indiferentes"

Un colega le preguntó una vez a Loyola cuánto tiempo tardaría en recuperarse si el papa disolviera la orden jesuita. La respuesta seguramente sorprendió al preguntón y rápidamente entró en la tradición jesuita: "Si me recogiera en oración durante un cuarto de hora estaría contento, y aun más contento que antes".

Bien pudo haber una pizca de presunción en esa respuesta. La orden que él fundó se estaba convirtiendo rápidamente en la organización religiosa más influyente del mundo:

¿podría verla disuelta y seguir él tan campante después de quince minutos de oración como si nada hubiera pasado?

Presunción o no, Loyola transmitía un mensaje bien claro, basado en las enseñanzas de los ejercicios: sólo cultivando la actitud que él llamaba "indiferencia", se puede alcanzar lo que hoy llamaríamos ingenio: una combinación de adaptabilidad, audacia, rapidez y buen juicio.

Los novicios aprenden lo que se entiende por indiferencia si imaginan a tres hombres que han adquirido legítimamente la fabulosa suma de 10 000 ducados cada uno y consideran luego las distintas reacciones a su recién adquirida riqueza. Los tres se sienten algo incómodos por su apego a la fortuna. En la vida hay cosas superiores al dinero... pero es grato tenerlo. De pronto parece imposible pasársela sin él. Los dos primeros hacen poco o nada por deshacerse de esa fortuna que lleva a un apego desordenado. ¿Qué hace el tercero con sus 10 000 ducados? Aquí está el meollo de la meditación, la persona a quien debemos imitar, de modo que la respuesta parece obvia: distribuye el dinero entre los pobres y se regocija santamente. ¿Verdad?

No, no es verdad. El modelo de indiferencia jesuita se libera del *apego* al dinero, "pero de manera tal que no le queda ninguna inclinación, ni a conservar el dinero adquirido ni a desprenderse de él". En otras palabras, el problema no es el dinero sino la servil afición a él o a cualquier otra cosa.

Una afición desordenada no deja ver claro. Uno puede haber buscado un oficio lucrativo que le permita sostener a la familia, pero poco a poco el dinero se convierte en su meta y el interés por la familia pasa a un segundo lugar. El fin se confunde con los medios. Sólo haciéndose indiferentes —libres de prejuicios y adhesiones y por tanto libres para *elegir cualquier línea de conducta*—, los aprendices adquieren flexibilidad estratégica. El jesuita indiferente se libera para escoger estrategias, movido por un solo motivo: alcanzar a la larga la meta de servir a Dios mediante la ayuda a las almas.

La meditación no tiene como objeto el dinero sino el apego a las cosas. Y entender uno sus aficiones es como voltear piedras personales para ver qué sale de debajo. La afición al dinero suele ser un bálsamo para alguna otra comezón debilitante del ego: el temor al fracaso, la necesidad de sentirse importante y centro de atención, el sentimiento de inseguridad sobre sus talentos reales y su valor.

Esto era *en realidad* lo que buscaba Loyola: los temores internos, impulsos y adhesiones que pueden controlar decisiones y acciones. Imagínese a un director ejecutivo que entra en una fusión mal pensada porque su ego se infla a la par con el balance general de la compañía, o que se abstiene de hacer una fusión brillante porque él y su homólogo no logran definir para sí mismos papeles conmensurables con sus enormes egos. Imagínese a un jesuita del siglo XVI que vacila en ir a la China y prefiere el manto de seguridad de trabajar en su país rodeado de amigos, o el profesional del siglo XXI que deja pasar una maravillosa oportunidad en su carrera por consideraciones análogas. Piénsese en el gerente que todo lo quiere controlar y manejar y no es capaz de delegar autoridad a sus subalternos, o en la persona empantanada en una relación destructiva por temor a quedarse sola. A todos los mueve su apego, lo mismo que a los adictos los mueve el alcohol, el sexo o la droga.

Estas personas no son indiferentes. No están escogiendo libremente: sus desordenados apegos las controlan. Por tanto, no eligen al final lo que más les conviene a ellas, a su empresa, sus compañeros de trabajo o a sus familias.

La indiferencia o desprendimiento es la materia prima de el ingenio, y una vez que los primeros jesuitas la alcanzaban, Loyola los soltaba para que se gobernaran a sí mismos. "En todos deseo mucho una total indiferencia; entonces con esta obediencia y abnegación que se suponen por parte de los sujetos, tengo mucho gusto en seguir sus inclinaciones".

El fundamento del heroísmo: el *magis*

Para Loyola, la indiferencia del jesuita era una posición "como la de una balanza en equilibrio", dispuesta a considerar todas las alternativas estratégicas.

No permanece largo tiempo a la expectativa.

En otra meditación, los novicios piensan en un rey que se prepara para acometer al enemigo. Sus ambiciones no son modestas: "Mi voluntad es conquistar toda la tierra de los infieles". Hace una proclama para que lo sigan: "El que quiera acompañarme tiene que contentarse con la misma comida que yo como... Así también cada uno tiene que trabajar conmigo durante el día y mantener la vigilancia durante la noche... de modo que más tarde cada uno tenga su parte en la victoria, puesto que todos compartieron el trabajo".

La meditación continúa, pero aquí "Cristo Rey eterno" reemplaza al rey terrenal y libra una batalla espiritual no menos ambiciosa. La causa es tan meritoria, tan motivadora y tan inspiradora que "todos los que tengan juicio y razón se ofrecerán de todo corazón para esta obra". En realidad harán más que ofrecerse de todo corazón. La meditación continúa: "Los que deseen distinguirse en servicio total irán más allá".

¿Más allá del servicio de todo corazón? ¿Cómo es posible? Hablando estrictamente, es claro que no es posible: nadie puede dar más que un servicio de todo corazón. Pero así como los grandes atletas aprenden a superarse en los momentos cumbre, así los jesuitas aprenden gracias a la meditación en torno a los dos reyes —y otras por el estilo— que sí es posible dar más de sí. Un jesuita heroico está tan "recogido" como "preparado", en equilibrio, y sólo lo mueven a la acción metas heroicamente ambiciosas. La victoria total es siempre una meta, y victoria total exige más que decisión total: requiere ir más allá del servicio de todo corazón.

Los primeros jesuitas captaron este impulso valeroso, esta energía inagotable, en una consigna de una sola palabra tomada de los ejercicios espirituales: la voz latina *magis,* que significa "más". A los jesuitas se les exhorta a "elegir y desear" la opción estratégica que más los aproxime a su meta, pero la simple consigna capta un espíritu más amplio, un impulso incansable a imaginar si no habrá un proyecto más grande aún que realizar o una manera mejor de tratar el problema actual.

La meditación es personal y los ejercicios trasforman las metas de la Compañía en metas personales. La meditación sobre los dos reyes es una invitación, no una orden. Aceptarla es una decisión personal. Además, la metáfora de la meditación carece de forma específica. No explica lo que uno hace para alcanzar la meta heroica. Ése es un detalle que se aclara a medida que cada aprendiz elabora mentalmente la misión y el *magis* según sus circunstancias, no sólo durante los ejercicios sino durante toda su vida.

¿Qué lo puede motivar a uno tanto que lo induzca a ir más allá del servicio de todo corazón para alcanzarlo?

Pocos pueden contestar esta pregunta. La mayoría ni siquiera se la ha planteado; pero hacérsela y encontrar una respuesta, casi seguramente garantiza una decisión imaginativa y bien pensada.

El fundamento del amor:
"Movido a profunda gratitud,
puedo ser capaz de amar"

¿En qué mundo vuelve a entrar el aprendiz después de hacer los ejercicios espirituales?

Los ejercicios aludidos podrían sugerir un lugar peligroso. Los aprendices han hecho inventario de sus debilidades para armarse contra el "enemigo de la naturaleza humana". Se les ha convocado a alistarse para dar la batalla, a fin de conquistar toda la tierra de los infieles.

Una meditación final integradora, la *contemplación para alcanzar el amor*, vuelve a llevar al aprendiz al mundo. Un comentarista ha llamado ésta la "obra maestra de los ejercicios espirituales". Las meditaciones anteriores han concentrado al aprendiz en el examen interior de sí mismo, pero el ejercicio culminante dirige su mirada hacia el exterior para contemplar el mundo en que realizará su potencial:

Primero: el amor debe manifestarse en hechos más que en palabras.

Segundo: El amor consiste en una recíproca comunicación entre dos personas, es decir, el que ama da y comunica lo que tiene a la persona amada...

Consideraré cómo vive Dios en las criaturas; en los elementos, dándoles existencia; en las plantas, dándoles vida; en los animales, dándoles sensación; en los seres humanos, dándoles inteligencia; y finalmente, cómo de esta manera vive también dentro de mí, dándome existencia, vida, sensación e inteligencia.

Consideraré cómo labora Dios para mí en todas las criaturas sobre la faz de la tierra; esto es, Él actúa como el que está trabajando. Por ejemplo, trabaja en los cielos, los elementos, las plantas, las frutas, el ganado y todo lo demás, dándoles su existencia, conservándolos, concurriendo con sus actividades vegetativas y sensitivas, y demás. En seguida reflexionaré sobre mí mismo.

El aprendiz es lanzado en seguida a un mundo cargado de amor. Ese amor impulsa la acción. "El amor debe manifestarse en hechos más que en palabras". Y la misma energía que circula por cada aprendiz dándole existencia, vida, sensación e inteligencia trabaja también "en los cielos, los elementos, las plantas, las frutas, el ganado y todo lo demás".

Esta meditación descansa en una visión teológica del amor divino vertido sobre el mundo, pero nada en ella sugiere un árido argumento teológico. Rara vez una idea abstracta como el amor —y menos el amor divino— se ha reducido a imágenes físicas más comunes y concretas. Y Loyola buscaba un impacto concreto sobre los aprendices: éstos se han hecho de la misma materia que las personas y las cosas que los rodean; todos son iguales y tienen el mismo valor, todos están dotados de la misma energía y potencial, comparten lazos con la familia y amigos pero también con quienes trabajan con ellos o para ellos y los rodean, aun los perezosos, los necios, los competitivos que no se bañan con regularidad. Era una visión global, un lente que debía colorear la mentalidad del principiante y todas sus acciones.

"El amor debe manifestarse más con hechos que con palabras". Este sencillo principio se convirtió en una especie de consigna para quienes absorben el significado de la contemplación para alcanzar el amor. La intención de esta meditación no es únicamente que el aprendiz se regocije en el cálido y reconfortante conocimiento de que él, tanto como el resto de la creación, refleja una emanación del amor divino (aunque no tiene nada de malo ese sentimiento). Más bien lo importante es la conducta que procede de esa comprensión. Apreciarse a sí mismo como una persona amada, de dignidad y potencial únicos, inevitablemente afecta la manera como el aprendiz vive su vida, infundiéndole el deseo de aprovechar al máximo sus dotes y evitar desperdiciarlos por pereza, abuso, falta de confianza en sí mismo o una vida sin objetivo alguno. El principio influye igualmente en las relaciones con los demás: la meditación lo deja convencido de que ellos también tienen dignidad y potencial y que merecen respeto como individuos porque algo significa la humanidad compartida. Y para los maestros, padres de familia, gerentes, entrenadores, mentores y amigos, expresar el amor con hechos, no con palabras, significa ayudar a los demás a hacer fructificar su potencial.

EL *EXAMEN*: "AL LEVANTARSE", "DESPUÉS DEL ALMUERZO" Y "DESPUÉS DE LA CENA"

Los aprendices que asimilan perfectamente los ejercicios se inyectan otra vez en el mundo como líderes conscientes de sí mismos, ingeniosos, amantes, heroicos; pero ningún viaje retrospectivo de un mes, por intenso o sofisticado que sea, basta para fortificar al individuo para toda la vida. Inmersos en el mundo, con todo el infierno en torno de ellos, los jesuitas —lo mismo que cualquier otra persona— corren el riesgo de desviarse de sus metas y valores cuando tienen que hacer frente a las tentaciones, distracciones y demandas contradictorias de la vida común y corriente.

Loyola previó esto y formuló los ejercicios de manera que pudieran servir como un medio de seguimiento diario a fin de mantener la atención en nuevos valores. Los ejercicios están diseñados específicamente para personas que hacen una vida llena de ocupaciones en un mundo siempre cambiante. Todos los días los jesuitas "al levantarse" traen a la memoria sus metas clave, y dos veces al día hacen una parada, un breve examen mental. Cada examen empieza por recordar la visión global positiva y de amor que fue la meditación culminante de los ejercicios: "El primer punto es dar gracias a Dios Nuestro Señor por los beneficios recibidos". En seguida pasan revista mentalmente a lo ocurrido ese día hasta el momento, "pidiéndose cuentas con respecto al asunto en particular que han escogido para corrección y mejora. Deben repasar el tiempo hora por hora o período por período, desde el momento de levantarse hasta el presente examen".

En otras palabras, el aprendiz trae a la memoria todos los

sucesos del día, las oportunidades y los retos que se le han presentado y la manera como reaccionó ante ellos: si sus actitudes y elecciones subsiguientes lo acercaron más a sus metas a largo plazo o lo alejaron de ellas.

Este hábito de reflexión es tan poderoso como sencillo. Las metas ambiciosas se tornan manejables si se descomponen en metas menores. No fumar en todo el resto de la vida es una promesa difícil de cumplir, pero dejar de fumar durante unas cuantas horas es una meta realizable. Querer ser más positivo a fin de mejorar la trayectoria de la carrera es una aspiración vaga, mal definida, pero evaluar si uno fue positivo en la reunión que terminó hace una hora es una manera de enfocar esta aspiración con una precisión de rayo láser.

El examen crea, además, un ciclo de retroalimentación permanente. Se incorpora y evalúa nueva información pertinente en tiempo real. Se hace memoria de las metas clave todas las mañanas, no cada seis meses, y se sacan enseñanzas de los éxitos o fracasos dos veces al día, no una vez al año. Lo más importante es, finalmente, que *los exámenes* sirven para personas ocupadas. Pocos querrán reservar siquiera un día al año para reflexionar sobre sí mismos, pero todos pueden tomarse cinco minutos para ellos tres veces al día.

El conocimiento de sí mismo, primero de los cuatro pilares del liderazgo jesuita, es el fundamento de los otros tres. *El ingenio* —innovación confiada y optimista— gira alrededor de la indiferencia, o sea la libertad para interpretar y responder a un mundo cambiante. *El amor,* que consiste en tratar al prójimo con una actitud positiva y alentadora, proviene de la visión global establecida en la contemplación para alcanzar el amor. Y *el heroísmo* nace del espíritu del *magis,* respuesta reflexiva que lo mantiene a uno motivado por metas personales ambiciosas.

El conocimiento de sí mismo que se obtiene con los ejercicios espirituales es un preludio para la acción. Aislado del mundo para lograr una experiencia metafórica de desierto, el aprendiz sale de ellos más decidido y más comprometido que nunca. De igual modo, su foco pasa ahora del examen introspectivo a lo que los ejercicios capacitaban a los primeros jesuitas para alcanzar, y a lo que nos enseñan hoy a nosotros sobre liderazgo.

CAPÍTULO 7

"Todo el mundo es nuestra casa"

*Cómo el ingenio desencadena la innovación,
la creatividad y una mentalidad global*

"**P**ues ¡sus! Heme aquí..."
Si algo más dijo San Francisco Javier sobre lo que le acababan de pedir que hiciera, no lo registra la historia.

Javier sería pronto la encarnación del ingenio. Con toda probabilidad la expresión "ingenio jesuita" no habría tenido ningún significado para él ni para sus colegas del siglo XVI. La palabra "ingenio" no aparece por ninguna parte en el reglamento de los jesuitas ni en su correspondencia, pero todos, desde los primeros, habrían reconocido inmediatamente las actitudes y conductas ingeniosas como el meollo de su *modo de proceder*, su manera de hacer las cosas. Ingenio es la voluntad de lanzarse a recorrer el mundo cuando se lo pidan, sin previo aviso, para aprovechar una buena oportunidad, como lo hizo Javier. Es la voluntad de trabajar sin una cartilla y soñar nuevas maneras imaginativas de resolver problemas que han atajado a otros, como Matteo Ricci lo demostró en la

China. Y es la acogida creativa de nuevas ideas y culturas extrañas, como en el caso de Roberto de Nobili, que se verá más adelante en este capítulo.

Lo que distingue el ingenio de los jesuitas no es tanto su conducta característica, pues al fin y al cabo los especialistas en liderazgo siempre han exaltado las virtudes ya mencionadas: imaginación, adaptabilidad, creatividad, flexibilidad y capacidad para responder rápidamente. La marca distintiva del ingenio jesuita es más bien lo que hace posibles esas conductas. Loyola no sólo exhortaba a los aprendices a adaptarse y ser creativos, sino que los preparaba con *los ejercicios* para adoptar esas conductas, actitudes y visión global que hacen posibles la adaptabilidad y la creatividad.

En el ingenio jesuita hay dos ingredientes vitales. La indiferencia los libra de los prejuicios, apegos y temores, y de la estrechez de criterio que impiden la exploración entusiasta de nuevas ideas y oportunidades. La meditación final de los ejercicios, *la contemplación para alcanzar el amor*, da a los novicios una visión optimista de un mundo totalmente saturado del amor divino. El ingenio florece cuando la libertad para seguir tras las oportunidades se enlaza con una profunda fe y el optimismo de que el mundo las ofrece con abundancia. Imaginación, creatividad, adaptabilidad y rápida respuesta son la clave para encontrar y abrir esas oportunidades. Los ejercicios comunicaban el don del ingenio a los aprendices como Javier, y en seguida Loyola los soltaba por el mundo y los dejaba ejercer el liderazgo.

UNA COMPAÑÍA PEQUEÑA CON GRANDES PLANES: LOS JESUITAS EN EL ASIA

La primera gran oportunidad de los jesuitas en el exterior coincidió con el estreno de un gran país como estrella en el escenario mundial. El diminuto Portugal había languidecido largo tiempo en la periferia litoral de Europa, pero si esa remota ubicación lo aislaba de la ruta principal del comercio, en cambio le abría las puertas para los viajes de exploración por el océano Atlántico. Las expediciones portuguesas y españolas no se perdieron esa oportunidad. El portugués Bartolomé Dias dio la vuelta por la extremidad sur del África hacia 1488; cuatro años después, Colón plantó el estandarte de Castilla en América.

Al abrir los dos países una vigorosa campaña de conquista en el Asia y América, el equilibrio del poder entre las potencias de Europa se alteró fundamentalmente. El diminuto Portugal dejó de ser diminuto, y en un raro momento de cordura ambos países comprendieron que el mundo era bastante grande como para poder compartirlo. En lugar de lanzarse a ciegas a un enfrentamiento que podía ser ruinoso, resolvieron hacer un pacto de primera, sencillo, encantadoramente ingenuo e increíblemente arrogante. Sus embajadores convinieron en dividirse el mundo entre los dos, a partir de un punto situado a 370 leguas al occidente de las islas de Cabo Verde. (Nadie sabía, ni siquiera remotamente, dónde caía semejante punto.)

Desde ese punto imaginario y mal definido, Portugal y España trazaron una línea circundante que pasaba por ambos polos y dividía la Tierra en dos mitades, la una para el uno, la otra para el otro. ¡Qué cosa más sencilla! Portugal quedó con derecho exclusivo para colonizar las tierras no conocidas o recién descubiertas al oriente de la línea de demarcación, siempre que no hubieran sido previamente ocupadas por príncipes cristianos. No era poco para un país con la mitad del tamaño del estado de Idaho y tan populoso entonces como dicho estado lo es hoy.

Todas esas tierras "no descubiertas", por supuesto, habían sido ocupadas desde hacía milenios, pero sus gobernantes, "príncipes no cristianos", por alguna razón no fueron incluidos cuando se timbraron las invitaciones a la partija. No fueron los únicos que se quedaron por fuera: tampoco fue invitada ninguna otra potencia de Europa y ninguna reconoció jamás la validez del pacto. Pero en lugar de entrar en engorrosas e interminables negociaciones multinacionales, España y Portugal apelaron a la más alta autoridad para que bendijera su convenio, y el papa aprobó el Tratado de Tordesillas a cambio del compromiso de los dos países de propagar la religión cristiana en las tierras conquistadas.

Casi 50 años después de la ratificación del tratado, el rey Juan III de Portugal tuvo noticia, por conducto de un cortesano en Roma que había conocido al grupo de Loyola en París, acerca de "ciertos clérigos eruditos y de vida ejemplar". Era precisamente el tipo de hombres que el Rey buscaba para sus expediciones a las Indias en busca de "especias y almas", e instruyó a su embajador en Roma para que los contratara. El embajador le pidió a Loyola seis jesuitas, pero Loyola, que conocía muy bien su problema de escasez de personal, le respondió: "¿Y qué dejaría Su Señoría para el resto del mundo?"

Si Portugal era un candidato poco a propósito para la dominación del mundo, la Compañía de Jesús ni siquiera podía candidatizarse. En efecto, los jesuitas no constituían aún una compañía, ya que apenas trataban por entonces de obtener la aprobación pontificia para su institución. No era que Loyola menospreciara la oportunidad en su respuesta al embajador de Portugal. Toda su "compañía", si así podía llamarse, se componía de 10 sacerdotes, y sólo 6 de ellos estaban a la sazón en Roma, de modo que si los mandaba a todos no le quedaría ninguno "para el resto del mundo". Y sin embargo, era una oportunidad que no podía dejar pasar ninguna nueva compañía. El 20% de su personal (dos jesuitas) estaba destinado a la India. Uno enfermó la víspera del viaje. Al enterarse de que se le necesitaba para reemplazar a su colega enfermo, Francisco Javier contestó sin vacilar: "Pues ¡sus! Heme aquí" o "Espléndido, yo estoy listo, soy el hombre para esa empresa", como lo han interpretado posteriores generaciones de jesuitas.

El primer héroe de los jesuitas
San Francisco Javier escribe su carta de despedida a San Ignacio, se supone que en la isla frente a la costa china donde murió. El grabado se basa en un boceto de Peter Paul Rubens, alumno de los jesuitas.

En el término de 48 horas remendó su par de pantalones de repuesto, visitó al papa para pedirle su bendición, empacó y partió.

IMPROVISAR POR EL CAMINO

Menos mal que no se había trazado ningún plan estratégico antes de partir, pues cualquier plan pronto habría resultado risible. Su compañero de viaje, el padre Simão Rodrigues, ni siquiera pudo pasar de Lisboa, punto de escala, pues el mismo rey Juan, quien se jactaría más tarde de ser capaz de dar su reino por llevar a los jesuitas a Portugal, insistió en que se quedara allí en lugar de marcharse para la India. Así pues, Javier tuvo que proseguir solo el viaje.

Rodrigues se perdió la diversión de un viaje marítimo al estilo del siglo XVI, el cual se calculaba que duraría seis meses pero duró más de un año. Cuatrocientos pasajeros y tripulantes se sancochaban en un calor malsano mientras el buque permanecía inmovilizado en una calma tropical frente a las costas de Guinea. Los pasajeros atacados por escorbuto sangraban de las encías y se tambaleaban sobre las piernas hinchadas, impetrando la misericordia del cielo contra un sol implacable, hasta que al fin llovió. El biógrafo de San Francisco Javier hace un zurcido de la correspondencia de éste y de otros para describir lo que ocurrió en seguida:

Los aguaceros tropicales no trajeron alivio. El agua de la lluvia era tibia y tóxica. Si se dejaba reposar una hora antes de beberla se llenaba de lombrices; si la lluvia caía sobre la carne que se colgaba, la carne se agusanaba; si mojaba la ropa, ésta también criaba gusanos y moho y empezaba a podrirse si no se lavaba inmediatamente en agua de mar. Los alimentos se corrompían. El agua potable se ponía amarilla y hedionda. Tan nauseabunda era que para poder tomarla había que taparse las narices y cerrar los ojos, o ponerse un pañuelo sobre la boca; y sin embargo la bebían para calmar la espantosa sed que a todos los torturaba.

Por lo menos Javier sobrevivió, y eso es lo mejor que se puede decir de semejante viaje, proeza no pequeña en una época en la cual escasamente la mitad de los buques que partían rumbo a Goa, en la India, completaban con felicidad el viaje de ida y vuelta.

Tanto duró Javier en tránsito que no pudo ser el primer jesuita que trabajara fuera del continente europeo. Mucho después de su partida, otros dos jesuitas emprendieron una misión al exterior y la completaron, "con el rabo entre las piernas", cuando el buque de Javier estaba todavía a tres meses de la costa de la India. Hay que reconocer que el viaje de estos dos era más corto: querían ir a Irlanda a provocar la resistencia contra la imposición del protestantismo por parte de Enrique VIII. Uno de ellos tuvo la precaución de comprar en Escocia un faldellín antes de cruzar el mar de Irlanda, pero parece que se necesitaba algo más que el traje nativo para impresionar a los caciques de los clanes irlandeses. Este sentimiento lo compartían los unos y los otros: "Tratamos personalmente con algunos de los jefes, como MacQuillan, O'Cahen y otros; entonces abrimos los ojos y vimos que la enfermedad de la disensión interna en este país es incurable, debido a su modo de vida salvaje y bárbaro, peor que bestial y difícil de creer para quien no lo haya visto". Los dos jesuitas no lograron nada, aunque el solo hecho de regresar con vida fue una hazaña capaz de impresionar a los insensibles escoceses, que los recibieron como héroes a su regreso de la turbulenta Irlanda porque "no creían que nos volverían a ver hasta el día de la resurrección".

Ni Francisco Javier ni ningún otro europeo sabía qué le esperaba en Goa. Antes de su partida nadie le dio informe alguno sobre el Asia. ¿Quién se lo iba a dar? Las propias cartas de Javier fueron las primeras que se publicaron en Europa sobre el Extremo Oriente. El mapa del Asia fluctuaba constantemente, a medida que los exploradores y los mercaderes hacían nuevos descubrimientos. Javier acabó por dedicar sus mejores esfuerzos al Japón, país aún desconocido para los europeos el día en que su buque levó anclas en Portugal.

Lo más prudente para Javier habría sido quedarse en Goa, en la India, capital del imperio colonial portugués en el Asia, ya que el vasto subcontinente indio ofrecía campo más que suficiente para lanzar las operaciones internacionales de la Compañía de Jesús, cuyo personal total habría podido sentarse alrededor de una sola mesa de comedor de regular tamaño. Pero Javier se guiaba por una lógica distinta: en lugar de quedarse en la colonia de Goa se movió constantemente, viajó al sur frente a la costa de Malabar, luego al este siguiendo las rutas de la especiería, a Malaca, Java, Pulau Ambon y Pulau Morotai.

Nuevos negocios en un mundo nuevo

Éstos no eran simples viajes de reconocimiento. Para la época en que Javier terminó su recorrido, la pequeña Compañía de Jesús ya tenía un buen número de avanzadas en lo que hoy son la India, Malasia, Indonesia, el Japón y el puerto de Ormuz, sobre el golfo Pérsico. No sólo importa saber adónde fue sino qué hizo. Mientras los jesuitas que habían quedado en Europa se preguntaban si debían entrar en el campo de la educación, llegó una carta de Javier en que les describía con entusiasmo una escuela que él había fundado para educar tanto a los niños nativos como a los hijos de los colonos portugueses. Fue el primer establecimiento educativo fundado por los jesuitas y quizás el primero de su clase en todo el mundo. Javier lo fundó sin tomarse el trabajo de consultar con la sede de su orden en Roma, e insinuaba que sus colegas en Europa también podrían emprenderla en el campo docente.

Procedió de manera no menos resuelta en otras direcciones. Si bien los jesuitas compraron su primera prensa de imprimir para su famoso Colegio Romano, apenas se le adelantaron a Javier. Éste instaló otra prensa en Goa hacia fines de ese mismo año, 1556, mucho antes de que lo hicieran los jesuitas que trabajaban en París, en Venecia u otros lugares más cosmopolitas.

Debido a la fuerza de su propia imaginación y energía, Francisco Javier llevó el Asia y, por extensión, todas las actividades en el exterior, a un puesto de predilección en la Compañía de Jesús. Considérese, por ejemplo, que los 10 fundadores estudiaron en París y que de ellos cuatro eran franceses, pero que a los pocos años de la llegada de Javier a Goa, 30 jesuitas —tanto europeos como indios— trabajaban allí, contra sólo 13 que había en París. ¿Qué compañía multinacional moderna, americana o europea, podría decir otro tanto? Cuando desembarcó en Goa, Javier era la única presencia jesuita en el Asia. Creó una genuina historia de éxito:

"Si yo construyo, otros me seguirán". En efecto, cuando él murió, más de 70 jesuitas indios trabajaban en distintos lugares del Asia y había largas filas de voluntarios esperando para seguir su ejemplo.

La vida peripatética y aventurera de Javier refleja el ámbito de los viajes subsiguientes de hombres como Goes y Ricci. Estas generaciones posteriores abrieron nuevos rumbos, pero en igual medida simplemente acogieron el legado de Javier. Y el estilo jesuita de abrir trochas, del cual éste fue precursor, era más imaginativo que sólo seguir un camino. Mucho antes de que Ricci pusiera su mira en la corte imperial de Beijing, el instinto de apuntar muy alto inspiró a Javier para viajar todo el invierno por el Japón rural hasta la corte del emperador en Miyako (hoy Kyoto). Tenía la intención no sólo de presentar sus credenciales sino de proponer el primer intercambio académico de la historia, al llevar profesores de la Universidad de París y de otras universidades europeas a la Universidad Imperial de Hieizan, y a cambio mandar profesores japoneses a Europa. Antes de Javier ningún europeo había sentado el pie en Kyoto. ¿Qué locura o petulancia, o combinación de ambas cosas, le hacía creer siquiera que llegaría con vida a la capital, ni menos que lograría audiencia con el Emperador y aprobación para el intercambio académico?

Javier volvió de Kyoto con las manos vacías: su solicitud de audiencia fue negada de plano. No importa. Reaccionó rápidamente y su inquieto radar se enfocó en otra oportunidad.

Los chinos que he conocido hasta ahora son gente de perspicaz inteligencia y elevado espíritu, más que los japoneses, y muy dedicados al estudio. El país ha sido bendecido con toda suerte de bienes, es muy populoso, está lleno de ciudades grandes con casas de piedra finamente labrada y, como todos lo proclaman, es muy rico en sedas de toda clase. Yo creo que este año de 1552 partiré con destino al lugar donde reside el rey de la China.

Javier dejó en el Japón refuerzos que trabajaban en un templo budista abandonado. Ese equipo pronto se dio cuenta de que Javier no había calculado bien el poder del emperador y su corte; el verdadero poder estaba en manos del shogun, y dos generaciones después de Javier, un lingüista jesuita portugués, llamado João Rodrigues, halló una clave para ganarse el interés y el favor del shogun: no era nada tan elevado como el intercambio académico; era el servicio que el propio Rodrigues podía prestar como agente de enlace comercial. En adelante, cuando los buques portugueses llegaban a la bahía de Nagasaki a negociar cargamentos de sedas chinas, encontraron que podían hacerlo por conducto de un intermediario bastante conocedor de la manera europea de hacer negocios equitativos con los japoneses: éste era el jesuita João Rodrigues, adjunto comercial del shogun Tokugawa Ieyasu.

Javier no llegó a la China: murió en la isla de Sancián (Shangchuán), a unas 30 millas de distancia de la costa de ese país. Trascurrieron años antes de que la noticia de su muerte llegara a la sede jesuita en Roma, después de desandar el mismo camino de millares de millas que se inició con el "Pues ¡sus! Heme aquí". Meses después de la muerte de Javier (y sin embargo meses antes de que se recibiera en Roma la noticia), Loyola había escrito una carta a su amigo y cofundador, llamándolo para que regresara a Roma — irónico final de la historia de Javier. De la carta de Loyola se desprende que Javier no fue el único visionario jesuita en el trabajo. La Compañía de Jesús, que empezó con 10 socios, se había extendido por cuatro continentes en menos de una década.

> Tú bien sabes que para el bien de la India mucho depende de la calidad de los hombres que se manden allí... Tú podrías ver quiénes sirven y quiénes no, quién para un lugar y quién para otro...
>
> Pero por encima de estas razones, todas las cuales ven por el bien de la India, podrías despertar el interés del rey [de Portugal] en Etiopía. Durante muchos años ha estado a punto de hacer algo pero nunca lo ha hecho. Desde Portugal también podrías prestar no pequeña ayuda en los asuntos del Congo y del Brasil.

Aunque pueda parecer irreverente sugerirlo, ciertamente redundó en beneficio de los jesuitas que Javier muriera como murió y cuando murió, pues la mitología que lo rodea es mucho más valiosa para las siguientes generaciones de jesuitas que cualquier cosa que pudiera haber realizado en la China. Su muerte, a la vista del litoral chino, fue el epílogo perfecto para el "Pues ¡sus! Heme aquí". Sus cartas, que se copiaron y se hicieron circular por las casas jesuitas, causaron un impacto eléctrico. Un director jesuita en Coimbra, Portugal, informó que su equipo estaba tan motivado después de leer las cartas, que a él "no le costaría ningún trabajo mandar a todo el colegio a la India".

Antes de San Francisco Javier la visión jesuita existía más que todo en el papel. Ahora los jesuitas tenían un genuino héroe que le dio vida. Enviado a la India, él por su cuenta se tomó toda el Asia como su campo de acción y mostró una ambición que mucho buscaban sus superiores; al partir para el Extremo Oriente con sólo un día de aviso previo mostró la indiferencia que a todos los jesuitas se les pedía cultivar; y trazar el derrotero de la Compañía como a él le parecía mejor reveló el tan apreciado instinto empresarial.

El ingenio se manifestó cuando Javier, siempre adaptable, abandonó el Japón para buscar una oportunidad más prometedora en la China, y siglos después volvió a manifestarse cuando fabricantes y financieros hicieron igual cambio estratégico y se salieron de la economía volátil del Japón a principios de los años 90 para concentrarse en oportunidades de negocios que surgían en la China y el Asia sureste. Ingenio fue la inspirada adaptación de Javier a circunstancias inesperadas, como lo fue también la intuición de un investigador de 3M de que una tanda malograda de pegante que no resultó permanente podía servir para otra cosa: y de ahí nacieron los tacos de notas autoadhesivas.

APARTARSE DE LAS TRADICIONES RELIGIOSAS

Los primeros jesuitas tenían pruebas fehacientes para demostrar que su modelo funcionaba. Ninguna orden religiosa había ensayado antes nada por el estilo. Los valores estratégicos de los jesuitas —rapidez, movilidad, capacidad de reacción y flexibilidad— eran contrarios a cuanto habían representado siempre las congregaciones religiosas. Para dar vida a esos valores jesuitas, Ignacio de Loyola echó por la borda todas las prácticas religiosas tradicionales que se le atravesaran en el camino, como la oración de acuerdo con la tradición monástica. Para apreciar el salto innovador que dieron los jesuitas con el modelo de su Compañía, debemos ahondar un poco en la historia de las antiguas organizaciones religiosas y mostrar cómo la Compañía de Jesús se apartó radicalmente de la norma.

Acoger el mundo, más que abandonarlo

Es natural que las disciplinas de la vida religiosa corriente del siglo XVI no sirvieran a las prioridades jesuitas. Los jesuitas acogían el mundo y se sumergían en la vida de todos los días, vivían en las ciudades y centros culturales, viajaban y trabajaban con el pueblo. En esa época, las tradiciones de la vida religiosa tenían sus raíces en el impulso contrario. En lugar de correr a acoger el mundo, los precursores de la vida religiosa marchaban en la otra dirección. En el siglo III, San Antonio de Egipto abandonó su aldea a la edad de 20 años y se fue a vivir solo en el desierto, hasta su muerte a los 105 años. Otros siguieron el ejemplo en toda la cristiandad y algunos llevaron su deseo de soledad hasta extremos creativos. El monje sirio Theodoret escribe sobre un ermitaño que vivió diez años suspendido sobre el suelo en una tina que colgaba entre dos postes. La comida se la subían en un cubo asegurado con una cuerda. Es de suponer que otras materias descendían por la misma vía... ojalá en un cubo distinto. San Simeón el Estilita tocó una variación sobre el mismo tema. Acosado por las multitudes que acudían en busca de consejo espiritual a su ermita en el desierto, construyó una serie de columnas, la última de ellas de 18 metros de altura, para poder vivir sus últimos 35 años en la soledad. Como era de prever, la estratagema le resultó contraproducente. Simeón y otros "estilitas" de su calaña se volvieron atracciones para turistas, y hasta algún ocasional emperador bizantino visitó el eremitorio para curiosear.

Por pintorescos que hayan sido tales ermitaños, los antiguos religiosos por lo general se acogían a una vida más prosaica en comunidad. Centenares de monasterios tachonaban el paisaje del siglo V desde Europa hasta África del Norte y Egipto. En cada uno se encerraban almas movidas por iguales sentimientos, que dejaban atrás las vanidades del mundo para recogerse en el estudio, la oración y los trabajos manuales. Pero fuera de la circunspección, a muchas comunidades monásticas no las unía cosa distinta de sus propias tradiciones locales y la guía de un sabio abad.

San Benedicto, monje italiano del siglo XVI, experimentó ese estilo tradicional de vida monástica antes de dar inicio a otro enfoque. Huyendo de las viciosas costumbres de Roma, su ciudad natal, se retiró a un eremitorio y pronto su fama, lo mismo que en el caso de Simeón el Estilita, atrajo a quienes buscaban la sabiduría; pero a diferencia de los estilitas, Benedicto fue llamado de su ermita para que reformara un monasterio cuyas costumbres se habían relajado bajo una sucesión de abades corrompidos. Los monjes, no pudiendo tragarse su estricto liderazgo, hicieron lo que haría cualquier monje contrariado, díscolo y emprendedor: tratar de envenenarle la comida.

La oración, sobre la marcha, no en un ambiente controlado

El perdurable Benedicto sobrevivió, y aguzó su apetito de reforma monástica. Se rodeó de compañeros más resueltos y fundó con ellos un nuevo monasterio en Italia, en Monte Cassino, donde escribió en 50 páginas una regla que habría de convertirse en el protocolo y guía dominante del régimen monástico occidental. Los monjes benedictinos se reunían para orar en comunidad siete veces al día a determinadas horas, empezando por los maitines a las 2:00 A.M. y continuando a intervalos regulares hasta antes de retirarse todas las noches después de las completas, a las 7:00 P.M. El programa sólo variaba para acomodarse a la duración estacional de las horas de sol. Como en verano el sol sale temprano, la hora señalada para la oración matinal (los laudes) se desplazaba, de modo que siguiera al oficio de las 2:00 A.M., "después de un intervalo muy corto, durante el cual los hermanos pueden salir para cumplir las necesidades de la naturaleza". Muy bien lo hizo Benedicto: su regla sólo llenaba 50 páginas, pero abarcaba las más urgentes contingencias de la vida diaria.

¿Qué importa cómo organizaran unos pocos monjes su rutina cotidiana? Tal vez hoy no mucho, pero sí era importante en la Europa hundida en el oscurantismo de la Edad Media. Cuando las hordas de bárbaros invadieron el Imperio Romano, las ciudades cayeron en la decadencia; la educación popular, las bibliotecas y hasta el alfabetismo pasaron a ser recuerdos de una lejana época más civilizada. La luz del conocimiento se apagaba y sólo los eruditos y los copistas en los monasterios mantenían viva la antorcha, para que no se extinguiera del todo. Por eso eran tan importantes las prácticas monásticas. Dos siglos después de Benedicto, el emperador del Sacro Imperio Romano, Luis I, también conocido como Ludovico Pío y Luis el Afable, pensó que convenía convocar a los peces gordos de la Iglesia para debatir sobre la disciplina monástica, tras lo cual ordenó que todos los monasterios del Imperio adoptaran la regla benedictina.

¿Se ejecutó en todas partes el decreto? Quién sabe. Las noticias se divulgaban lentamente en el siglo IX. Algunos remotos monasterios sin duda sabían poco de Ludovico Pío y de San Benedicto, ni que aquél era el emperador ni que éste había compuesto una regla monástica que era ya obligatoria. De todas maneras, la visión de San Benedicto de lo que debe ser una vida religiosa influyó fundamentalmente en las prácticas monásticas durante siglos, hasta la época de San Ignacio de Loyola.

El impulso personal de Benedicto de huir de Roma y aun del mundo tiñó profundamente esa visión. Las comunidades benedictinas eran como islas que se sostenían por sí mismas: producían ellas mismas sus alimentos, su ropa y demás artículos necesarios. Elegían sus líderes y cada monasterio operaba de manera autónoma. No había un director general para todas las casas benedictinas de un país, ni mucho menos de todo el mundo. La regla no fomentaba un espíritu expansionista o misionero para establecer otras sedes; por el contrario, Benedicto se escandalizaba con los *gyrovagues* europeos, aquellos monjes díscolos "que vagaban de una provincia a otra, quedándose como huéspedes en diversos monasterios... Dan gusto a sus propios deseos y sucumben a la gula". Como remedio a tal conducta, los benedictinos hacían voto de "estabilidad", o sea, de vivir el resto de su vida en la casa a la cual habían entrado. La estabilidad benedictina era claro complemento del régimen de diaria oración en comunidad a horas determinadas. Siglos después, Loyola y los jesuitas encontrarían poco valor en la estabilidad y en la oración en común a horas fijas. Los jesuitas oraban individualmente, sobre la marcha, a su propio arbitrio, como el examen de conciencia.

El modelo de Benedicto se adaptaba muy bien a la sociedad agraria de la Edad Media, en la cual se introdujo. No eran esos tiempos en los cuales uno pudiera ir a comprar la comida en la población más próxima, ni se perdían nada los monjes cuando se retiraban del escenario urbano para ir a encerrarse en un monasterio. El comercio estaba arruinado. Eran pocas las ciudades que merecieran ese nombre.

Sin embargo, las ciudades europeas volvieron a despertar a la vida. El crecimiento de la nueva economía del continente no fue nada tan emocionante como la reciente locura de las empresas punto-com (que en paz descansen); pero poco a poco los pueblos fueron volviendo a cobrar vida, gracias en parte a los mercaderes, los negociantes en telas, los tejedores a quienes empleaban, y los carpinteros, constructores, banqueros, embarcadores, vendedores de víveres y otros, que en los siglos XII y XIII atendían las necesidades terrenales. Estas comunidades que volvían a surgir tenían también necesidades religiosas, sociales y espirituales, a las que los benedictinos no estaban en posición de atender debidamente, enclaustrados como estaban y a menudo alejados de los nuevos centros urbanos. Se necesitaba un nuevo modelo para una era nueva. Y aparecieron entonces dos grandes reformadores monásticos para llenar esa necesidad: San Francisco de Asís y Santo Domingo, quienes abrieron una pequeña brecha en los muros del monasterio para experimentar con nuevos modos de vida religiosa.

Francisco de Asís renunció a una considerable fortuna familiar para oír el mandato del Evangelio según San Mateo: "No aprestéis oro, ni plata ni cobre en vuestras bolsas, ni alforjas para el camino, ni dos ropas de vestir, ni zapatos ni bordón, porque el obrero digno es de su alimento". (Mat.10:9-10). San Francisco tomó este pasaje literalmente. Sus primeros seguidores vivían al día como predicadores ambulantes y confiaban en los alimentos que les dieran de limosna. Guardar dinero como reserva no era una opción: sus frailes no podían tocar siquiera una moneda. Aun cuando nunca ambicionó tener una orden numerosa, su carismático atractivo llevaba a millares a hacer vida de pobreza y encontrar a Dios presente en todas las cosas naturales.

Alcanzar la expansión global más que conservar las tradiciones monásticas

Si la historia recuerda más a San Francisco por su sencilla piedad y su devoción incondicional a la pobreza, también podría recordarlo como fundador en desesperada búsqueda de un director operativo. Él concebía su comunidad como una pequeña banda de hermanos unidos sin mayores ataduras, pues así la estructuró. Todo franciscano gozaba de autoridad para aceptar nuevos miembros en sus filas. ¿Con qué criterios? Nadie parecía preocuparse por tales detalles. Cuando se admitían miembros nuevos, no había ningún sistema organizado de noviciado para adiestrarlos. Esto funcionaba muy bien mientras el grupo era pequeño, pero no se prestaba para supervigilar una compañía numerosa.

Los primeros franciscanos convocaban anualmente a todos los miembros de la orden a "capítulos generales" para acordar la estrategia. Esto funcionaba muy bien para una fraternidad pequeña, pero en 1221 se reunieron en Asís cerca de 5 000 frailes y aquello se volvió más un circo que una sesión de estrategia. Acudieron de toda Europa, algunos después de meses de viaje, sin reconocer una clara cadena de mando fuera del liderazgo de San Francisco, y cada uno entrenado informalmente por el monje que lo hubiera admitido. Se comprende, pues, que los capítulos generales fueran improductivos.

Para honra suya, San Francisco y Santo Domingo, fundador igualmente inspirado de la orden dominica, reorientaron la vida religiosa. En la visión de cada uno era punto central atender a los problemas urgentes del cristianismo que se urbanizaba. Sus miembros salían a diario a predicar o enseñar, pero permanecían atados al monasterio, observando estrictamente la práctica benedictina de oración en comunidad a determinadas horas del día. El impulso de participar activamente en el mundo inspiraba sus esfuerzos corporativos, pero ambas órdenes luchaban por acomodar ese impulso al modelo que habían heredado, de alejamiento del mundo. No era un acomodo natural.

Ambos reformadores buscaban también ejercer la administración global, a diferencia de la total autonomía de los monasterios benedictinos. Los dominicos elegían un maestro general para todo el mundo, pero limitaban su autoridad dentro de un sistema bien equilibrado que habría admirado a los redactores de la Constitución de los Estados Unidos. Cada comunidad dominica elegía su propio líder y cada región manejaba sus propios asuntos, de suerte que el maestro general no gozaba de la amplia autoridad de un moderno director ejecutivo. El ministro general de los franciscanos, por el contrario, gozaba de más autoridad, aunque carecía de una infraestructura organizacional para ejercerla eficazmente.

Autoridad muy distribuida y líderes elegidos democráticamente impedían el pleno desarrollo corporativo del potencial dominico, mientras que una grave insuficiencia de administración debilitaba a los franciscanos. Ninguna de las dos órdenes logró ni trató siquiera de inventar un modelo de liderazgo o administración que fuera específicamente diseñado para una compañía moderna, activa, móvil y a gran escala, como lo haría Loyola más tarde. San Francisco, Santo Domingo y sus seguidores sin duda permanecieron complacidos con lo que crearon: una vida balanceada de servicio activo complementada con la oración contemplativa. La simple consigna dominica transmite con elocuencia este enfoque de la vida, el trabajo y la oración: "Contemplar y dar al prójimo los frutos de la contemplación".

Ignacio resolvió crear una compañía moderna, móvil y a gran escala, aunque probablemente no se habría expresado en estos términos; y mientras que Domingo y Francisco estiraron la ropa de la vida religiosa tradicional para cubrir sus ambiciones más activistas, Ignacio de Loyola resolvió que se necesitaba una ropa completamente nueva. Mil años después de Benedicto y 300 después de Francisco y Domingo, Ignacio empezó a redactar las *Constituciones* de los jesuitas. En el producto final se incorporaron ideas de las tres tradiciones monásticas, pero se armaron sobre un modelo tan radicalmente distinto de lo que las había precedido, que casi no se podían reconocer.

Lo primero que desapareció fue el principio organizador de la vida religiosa: la oración diaria en comunidad a determinadas horas. La prioridad de los jesuitas, trabajo de tiempo completo en el terreno, era incompatible con la obligación de correr al monasterio varias veces al día para la oración en común. Los jesuitas oraban individualmente, entreverando la oración con sus obligaciones de trabajo. Era una desviación radical de la manera de hacer las cosas en el pasado, un salto ingenioso que creó espacio para aprovechar oportunidades inesperadas y no planeadas de "ayudar a las almas".

Ministerio a base de oportunidad, no de definiciones estrictas

Antes de los jesuitas, las órdenes regulares por lo general limitaban su misión a un área determinada o a un tipo específico de trabajo. Los dominicos proclamaron claramente la misión de "predicar y enseñar", en tanto que Loyola no quiso limitar a los suyos. Con el tiempo se irían presentando oportunidades, y hasta en 1540 las necesidades de la Alemania protestante eran muy distintas de las del Japón no cristiano, así que Loyola declaró una misión amplia y abierta: "El fin y objetivo de esta Sociedad es predicar, oír en confesión y *usar todos los demás medios que pueda... para ayudar a las almas* por medio de *viajes a las distintas regiones del mundo*, siguiendo las órdenes (del papa) o del superior de la Sociedad misma". ¿Qué se entendía por "ayudar a las almas"? Aparentemente todo lo que les pareciera apropiado a los jesuitas y sus superiores, desde expediciones de exploración hasta la confección de mapas y las investigaciones astronómicas. En vez de especificar qué negocios debían emprender los jesuitas, Loyola sólo les advertía que debían evitar ocupaciones que los amarraran o que limitaran su flexibilidad estratégica. "De igual modo, como los miembros de esta Sociedad deben estar listos en cualquier momento para ir a alguna otra parte del mundo... menos aún deben encargarse de mujeres religiosas... ni cargas similares que no sean compatibles con la libertad que se necesita para nuestro modo de proceder".

Parece que aceptar lo que la mayoría considera correcto no era señal distintiva del siglo XVI.

Los fundadores de la Compañía aseguraron una rápida reacción y se comprometieron y comprometieron a sus seguidores a movilizarse tan pronto recibieran una solicitud del papa, "sin ninguna excusa, a cualquier lugar del mundo adonde considere conveniente mandarnos..., ya sea a tierras de fieles o de infieles". Poniéndose explícitamente a las órdenes del papa, hacían imposible volver atrás, y por tanto tenían que imponerse flexibilidad. Gustárales o no, cuando el papa llamaba estaban obligados a partir.

Naturalmente, las compañías no adquieren flexibilidad con sólo repetir esas metas en el manual de la empresa. Si fuera tan sencillo, los Estados Unidos estarían inundados de ingeniosos y ágiles líderes. Fácil es hablar de cambio, otra cosa es vivir con él, exponer uno su carrera con tácticas no probadas o dejar atrás familia y amigos por aceptar destinos lejanos. Las meditaciones sobre indiferencia que contienen los ejercicios espirituales preparaban mentalmente a los primeros novicios jesuitas para éstos y otros retos, pues sacaban a la superficie los apegos que les podían estorbar. Los jesuitas no sólo hablaban sobre preparación para el cambio sino que entrenaban a los aprendices para vivirlo.

En caso de que el novicio no hubiera asimilado bien el mensaje, se le sometía a una prueba individual. A cada uno se le despachaba en una peregrinación del "cristiano contra los elementos", de un mes. Los aprendices partían con las manos vacías, a mendigar por el camino el pan y la posada, reto simbólico e inconfundible: ser ingenioso, móvil, creativo, libre de afectos y capaz de trabajar con independencia. Muchos jesuitas acabaron por aficionarse a las exploraciones. Cuando el padre Jacques Marquette se unió al padre Louis Jolliet en la exploración del río Misisipí, no era ésa la primera de sus excursiones. En su noviciado había pasado un mes haciendo un recorrido de 450 millas de ida y regreso entre Nancy y Trier. Claro que una peregrinación por el nordeste de Francia se consideraba menos penosa que navegar en canoas ante rebaños de bisontes para ir a reunirse con los líderes tribales illinis; pero el impacto de los ejercicios y el mes de peregrinación les dejaban a los principiantes una impresión más profunda que cualquier manual de una compañía que exalte la flexibilidad y el ingenio.

Encontrar a Dios en el mundo, no entre cuatro paredes

Loyola había tejido en la cabeza la estructura misma de la vida religiosa. Mientras que los monjes benedictinos hacían voto de estabilidad y permanecían toda la vida en un monasterio, los jesuitas se comprometían a moverse de un lugar a otro. Jerónimo Nadal, lugarteniente de Loyola, visitó a toda Europa para formular una mentalidad y un estilo de vida típicamente jesuitas: "(Los jesuitas) saben que no pueden construir o adquirir suficientes casas desde las cuales puedan acudir al combate. Siendo ése el caso, consideran que están en la casa más tranquila y agradable cuando están constantemente en movimiento, cuando viajan por la tierra, cuando no tienen ningún lugar que puedan llamar suyo". El sentimiento de amistad con el mundo es inequívoco. Lejos de huir de él, el jesuita acepta la vida viajera como su "casa más tranquila y agradable". O, como lo dijo Nadal ante otro grupo, "hay que observar que en la Sociedad hay distintas clases de casas o habitaciones. Éstas son: la casa de pruebas, el colegio, la casa de profesos y *el viaje — y por esta última todo el mundo viene a ser (nuestra) casa"*.

Rapidez, movilidad, imaginación y flexibilidad eran las metas. Los obstáculos se desarraigaban, incluso las prácticas que más comúnmente se asocian con la vida del sacerdote. Nadal describe una reprimenda particularmente desagradable que le dio Loyola: "Al día siguiente me reprendió duramente en presencia de los demás, y en adelante no quiso aceptar mis servicios". ¿Cuál había sido la falta extraordinaria? Que Nadal había accedido a la solicitud de los jesuitas españoles para que se les permitiera rezar una hora y media todos los días, y el santo superior se había indignado al saber que Nadal les había permitido rezar tanto. Loyola insistía en que "un hombre realmente mortificado necesita sólo un cuarto de hora para unirse con Dios en oración".

¿Qué quería decir esto? No que los jesuitas no rezaran, sino que el buen éxito de su activa misión dependía de encontrar maneras de permanecer en oración y recogimiento sin abandonar la acción. O como lo dijo Nadal al proponer a Loyola como el modelo, los jesuitas deben ser *simul in actione contemplativus* ("aun en la acción contemplativos"). Otro colega lo expresó más claramente aún: "Es increíble con qué facilidad nuestro padre (Loyola) se recogía en medio del bullicio del mundo".

¿Cuál era la clave de San Ignacio para mudar así de ánimo? Lo mismo que tantas otras cosas, esa capacidad provenía de los *ejercicios*. Loyola abandonó la oración en común a horas fijas pero la reemplazó con estrategias para mantener la compostura y centrarse en una vida agitada. La breve parada mental del examen le permitía reenfocarse sobre la marcha.

Pero si no hay un punto focal no puede haber enfoque. Igualmente vital era la inversión inicial que cada novicio había hecho para entender sus debilidades, establecer su visión global y cultivar la indiferencia, de modo que instintivamente sabía qué buscar cuando paraba para reenfocarse. Medía su rendimiento en las últimas horas en comparación con las metas, las debilidades con las cuales habitualmente tropezaba y los afectos que detenían la indiferencia. Después de ese delicado afinamiento espiritual y mental, volvía a entrar en la corriente.

No menos importante para el recogimiento en medio de la ola de actividades era la contemplación para alcanzar el amor, que primero ponía al principiante en sintonía con la presencia divina que lo rodeaba. Los jesuitas no consideraban necesario reunirse en una capilla cada cierto número de horas para recordar cómo es el mundo en el cual trabajan. Por el contrario, su visión global, su lente, su visión del prójimo, se habían formado ya en los ejercicios, lo cual les permitía pasar el día con su radar fijo en "encontrar a Dios en todas las cosas". ¿Qué significaba esto? Exactamente lo que decía. Loyola les pedía a los jesuitas encontrar a Dios "en todas las cosas, por ejemplo, en conversar con alguien, en pasear, mirar, probar, oír, pensar y todo lo demás que hagan".

En páginas anteriores se ha descrito la lenta evolución de la vida religiosa, la jornada desde el siglo X, desde los monjes benedictinos hasta los frailes de San Francisco y finalmente los jesuitas de San Ignacio de Loyola distribuidos por todo el mundo. Y si la vida religiosa evolucionó lentamente, lo mismo cabe decir del mundo que reflejaba: para los jesuitas de Loyola no habría lugar en la época feudal y agraria de San Benedicto, ni tampoco en el siglo XIII de San Francisco.

Hoy el mundo cambia a un paso mucho más vertiginoso; los gerentes modernos se precian no sólo de hacer frente al cambio sino también de manejarlo ellos mismos para aprovechar la ventaja competitiva de los mercados siempre cambiantes. Pero tal vez no lo hagamos tan bien como quisiéramos en materia de administración del cambio. En 1982, Thomas Peters y Robert Waterman publicaron el libro *En busca de la excelencia: Lecciones de las compañías estadounidenses mejor administradas,* que duró tres años en las listas de grandes éxitos de librería de los periódicos de los Estados Unidos. La receta del éxito de las corporaciones que se ofrece en ese libro ha resistido admirablemente bien el paso de veinte años. Infortunadamente no se puede decir lo mismo de muchas compañías que los autores alababan entre "las mejor administradas" de los Estados Unidos. Peters y Waterman tamizaron a las empresas en cedazos muy finos y proclamaron que 36 habían pasado todas las pruebas de "desempeño excelente" en un estudio realizado durante 21 años. Algunas de las 36 brillan aún, pero otras luchan por la vida, dejaron de ser modelos de excelencia y son apenas casos de estudio sobre qué les pasó a grandes empresas que vinieron a menos (Eastman Kodak, Kmart). Otras son espectros vagamente recordados, víctimas de adquisiciones hostiles (Amdahl, Chesebrough-Pond's, Raychem).

Peters y Waterman no se equivocaron en su apreciación de las compañías que eran excelentes en 1982; lo que pasa es que la excelencia, como el liderazgo que la engendra, no es como un altiplano que una vez que se alcanza no se vuelve a perder. Los millares de trabajadores que perdieron el empleo al desintegrarse esas empresas que fueron un tiempo modelos no necesitan que se les recuerde que el mundo moderno es tumultuario y cambiante; para prosperar en este mundo hay que cultivar las destrezas que se necesitan en un ambiente de cambio permanente. Y prevalecer en medio del cambio es preocupación no sólo del trabajo; los mismos cambios sociales, tecnológicos y culturales presentan una corriente interminable de amenazas y oportunidades en todos los aspectos de la vida. Las capacidades de adaptarse, crear y responder rápidamente son destrezas personales de liderazgo para el siglo XXI.

En el siglo XVI, Loyola y sus colegas comprendieron la urgencia de formar un equipo adaptable al cambio y creativo; sin duda, las mismas facultades se requieren, y más aún, en el agitado siglo XXI, pero las estrellas apagadas de la promoción de 1982 mencionadas en *En busca de la excelencia* sugieren que muchos son hoy menos flexibles que San Francisco Javier, que cruzó el Asia en el siglo XVI. ¿Por qué? Tal vez no nos concentramos con tanta energía como los jesuitas de Loyola en juntar los bloques de construcción personales e internos del ingenio.

Unos sesenta años después de haber salido Javier de la India llegó a ese país otro jesuita, Roberto de Nobili, quien llevó el ingenio jesuita hasta límites que llamaron la atención al Vaticano — ni por primera ni por última vez en la historia de los jesuitas.

UN JESUITA QUE VESTÍA DE ROJO: LAS INNOVACIONES DE DE NOBILI

Poco dejó por fuera Loyola en su obsesión con la inventiva y la adaptabilidad — ni siquiera el vestido. Otras órdenes lucían con orgullo sus hábitos distintivos, los "colores del equipo", pero él optó por el traje sacerdotal corriente "conforme al uso de la región donde uno vive". Se refería a los diversos matices de los hábitos que los religiosos usaban en Europa. A su modo de ver, esto debía ser una consideración muy secundaria ante la gran preocupación de que los jesuitas se amoldaran a las costumbres locales en lugar de apartarse de ellas. Pero aun él pudo haberse sorprendido al ver cuán literalmente interpretaban sus emisarios eso de amoldarse a las costumbres del lugar, como cuando los encontró trabajando con sacerdotes no cristianos vestidos de colores que nada tenían que ver con el negro sacerdotal.

Los jesuitas seguramente llegaban al Asia bien preparados para la experimentación cultural, con todos los temas que llevaban en la cabeza. La misión que llevaban los obligaba a poner en juego *todos los medios posibles* para ayudar a las almas. El aprendiz había meditado sobre los diez mil ducados para librarse de la dominación de los afectos personales y cultivar la indiferencia. Directores como Nadal habían reforzado el mandato de estar preparados para el cambio, según el cual estaban *en la casa más tranquila y agradable cuando se hallaban en constante movimiento*. Muchos se apresuraron a abandonar el atuendo usual en la Europa del siglo XVI *conforme al uso de la región donde iban a vivir*. Pocos probaron las fronteras culturales tan a fondo

Revolucionario precursor de la aculturación

Este boceto de Roberto de Nobili, el noble italiano que se volvió *sannyasi,* se debe a su colega jesuita Balthasar da Costa. Aunque no se puede comparar con los retratos hechos por maestros como Rubens y del Conte, capta, sin embargo, el esfuerzo de de Nobili por adaptarse a la cultura del pueblo que lo recibió.

como un jesuita italiano de 28 años y antiguo noble, Roberto de Nobili, quien llegó en 1606 a Madurai, ciudad del sur de la India.

El árbol genealógico de de Nobili habría sido extraordinario en cualquier parte, menos en la Compañía de Jesús, que ya contaba con más que su cuota de europeos distinguidos. Era sobrino de un papa e hijo de un general del ejército pontificio; renunció a su título de conde de Civitella y quién sabe a cuántas cosas más por seguir la carrera de jesuita: una herencia considerable, con seguridad; probablemente un palacio en las propiedades de la familia en Toscana; y quizás el capelo cardenalicio si hubiera elegido una carrera eclesiástica convencional.

En lugar de vivir con la pompa de un *palazzo* toscano y vestir los ricos hábitos de un cardenal, en 1610 de Nobili ocupaba una choza pajiza pocos grados al norte del ecuador. Vestido con una túnica de ocre rojizo, llevaba la cabeza totalmente afeitada, salvo un pequeño mechón sobre la frente marcado con pasta de madera de sándalo. Tomaba una sola comida al día: arroz sazonado con hierbas (era vegetariano), sin acompañamiento de vino Montepulciano de los viñedos de los de Nobili. Como en Italia, su país nativo, había sido noble, al principio se presentó como miembro de la casta de los rajaes, acomodándose al uso del país, estrategia calculada para evitar que lo motejaran de "intocable", como invariablemente designaban los indios a sus colegas misioneros, lo cual les dificultaba mucho su trabajo. Pero a medida que de Nobili fue asimilando la cultura del país, modificó su estrategia. Empezó por colgarse desde el hombro hasta la cintura triples bandas blancas distintivas de algodón, que lo hacían figurar como miembro de la casta de los brahmanes, a la cual pertenecen los sacerdotes. Además adoptó el austero régimen y la disciplina de un *sannyasi*, un religioso "que lo abandona todo".

El *sannyasi* de Nobili persuadió al erudito brahmán Sivadarma para que lo asesorara en el estudio de las escrituras hindúes, los Vedas. De este modo, no sólo fue de Nobili el primer europeo que consultara a fondo los Vedas sino también el primero que llegó a dominar el sánscrito, idioma clásico de la India hindú en el cual se escribieron los Vedas. Es más: de Nobili no había ido sólo a aprender, había ido también a participar activamente en el discurrir religioso, así que una vez que hubo dominado los Vedas y el sánscrito, usó la popular lengua tamil para escribir su *Nytia Jivana Callapam* ("Diálogo de la vida eterna"). En lo que fue casi seguramente el primer tratado teológico escrito por un europeo en un idioma de la India, de Nobili presentó a los hindúes su interpretación acerca de la manera de obtener sabiduría del verdadero Veda.

En Roma sonaron las campanas de alarma en cuanto se tuvo noticia de que el antiguo conde de Civitella se había convertido al hinduismo, pues no todos los jesuitas en Roma —y ni siquiera en Madurai— estaban de acuerdo en cómo interpretar eso de usar todos los medios posibles en un mundo engañoso y extraño. Algunos sé ocupaban en disputas más pedestres. Al poco tiempo de recibirse en Roma noticias de las actividades de de Nobili, los burócratas se dedicaron a perder el tiempo y discutir si los jesuitas no ordenados podían usar el distintivo bonete negro que ya era de rigor entre los ordenados. ¿Qué pensarían cuando supieron que de Nobili se había afeitado la cabeza y usaba ropa encarnada?

Esos tempranos informes no eran positivos ni amistosos. No era el mismo de Nobili quien compartía las noticias, sino un colega suyo, Gonçalo Fernandes. Trabajando solo en Madurai durante 11 años antes de la llegada de de Nobili, Fernandes no había podido atraer ni una sola persona al cristianismo; y al no tener feligreses, es de suponer que no le faltaba tiempo para escribir a Roma acusando a de Nobili de prácticas supersticiosas. Los burócratas del Vaticano se escandalizaron, sobre todo porque Fernandes no era el único quejoso: el obispo de la diócesis de de Nobili en la India también se quejaba del díscolo jesuita.

Las prácticas culturales
frente a la expresión religiosa

Las grandes multinacionales suelen tropezar con problemas análogos, como un empleado muy secundario, en un mercado de poca importancia, que se extralimita en sus funciones y abusa tanto de su autoridad que compromete el buen nombre de la compañía. Y la mayor parte de las multinacionales tienen una política bien afinada para tales situaciones: cortar por lo sano, y pronto. ¿Qué apoyo podía tener en Roma el principiante de Nobili, medio desnudo en el otro extremo del mundo? Por suerte, el padre general de los jesuitas era entonces Claudio Acquaviva, quien, en lugar de desenvainar la espada, pidió información sobre los métodos del misionero y sobre la cultura hindú.

Lo mismo que de Nobili, Acquaviva pertenecía a la nobleza italiana; era hijo del duque de Atri, y también, como de Nobili, que en ese entonces tenia 33 años, había desafiado las tácticas de hombres mucho mayores, más experimentados, e inevitablemente había irritado a sus colegas en la India. Acquaviva también había sido en cierto modo un prodigio. Se hizo jesuita después de un ascenso veloz en las filas del Vaticano y en poco tiempo fue elegido general de la Compañía de Jesús. Era el hombre más joven elegido para ese cargo, con 37 años. Cuando los delegados le presentaron su candidato al papa Gregorio XIII, el anciano pontífice, sorprendido y no de muy buen grado, impartió su aprobación y dijo: "¡Válgame Dios. Han escogido ustedes por jefe a un hombre que todavía no ha cumplido cuarenta años!"

Pero el interés de Acquaviva por la India puede haber sido más personal y punzante que la superficial afinidad entre sus antecedentes y los de de Nobili. Cuando Acquaviva se hizo jesuita, en los círculos de la Iglesia se daba por hecho, según el espíritu de nepotismo reinante, que un sobrino suyo, Rodolfo, ocuparía la vacante que el tío dejaba en la burocracia vaticana. Pero Rodolfo tenía otras ideas. Sobreponiéndose a las objeciones de la familia, anunció que él también quería ser jesuita. No era un confortable nombramiento bajo el patrocinio de su tío lo que él buscaba: se comprometió a emprender el largo viaje marítimo de un año a la India, país donde el nobiliario nombre de Acquaviva no tenía ninguna validez.

Si deseaba abandonar los arreos de la nobleza para seguir una vida más humilde de servicio, le esperaba un irónico giro de la fortuna. Mientras en Italia Claudio ascendía constantemente por las filas jesuitas, se supo que a Rodolfo lo había invitado el emperador mogol Akbar a vivir y trabajar en su palacio. Allí permaneció cerca de cuatro años y fundó la embajada jesuita que Benedetto de Goes habría de asumir 20 años después.

No hacía mucho que Claudio ejercía el cargo de general de los jesuitas cuando le cupo el penoso deber de informar a su familia que Rodolfo Acquaviva había sido asesinado en la India junto con otros tres jesuitas. Informes fragmentarios y tardíos sugerían que los asesinos habían querido vengar un viejo resentimiento por la destrucción indiscriminada de adoratorios hindúes durante la conquista de Goa por los portugueses. Rodolfo y sus colegas no habían tenido nada que ver con esos hechos; eran simplemente símbolos de un agravio censurable.

Tal vez la muerte de su sobrino le dejó al padre general de la Compañía de Jesús, Claudio Acquaviva, un sentimiento de interés personal en la India, y por eso resolvió tratar de entender la posición de de Nobili, procedimiento impolítico, en lugar de sancionarlo sin más averiguaciones. De Nobili, por su parte, no era hombre que se apocaba y templaba su radicalismo para salvar la carrera. Por más que hubiera dedicado años al estudio del sánscrito y a escribir tratados en tamil, recordaba muy bien cómo se redactan argumentos convincentes en latín. Ni Acquaviva ni ninguno de sus teólogos asesores —ni nadie en Europa realmente— había visto jamás cosa parecida al tratado de 175 páginas de de Nobili, titulado *Informatio de Quibusdam Moribus Nationis Indicae* ("Informe sobre ciertas costumbres de la nación india"). Los lectores se debieron haber preguntado si de Nobilis no se habría introducido en la biblioteca del Colegio Romano para enriquecer su argumento con citas de tan diversas fuentes: desde la mitología romana y Jesucristo, San Agustín y Santo Tomás de Aquino hasta las leyes hindúes de Manu. Seguramente algunas crípticas referencias de de Nobili habrán hecho correr a los embotados teólogos a buscar las concordancias: "Tómese por ejemplo el testimonio de Bardeseres el babilonio, escritor muy recomendado por Eusebio en el Libro Sexto de su Propagación del Evangelio".

Aunque algunas de sus referencias eran crípticas, el argumento era perfectamente claro. A diferencia de sus detractores, se tomó el trabajo de entender no sólo la cultura india sino también las diferencias entre las distintas religiones y su parafernalia cultural. Analizó sistemáticamente y adoptó las prácticas culturales del brahmanismo, como el *kutumi* (un mechón de pelo en la cabeza por lo demás totalmente afeitada) y el *tilakam* (pasta de madera de sándalo). Estudió las obras clásicas de los hindúes y consultó con expertos brahmines para descubrir los orígenes y el sentido aceptado de esas prácticas. Muchos europeos ignorantes suponían que las costumbres que no les eran familiares eran supersticiosas y las asociaban con idolatría, pero de Nobili demostró que muchas de ellas eran maneras tradicionales de identificar el estado civil de las personas o de adornarse, pero no tenían ningún significado religioso. De Nobili sostenía que él instruía a sus conversos para que abandonaran las prácticas que sí eran obviamente supersticiosas, pero él mismo adoptó y permitió a los brahmines conversos que conservaran los usos que eran puramente símbolos del estado civil y no tenían significado religioso.

De Nobili se volvía en seguida contra sus críticos, quienes por lo general obligaban a los catecúmenos a adoptar nombres europeos, a vestir a la europea y a prescindir de todo uso revelador de la cultura hindú. De Nobili sostenía que era cruel e innecesario condenar a los conversos a prescindir de su respetabilidad ante su sociedad. Los hindúes no cristianos veían a los conversos "como degenerados, en realidad aislados de su medio anterior, privados de toda ventaja civil... No podían entender por qué era condición estricta de la ley de Cristo que uno rebajara su estado civil y se negara a sí mismo toda dignidad humana y todo beneficio humano".

Al fin y al cabo, como lo señalaba de Nobili, "en cuanto a perfumes y cosméticos [como la marca de sándalo que se reserva para los hindúes de casta alta], el mismo Jesucristo, maestro de predicadores, se permitió el uso de tales cosas". Concluía de Nobili su exposición con el testimonio de "108 brahmines doctores en los distintos ramos del saber" en el sentido de que las prácticas que él les había permitido conservar a sus conversos no tenían ningún significado religioso. Observaba que esos doctores no eran "ni cristianos ni catecúmenos y que no habían recibido dinero ni ningún otro regalo".Y aseguraba a sus superiores jesuitas que había conservado las firmas originales, escritas en hojas de palma, por si hubiere lugar a verificación de su testimonio.

Ni los más eruditos críticos de de Nobili podían responder con argumentos tan bien documentados. No sólo era extraordinario por su profundidad y amplitud el conocimiento que él tenía de la teología de Occidente, sino que los 108 brahmines con quienes había consultado eran otras tantas fuentes expertas que los críticos desconocían. Ninguno de esos críticos dominaba el sánscrito; los clásicos hindúes que él citaba eran para ellos libros cerrados.

Con todo, los problemas que dieron tanto que hacer a de Nobili eran y *son* profundamente complicados. Prácticas culturales y expresiones religiosas no siempre se pueden separar nítidamente, como él trataba de hacerlo. Y en su estilo misionero se mezclaban otras consideraciones estratégicas controvertibles. Por ejemplo, había observado que el consumo de carne y el uso de artículos de cuero (prácticas ritualmente no limpias según los usos hindúes) había hecho "intocables" a otros misioneros a los ojos de las castas superiores. El haber adoptado de Nobili el estado de brahmín y su complicado régimen cultural era parte de una bien calculada estrategia de arriba abajo para apelar primero a los hindúes de casta alta con la esperanza de que las castas inferiores siguieran el ejemplo. Pero esa estrategia mezcló a de Nobili en prácticas de las cuales hubiera preferido no aparecer como favorecedor como, por ejemplo, no permitir que los hindúes de clase baja lo tocaran siquiera o le prepararan la comida. Finalmente, por notable que fuera la sensibilidad cultural de de Nobili en el siglo XVII, su trabajo plantea una cuestión que todavía preocupa a expertos misioneros del siglo XXI: dónde trazar la raya en el diálogo entre las religiones y el proselitismo activo.

Se puede decir con seguridad que a los críticos de de

Nobili en el siglo XVII no les preocupaban cuestiones tan complicadas. Lo atacaron, lo mismo que a otros jesuitas en el Asia, con argumentos que en retrospectiva sólo confirman su avanzada sensibilidad. Por ejemplo, un misionero no jesuita en la China mandó a Roma un informe, escandalizado porque en un cuadro de la Última Cena comisionado por los jesuitas, Jesús aparecía con zapatos. Esta queja era tan seria que los jesuitas tuvieron que tomarse el tiempo de responder a ella. La defensa era sencilla: los chinos consideraban antihigiénico andar descalzo. ¿Cómo se podía esperar que el llamado Hijo de Dios respetara a los posibles conversos chinos, si carecía de elemental urbanidad?

Otros misioneros destacados en la China atacaban a los jesuitas por apartarse del rito formal del bautismo: cuando bautizan a mujeres, decían, "estos padres no les aplican saliva a las orejas, sal a los labios ni óleo al pecho y la cabeza". Esto era cierto. El superior de los jesuitas en la China explicaba: "Entre los chinos es completamente irregular e indecente exponer el pecho de una mujer o tocarle las manos o la boca. Si es necesario que en cualquier lugar los ministros del Evangelio sean circunspectos en su conducta con respecto a las mujeres, esto es absolutamente indispensable en la China". Los jesuitas se habían apartado de los aspectos que ellos no consideraban tradiciones esenciales del rito bautismal europeo por deferencia a lo que ellos consideraban importantes costumbres culturales chinas.

Acquaviva murió años antes de que se resolviera el asunto relativo a los métodos de de Nobili. Aunque el general jesuita tentativamente había dictaminado a favor del enfoque fundamental que aquél defendía, tenía las manos atadas para ofrecer una aprobación total, debido a que el quehacer de de Nobili en la choza cerca del ecuador había atraído la atención de una autoridad mayor a la de él: el Vaticano mismo se había involucrado y finalmente había asignado a una comisión teológica la realización de una exhaustiva investigación. No sólo no hubo solaz para de Nobili: sus colegas en la China también fueron ridiculizados por sus estrategias de aculturación. Lo que más le importaba al *sannyasi* italiano era que le había sido prohibido aceptar conversos mientras la investigación de sus métodos siguiera su curso en la paquidérmica burocracia vaticana. A pesar de lo desalentadora que la investigación pudiese parecer a de Nobili, podría haber habido peores alternativas. El arzobispo portugués de Goa, de Sa y Lisboa, primado de "las Indias", salido de las casillas con el problemático jesuita italiano haciendo de las suyas en su jurisdicción, había invitado al gran inquisidor de Portugal a castigar a de Nobili. Pero las autoridades de la Inquisición dictaminaron que no tenían derecho a intervenir en un asunto de incumbencia del Vaticano, ya bajo su revisión. Suertudo de Nobili.

Pero no del todo. El presidente de la *troika* teológica que investigaba a de Nobili era el septuagenario arzobispo irlandés Peter Lombard, quien había participado en una investigación papal previa sobre otro italiano controvertido, y de ese proceso no había surgido bien parado el acusado, un tal señor Galileo. A éste por lo menos se le había dado la oportunidad de participar en su investigación; a de Nobili, lejos en la India, la comisión no lo entrevistó ni se le pidió su aporte ni se le mostró el informe.

Malo que no hubiera tenido la oportunidad de leerlo. Si lo hubiera leído le habría sido muy grato comprobar que el arzobispo Lombard citaba pasajes de la *Ciudad de Dios*, de

San Agustín: "No tiene importancia en la ciudad de Dios si el que adopta la fe que lleva a los hombres a Dios la adopta en uno u otro vestido o en una u otra manera de vida, siempre que viva en conformidad con los mandamientos de Dios". Aunque el informe de la comisión era confidencial, la decisión del papa Gregorio XV se anunció a todo el mundo en la bula *Romanae Sedis Antistes* en 1636, pero tardó un poco en llegar a Goa en el lento buque desde Lisboa: "Por las letras presentes y en virtud de la autoridad apostólica, concedemos permiso a los brahmines y a otros gentiles que han sido y serán convertidos a la Fe, para tomar y usar el cordón y el hábito y el *kudami* como signos distintivos de su posición social, nobleza y de otros oficios".

Ya vindicado, de Nobili volvió al trabajo. Años después, a la edad de 68, estaba casi ciego. Era más que pasado el tiempo para jubilarse... es decir, para la mayoría de las personas. Para de Nobili era tiempo de iniciar una nueva carrera. Se embarcó para cruzar el estrecho de Palk hasta la península de Jaffna en Ceilán (hoy Sri Lanka). Después de haber deslumbrado a los brahmines con sus tratados en tamil y de haber abrumado a los teólogos del papa con sus polémicas en latín, de Nobili dedicó sus dotes literarias a un público no menos crítico pero sí más receptivo: los niños, para quienes se dedicó a escribir cuentos.

El antiguo conde Civitella murió en la ciudad hindú de Madrás, a los 79 años de edad, no mucho después de haberse cumplido el cincuentenario de su llegada a la India.

La ventaja de la obediencia

Ejemplos de hombres tan creativos e innovadores como de Nobili sugieren que los jesuitas estaban siempre listos para acometer toda nueva oportunidad que se les presentara. Pero esa actitud de decisión y atrevimiento tenía su reverso. Los jesuitas juraban *obediencia* a Dios, representado por los superiores de la Compañía y por los papas. El jesuita ideal, según las *Constituciones*, se conducía en materia de obediencia "como si fuera un cuerpo muerto que se deja llevar a cualquier sitio y ser tratado de cualquier manera, o como si fuera el cayado de un anciano que sirve en todo lugar y de cualquier manera como el usuario quiera emplearlo".

"¿Cuerpo muerto" y "cayado de un anciano"? ¡Qué imágenes tan estimulantes! No son ciertamente la esencia del ingenio y la creatividad. ¿Cómo reconciliar la idea de obediencia con ingenio y creatividad? Ni el cadáver ni el báculo tienen flexibilidad, estratégica o literalmente. Entre los atributos que se asocian con la obediencia, la iniciativa seguramente estará bastante abajo en la lista.

Pero, para Loyola, la obediencia era enteramente compatible con el ingenio. Los innovadores mencionados hasta aquí (de Goes, Ricci, Clavius, Javier y de Nobili) realizaron sus actos heroicos más creativos al obedecer órdenes.

Estricta obediencia e ingenio: ideas opuestas, quizás, aunque no para los educados en *el modo de proceder de los jesuitas*. Con su sencillo "heme aquí", Francisco Javier levantó tienda y partió rumbo al Asia, ejemplo perfecto de obediencia jesuita; pero cuando hubo llegado a su destino, fue un empresario independiente, lleno de recursos y tan confiado en sí mismo que fijó la estrategia para todo un continente sin guía de la sede. *"Ah! ¿No les había contado? Estamos comprometidos con un nuevo país que encontré, llamado Japón. Y estamos comprometidos en una línea nueva de trabajo: dirigir escuelas"*.

Recordemos la parábola de los tres hombres y los 10 000 ducados: la respuesta ideal no era deshacerse del dinero sino liberarse del apego, "de manera tal que no quede inclinación ni a conservar el dinero adquirido ni a disponer de él". En otras palabras, quedar en libertad para hacer lo que convenga a la situación; en el caso de los jesuitas innovadores, ser bastante flexibles para impartir una orden, obedecerla o trazar su propio rumbo. El espíritu de indiferencia arroja nueva luz sobre la obediencia. Ya no se trata de quién da las órdenes y quién las obedece; de una u otra manera los primeros jesuitas —y la mayoría de las personas— generalmente hacían ambas cosas aun en el transcurso de un solo día. Lo importante era cultivar la libertad: la indiferencia para hacer una cosa u otra y hacerla bien para obtener resultados. Los jesuitas no podían eximirse totalmente de la condición humana; pocas cosas lo envanecen más a uno que dar órdenes, y a muchos les gustaba ese sentimiento cuando se presentaba la ocasión. Pero en general evitaban esas agotadoras luchas interiores a fin de concentrarse más bien en una meta común: tomar e implementar decisiones bien pensadas que "ayudaran a las almas".

La obediencia confería *rapidez* a la acción, al permitir a los superiores reconocer y responder activamente a las oportunidades. Y una rápida respuesta era lo que tenía en la mente Loyola cuando escribió esta joya en las *Constituciones:* Los jesuitas obedientes "debemos estar listos para dejar inconclusa una carta o cualquier otra cosa nuestra que se haya iniciado, y aplicar toda nuestra mente y toda la energía que tengamos (a la tarea solicitada por el superior)". Para no dejar duda de su intención, no daba a los jesuitas instrucciones de dejar sin terminar *la carta* de tres páginas para la mamá, sino de dejar sin terminar *la letra* M en esa misma carta. Concedemos que ninguna corporación moderna pediría a su personal un voto de obediencia, por atractivas que fueran las recompensas, pero en el veloz ambiente competitivo de hoy, cualquiera reconocerá al instante el poder de tener un equipo cuyos miembros pueda aceptar órdenes, impartirlas, trazarse su propio rumbo... y hacer todas estas cosas velozmente.

El valor de delegar
de veras la autoridad

El método de la indiferencia al ejercer la autoridad comenzó en la cima. Quienes habían fundado órdenes religiosas antes que Loyola le legaron un menú de modelos de negocios centralizados y descentralizados. La regla de los benedictinos aconsejaba que "cuando hubiera que hacer una cosa de importancia", el abad debía "convocar a toda la comunidad" para oír aportes. Los dominicos y los franciscanos convocaban en Roma a delegados a congregaciones de liderazgo cada tres años. Las tres órdenes —benedictinos, dominicos y franciscanos— tenían una base democrática de organización, en la cual las comunidades locales estaban facultadas para elegir a sus superiores.

Loyola no tenía tiempo para nada de eso. En el siglo XVI,

Roma estaba a un mes de viaje de Madrid, de modo que en ir y volver se perdían dos meses de valioso tiempo, fuera de la perturbación ocasionada por decisiones aplazadas y trabajo interrumpido. La crítica reunión en la cual Loyola fue elegido general de la compañía es un buen indicador de lo que estaba por venir. Sólo seis de los diez fundadores estuvieron presentes. Los demás andaban en lejanas misiones que se consideraban más importantes. Mientras los dominicos y los franciscanos reunían delegados cada tres años para sus congregaciones generales, los jesuitas sólo convocaron ocho de tales congregaciones durante sus primeros cien años.

Tampoco era partidario Loyola de la elección de superiores. El general jesuita nombraba a todos los altos ejecutivos, práctica que afectó profundamente toda la mentalidad de la compañía. En lugar de múltiples grupos de "repúblicas jesuitas federales" laxamente aglomeradas y concentradas en prioridades regionales, los jesuitas eran decididamente globales, con una autoridad que radiaba desde un eje fuerte como el de una rueda con respecto a sus rayos. Cuando los generales jesuitas estudiaban candidatos para encabezar los diversos equipos, la nacionalidad rara vez era un factor dominante; en lugar de que una comunidad de españoles fuera dirigida por uno de los suyos, las comunidades jesuitas podían verse encabezadas por algún expatriado diestro en resolver problemas o por estrellas nacientes que se estaban preparando para más altos destinos.

¿Qué hacían los generales jesuitas con la vasta autoridad que las *Constituciones* de Loyola les asignaban? Si eran fieles al estilo de San Ignacio y al *modo de proceder* de la Compañía, la delegaban generosamente a quien pudiera tomar las decisiones mejor pensadas y más rápidas en el terreno. El padre Pedro Ribadeneira describió así el tipo de gerente a cuyas órdenes todos quisieran trabajar, en el siglo XVI o en el XXI:

> A quienes encargaba algún asunto importante, Loyola les manifestaba su confianza dándoles completa libertad y reconocimiento, y autorizándolos para que procedieran según su leal saber y entender. Y a las instrucciones que les daba agregaba ésta: "Usted que está en el terreno ve mejor qué es lo que se debe hacer".

A quienes confortablemente asumían autoridad no se les limitaba sino que se les daba más. Francisco Borgia había sido duque de Gandía antes de hacerse jesuita. Dada su experiencia administrativa, era natural que Loyola apoyara sus decisiones aun antes de conocerlas: "Cualesquiera medios que usted juzgue son los mejores en Nuestro Señor, yo los apruebo totalmente... En este asunto sólo tenemos una voluntad, pero usted está en contacto más directo con los asuntos donde está". Esto no era tratamiento especial para un lugarteniente favorito. Una carta en análogos términos, dirigida a Simão Rodrigues, revela la inclinación habitual de Loyola de delegar activamente: "Todo lo dejo a su buen criterio y consideraré que lo que usted resuelva es lo mejor".

Más diciente aún es la manera como trataba a quienes no se atrevían a ejercer la autoridad. Olivier Mannaerts vaciló en un asunto local y trató de que Loyola lo resolviera, pero la pelota volvió pronto a su cancha: "Olivier, corte su hábito según el paño; infórmenos sólo cómo ha procedido". Dio la casualidad de que cuando se atrevió, todo le salió mal.

Confesó a Loyola su error, pero en lugar de una reprimenda recibió un estímulo para volver al buen camino. "Deseo que en el futuro haga usted sin escrúpulos lo que su buen juicio le diga que debe hacer de acuerdo con las circunstancias, sin tener en cuenta lo que digan reglas y ordenanzas". Asesorar a Mannaerts durante ese temprano período de inseguridad dio espléndido resultado. Años después de la muerte de Loyola, Mannaerts fue encargado de dirigir las operaciones jesuitas en los Países Bajos y Bélgica y transformó una región en ruinas en una operación de 700 jesuitas que manejaban cerca de treinta colegios.

Loyola resolvió el complicado problema administrativo de crear equipos responsables, innovadores, con visión global. Se necesita no sólo "mucha autoridad delegada", como sugiere la vulgar opinión. Ciertamente creatividad e innovación se producen cuando los individuos gozan de amplio campo de acción y apoyo gerencial para correr riesgos y experimentar. Pero la rapidez y la mentalidad global con frecuencia requieren lo contrario: una autoridad centralizada que sopese las oportunidades y movilice rápidamente recursos frente a necesidades emergentes. En otras palabras, rapidez, innovación y enfoque global sólo ocurren cuando mucha autoridad delegada va acompañada de mucha autoridad centralizada.

Así era sin duda como lo veían Loyola y sus colegas fundadores. La santa obediencia y el colmo de la autoridad rígidamente centralizada ("como si fuera el cayado de un anciano") yacían al lado de la iniciativa totalmente abierta ("corte su hábito según el paño; infórmenos solamente cómo ha procedido"). La indiferencia hacía que funcionara. Los jesuitas conocedores de sí mismos se mantenían enfocados en su meta (ayudar a las almas). No daban traspiés al confundir los medios con la meta misma. Recibir hoy una orden, trazarse un derrotero mañana, siempre que nos dirijamos adonde necesitamos ir.

El ingenio floreció cuando los jesuitas colocaron la idea de que "todo el mundo es nuestra casa" encima de una actitud de indiferencia. El ingenio inspiró el confiado optimismo de que para todo hay soluciones; y con imaginación y un modo libre de pensar, hombres como de Nobili y Ricci fueron descubriendo dichas soluciones una y otra vez.

El reto perdura:

EL INGENIO EN UN MUNDO CAMBIANTE

"La cuestión urgente de nuestro tiempo es si podemos hacer del cambio un amigo en vez de un enemigo".

Algo por el estilo pudo haber dicho Ignacio de Loyola al fundar su orden en una Europa que había cambiado más en los últimos 50 años que en los mil anteriores; pero fue Bill Clinton, dos veces presidente de los Estados Unidos, quien lo dijo en su primera toma de posesión, casi 450 años después de la muerte de Loyola. No es probable que por haberse educado en un colegio de jesuitas quisiera hacer eco deliberadamente al precepto que Loyola dio a su equipo, pero su observación sugiere que no hemos adelantado gran cosa en la manera de hacer frente al cambio desde el siglo XVI hasta nuestros días.

¿En qué consiste el ingenio jesuita? Según Clinton, en hacer del cambio un amigo en vez de un enemigo. El ingenio jesuita consiste en su capacidad de innovar, de absorber nuevas perspectivas, de responder rápidamente a las oportunidades o amenazas, y de abandonar estrategias que ya no sirven para adoptar otras nuevas. Como decía Loyola, ingenio es sentirse cómodo viajando por las distintas regiones del mundo y hacer uso de todos los medios posibles para alcanzar las propias metas.

Los jesuitas han negociado cambios desde mucho antes de la revolución industrial hasta los años de la economía de la informática, desde una Europa monárquica hasta una Europa democrática que ha visto el nacimiento y muerte del comunismo, desde un mundo predominantemente católico hasta un mundo donde predomina el cristianismo, un mundo de múltiples religiones y un mundo en gran medida secularizado.

¿Y qué sabiduría tienen para enseñar?

En primer lugar, que en las corporaciones, el ingenio se cultiva y se gana persona por persona. La Compañía de Jesús aceptó el cambio porque sus individuos lo aceptaron. Javier aceptó el cambio al recoger sus cosas y partir sin previo aviso adonde se le necesitaba, y al tener suficiente confianza en sí mismo para tomar decisiones importantes cuando llegó. De Nobili aceptó el cambio al ser bastante imaginativo y resuelto para ver el mundo desde diversas perspectivas y suficientemente valeroso para enfrentarse a la jerarquía en defensa de sus ideas. Loyola adoptó el cambio al promulgar la meta de flexibilidad y también al delegar poder y dar generoso estímulo personal a subalternos que asumían la autoridad delegada.

Una segunda dimensión del conocimiento de sí mismo es no menos crítica para el ingenio. Hombres como de Nobili, Ricci y sus sucesores en la India y la China probaron los límites de la práctica cristiana de maneras que desconcertaban y a veces escandalizaban a sus contemporáneos en los siglos XVI y XVII. Su confianza para proceder así descansaba no sólo en la indiferencia sino también en su capacidad de identificar lo no negociable. Algunas personas rehuyen el cambio, paralizadas por el miedo de todo lo que es distinto; otras vagan sin ningún propósito de una serie de valores y estrategias a otra. Ambas reacciones —la parálisis o el incoherente vacilar entre una cosa y otra— indican el mismo problema subyacente: falta de principios fundamentales. No es tiempo de resolverlos cuando uno se ve frente a complicadas elecciones, cuando está bajo presión o cuando se está debatiendo con un problema u oportunidad urgentes. Los que llegan a la mesa con una vigorosa comprensión de sus principios no negociables pueden lanzarse inmediatamente sobre oportunidades que satisfacen sus objetivos. Ya sentado en una choza de Madurai con su *kutumi* y su *tilakam* no habría sido un buen momento para que de Nobili empezara a pensar en los principios cristianos. Años atrás ya había sostenido discusiones sobre el particular consigo mismo, más intensamente cuando él y sus compañeros de noviciado hacían sus ejercicios espirituales cada mes.

Alcanzar la indiferencia y conocer lo que no es negociable constituye apenas el preludio de lo que realmente da vida a el ingenio. Cuando Nadal les decía a los aprendices que para el hombre en el terreno todo el mundo es su casa, estaba fomentando más que sólo movilidad: exponía una visión básicamente optimista, aventurera y hasta alegre. Líderes con esa visión de que "todo el mundo es nuestra casa" buscan ávidamente qué hay detrás de la siguiente vuelta de la vida. El ingenio descansa en la convicción de que para la mayoría de los problemas hay solución y que la imaginación, la perseverancia y la apertura a nuevas ideas la encontrarán.

El ingenio ayudó a los primeros jesuitas a identificar estrategias en contra de la intuición, arriesgadas, que los llevaron mucho más allá de la principal corriente cultural europea, pero su tercer pilar —el amor— les dio el valor y la pasión para ejecutar esas estrategias. Hombres como Javier y Ricci asumieron enormes riesgos personales al hacer trabajos difíciles, con frecuencia solitarios. Estos jesuitas y otros como ellos afrontaron los retos resueltamente porque trabajaban en ambientes cargados de confianza y apoyo mutuo. En el capítulo siguiente se explora este tercer pilar del liderazgo jesuita: la energía, el valor y la lealtad que los jesuitas descubrieron en una compañía unida "más por amor que por temor".

CAPÍTULO 8

"No rechazar el talento ni el hombre de calidad"

Cómo el amor descubre el talento y une los equipos

S an Ignacio de Loyola exhortaba a los directores jesui-tas a gobernar "más por amor que por temor"; San Francisco Javier explicaba que "Sociedad de Jesús" quería decir "una sociedad de amor y una comunidad de espíritus", no "de severidad y temor servil". Diego Laínez, sucesor de Loyola como general, escribía a los jesuitas que estaban en la India: "No parece necesario que les escriba a ustedes una carta especial puesto que estoy en comunicación frecuente con sus superiores sobre las cuestiones esenciales, pero quiero tener la satisfacción de escribirles ahora como prueba de mi afecto por ustedes, a quienes llevo en mi corazón, inscritos en mi alma".

La correspondencia de los jesuitas y las *Constituciones* están llenas de expresiones por el estilo. Los fundadores estaban resueltos a entronizar el amor como piedra angular de su joven compañía.

¿Por qué? Esos sentimientos no eran simples ecos piadosos del mandamiento judeocristiano de "amar al prójimo como a sí mismo". Al urgir sin cesar a sus equipos a adoptar un concepto amplio y generoso del amor, Loyola y sus compañeros fundadores recurrían a un vigorizante principio de liderazgo. El amor era el pegante que unificaba a la Compañía de Jesús, la fuerza motivadora que acicateaba sus esfuerzos. En el fondo, el amor era el lente a través del cual los jesuitas veían el mundo que los rodeaba. Amar a sus superiores, a sus colegas, a sus subalternos, a sus enemigos y a aquéllos a quienes servían, cambiaba no sólo la manera como los jesuitas veían a los demás sino también qué veían. Su visión se hizo más aguda, se les abrieron los ojos para ver talento y potencial.

En pocas palabras, liderazgo inspirado en amor es:

- Visión, para ver el talento, potencial y dignidad de cada persona;
- Valor, pasión y compromiso para desatar ese potencial; y
- Lealtad y mutuo apoyo resultantes, que vigorizan y unen los equipos.

NO RECHAZAR NINGÚN TALENTO: EL EXTRAÑO CONVERTIDO EN LÍDER

Oír a Ignacio de Loyola tiene que haber sido desconcertante. Los judíos habían sido *expulsados* de España, su patria, y Roma se disponía a encerrarlos en *ghettos*. La mayoría de los europeos no querían ni que se les viera en compañía de un judío, y sin embargo el fundador de los jesuitas les decía a sus compañeros que tener ascendencia judía sería una gracia especial: "¡Figuraos: que un hombre pueda haber sido pariente consanguíneo de Cristo Nuestro Señor!"

Loyola se crió en el país más militantemente antisemita de Europa. Los americanos generalmente asocian a los Reyes Católicos Fernando e Isabel con el viaje de descubrimiento de Colón al Nuevo Mundo en 1492, pero ese mismo año los reyes tomaron otras iniciativas notables. Al fin lograron derrotar a los moros para unificar a España bajo su liderazgo *cristiano*. Los monarcas no tardaron en subrayar este aspecto de su reinado con un decreto de 1492 por el cual expulsaban a los judíos de sus dominios. Ante el ultimátum de convertirse o expatriarse, no menos de 50 000 judíos españoles optaron por el catolicismo, por lo menos nominalmente; y tres veces ese número huyó al Norte de África, Italia y otros países.

Loyola había estado estudiando en París desde hacía cinco años cuando llegó Diego Laínez, hijo de ricos mercaderes castellanos. Los dos se conocieron el mismo día de la llegada de Laínez. Para este último debió ser un alivio encontrar un compatriota que ya era ducho por los vericuetos del barrio universitario. Pero Laínez no necesitó ayuda mucho tiempo: ya fuera estudiando las callejuelas de París o los tratados escolásticos, Laínez pronto sobrepasó a Loyola y fue después ensalzado por uno de los fundadores como "dotado de una inteligencia singular, casi divina".

Pero había algo más notable aún en las circunstancias de Laínez, dada la mentalidad del siglo XVI: era descendiente de judíos. Su bisabuelo se había convertido al cristianismo, y de acuerdo con el criterio de la época, eso hacía a Diego Laínez un *nuevo cristiano*, expresión que no le hacía honor. Con todo, *nuevo cristiano* era menos ofensivo que el popular apelativo de *marranos* que se aplicaba a los descendientes de judíos conversos.

El círculo de Loyola en París se componía de menos de media docena de amigos cuando Laínez entró en él. Javier ya era miembro del grupo, como también Simão Rodrigues, escogido para acompañar a Javier a la India, pero que no pasó de Lisboa. Pocos años después Loyola, Laínez, Javier, Rodrigues y unos pocos más fundaron la Compañía de Jesús y entonces entró Laínez por un camino totalmente inesperado.

En cualquiera de las otras órdenes religiosas ni siquiera lo habrían dejado asomar las narices a la puerta: todas excluían a los cristianos nuevos de sus filas. Y sin embargo Laínez, con Loyola y unos cuantos más, fundaba y dirigía una orden religiosa. Es más: al poco tiempo se distinguió en el grupo de liderazgo. Según Loyola, "a nadie, ni siquiera a Francisco Javier, debe más la Sociedad que al maestro Laínez", así que nadie se sorprendió cuando Loyola lo encargó de la supervisión de toda la Italia jesuita. Ésta era no sólo el centro nervioso del poder de la Iglesia sino también el centro de operaciones más grande e importante de los jesuitas, lo cual no quiere decir que el oficio fuera divertido. Javier en el Asia lejana tenía rienda suelta para forjar la estrategia jesuita para todo un hemisferio. El pobre Laínez tenía que dirigir las operaciones de un país teniendo a su jefe al otro lado del pasillo. Dos líderes fuertes, con responsabilidades superpuestas compartiendo un país, no constituyen la fórmula ideal para la armonía de mando. Loyola "olvidaba" consultar con Laínez, jefe del territorio, antes de llamar a Roma a un talentoso jesuita de Venecia; Laínez le prometía a Venecia un reemplazo no menos talentoso, sacándolo del personal de Loyola pero sin consultar con él.

Laínez se quejaba con sus colegas del entrometimiento de Loyola, que ya le irritaba más de la cuenta. (Es un consuelo saber que hasta los piadosos jesuitas eran víctimas de los mismos achaques de los ejecutivos de las compañías modernas.) Hasta que un día Laínez recibió una severa carta del secretario de Loyola. Éste era el general, al fin y al cabo, y para adelantar en la carrera hablar mal del jefe en público no era más útil en el siglo XVI que lo es en el XXI. La carta "aclaraba" las relaciones de trabajo entre el jefe de los jesuitas y su administrador para Italia:

Nuestro padre [es decir, Loyola] está no poco disgustado con vuestra reverencia, tanto más cuanto que las faltas de quienes amamos son siempre más serias a los ojos de quienes los aman...

Más aún, me ha mandado que le escriba y le diga que atienda a sus propios deberes, lo cual si hace bien será no poco. No debe vuestra reverencia tomarse el trabajo de manifestar su opinión sobre lo que él haga, pues él no la necesita a menos que se la solicite; y mucho menos ahora que antes de que asumiera su cargo, ya que su administración de la provincia [Italia] no ha hecho gran cosa para aumentar su buen crédito a sus ojos. Examine esos errores en presencia de Dios Nuestro Señor, y durante tres días tómese el tiempo necesario para orar con este fin. Luego escriba si reconoce que son errores y faltas. Elija también la penitencia que cree que merece, póngala por escrito y envíesela a él. Pero no haga ninguna penitencia en este asunto antes de recibir respuesta de nuestro padre.

No se necesitaba la singular y casi divina inteligencia de Laínez para comprender que había llegado la hora de la humildad. En su respuesta se lanzó de lleno en una exagerada propuesta de la penitencia que creía merecer:

> Ahora propongo que por el amor de Nuestro Señor me exima del cuidado de otros, me prive de la predicación y el estudio, dejándome únicamente mi breviario, y ordéneme que vaya a Roma mendigando por el camino, y allá destíneme a trabajar en la cocina, o servir a la mesa, o en el huerto o en cualquier otra cosa. Y cuando ya no sirva para nada de esto, póngame en la clase más baja de gramática, y eso hasta la muerte, sin hacer más caso de mí (en las cosas externas) como ya lo he dicho, que de una vieja escoba. Esta penitencia es mi primera elección.

Loyola no iba a aceptar la solicitud exagerada del escrupuloso Laínez de que lo hiciera ir mendigando a Roma, o de que lo pusiera a trabajar en la cocina o a servir a la mesa o en el huerto. No se podía subutilizar a Laínez en una compañía comprometida a no rechazar ningún talento ni a ningún hombre de calidad. La cólera de Loyola probablemente ya le había pasado desde mucho antes de recibir la carta del penitente. Si alguna sanción le impuso, no pudo ser nada tan extremo como lo que había ideado Laínez.

El talento de Laínez era tan claro para sus colegas como para Loyola. Cuando éste murió, Laínez fue elegido su sucesor.

Compromiso con la excelencia

Laínez, consejero pontificio y administrador de Italia, fue el primero de una larga lista de cristianos nuevos que se hicieron jesuitas. Para Loyola fue la personificación de un principio: que las calidades de una persona son más importantes que su abolengo. Mientras que otras sociedades religiosas excluían a los cristianos nuevos, Loyola los acogía gustoso como una ganancia para los jesuitas: talento que no le disputaban para una compañía que crecía. Henrique Henriques fue expulsado de la orden franciscana cuando se reveló su herencia judía, porque la regla de San Francisco no permitía que fueran miembros los descendientes de judíos o moriscos. Loyola lo acogió y se empeñó en obtener la aprobación del Vaticano, que era necesaria para poder admitir a una persona que había sido expulsada de otra congregación religiosa.

Henriques justificó con creces los trabajos que se tomó Loyola. Es una figura un poco opacada entre las dos luminarias de la Compañía en la India, Javier y de Nobili, pero su contribución fue no menos vital. Es cierto que Javier abrió la India para los jesuitas, pero fue Henriques el autor de la primera gramática tamil que se publicó en Europa y capacitó a varias generaciones de jesuitas para extender productivamente el legado de Javier. De Nobili probó los límites de la expresión cristiana al incorporar imágenes y lenguaje de los clásicos hindúes, pero fue el original catecismo tamil de Henriques el que originó el trabajo de de Nobili. Hay que reconocer que el tamil de Henriques no era perfecto. Cuando inocente e ingenuamente usó la palabra *misei* para designar la "misa", los indios de lengua tamil, ya bastante confundidos con la apariencia y hábitos extraños de los europeos, se preguntaban por qué los predicadores occidentales ensalzaban el santo sacrificio del "bigote" (que era lo que *misei* significa en tamil).

El jesuita nuevo cristiano Alexandre de Rhodes hizo un esfuerzo análogo por dominar el vietnamita. Como sus colegas jesuitas que habían ido antes al Japón, la China y la India, Rhodes fue a Cochin China (el sur de Vietnam) preparado para aculturarse, pero hizo un aporte fundamental a la cultura del país, que sobrepasó hasta las realizaciones de Ricci: ayudó a transliterar los ideogramas chinos a caracteres latinos. Siglos después esa nueva escritura se formalizó como el *quoc ngu* (escritura nacional) del vietnamita. Por sus esfuerzos mereció honores póstumos que muy pocos extranjeros reciben: una estatua se erigió a su memoria en el centro comercial de Saigón (hoy Ciudad Ho Chi Minh).

No sólo en la lejana India y en Vietnam sino en toda Europa, los jesuitas nuevos cristianos se distinguieron por impulsar el estilo y la visión de la joven compañía que crecía rápidamente.

La política de admitir conversos no pasó inadvertida. El director del colegio jesuita en Córdoba escribía a la sede para explicar por qué muchos graduados de otros establecimientos no entraban en la orden: "Los que tienen vocación entran al monasterio dominico de São Paulo, que, según dicen, es una comunidad de caballeros, mientras que en nuestro colegio sólo los judíos se vuelven jesuitas. El prejuicio en esta materia es tan grande que cuando alguno tiene la audacia de entrar aquí, lo ven como si le hubieran colgado el *sanbenito* [la túnica amarilla que la Inquisición les ponía a los falsos conversos del judaísmo]".

A pesar de la presión, Loyola siguió reclutando *aptissimi*, cualquiera que fuera su origen. Cuando el director nacional para España se quejó de que esa actitud liberal hacia los candidatos judíos estaba perjudicando el buen nombre de la Compañía ante la corte real, recibió una agria respuesta del secretario de Loyola: "Si en consecuencia de la actitud de la Corte y el Rey considera usted imposible admitir conversos en España, mándelos acá siempre que sean de buen carácter: en Roma no nos preocupa el origen de un hombre, sólo sus cualidades". El mensaje subyacente era claro y España siguió aceptando conversos calificados.

La tensión en España era real e intensa, no simple invento de un director nacional débil de carácter y antisemita. El mismo Loyola tuvo que contestar duras quejas del conde de Eboli, cortesano eminente. Pero no cedió: "Me dicen que Su Señoría está disgustado porque admitimos tantos nuevos cristianos en nuestra compañía. La compañía no debe ni puede excluir a nadie... No puede rechazar ningún talento ni a ningún hombre de calidad, ya sea nuevo cristiano o noble caballero o cualesquiera otra cosa, si su conducta religiosa es útil y se ajusta al bien universal".

Las consignas que condujeron al grupo de Loyola por la vía del buen éxito no son hoy menos pertinentes para cualquier compañía en cualquier industria: encontrar el mayor número posible de *aptissimi*, los más aptos, y acoger a todos los talentos, ya sean nobles caballeros o cualquier otra cosa. Lo que distinguía a los jesuitas de los demás no era únicamente que recibían a quienes en otras órdenes religiosas rechazaban, sino que veían talento y potencial humano donde otros ni siquiera los buscaban. Amor era la visión guía que les permitía proceder de esa manera.

Esencia del liderazgo
motivado por el amor

¿Cómo es que mientras la mayoría de los cristianos sólo veían en Henrique Henriques —e incluso en Diego Laínez— conversos sin mérito, Ignacio de Loyola vio en ellos colegas en potencia? ¿Cómo es que Loyola pudo desafiar tan abiertamente a los poderosos de Europa y la mentalidad de su época y declarar que los jesuitas no podían "rechazar ningún talento ni a ningún hombre de calidad, ya sea nuevo cristiano o noble caballero"?

Tal es el liderazgo motivado por el amor: la perspicacia para ver el talento en cada persona, su potencial, su dignidad; el valor, la pasión y el compromiso para desatar ese potencial; y los resultantes apoyo mutuo y lealtad que fortalecen y unen los equipos.

Esa visión empezaba a afianzarse durante los *ejercicios,* cuando la meditación culminante recordaba a cada jesuita su propio potencial y dignidad y la energía divina que le daba "existencia, vida, sensación e inteligencia; y más aún, lo convertía en templo de Dios". En seguida, la meditación pedía al novicio considerar cómo esa misma energía animaba a todas las criatura de la tierra, "dándoles existencia, conservándolas... y demás".

En otras palabras, Loyola decía: Primero mírate a ti

mismo, después a los demás. Nadie percibe a los otros con certeza sin haber logrado primero un conocimiento saludable de sí mismo. Aprecia tu potencial y tu dignidad humana. Luego mira a los demás: su derecho de primogenitura es nada menos que la mera dignidad humana.

Sin embargo, el amor no es sólo ver sino también hacer algo con respecto a lo que se ve. La contemplación para alcanzar el amor no sólo les daba a los jesuitas una visión global sino que los comprometía a hacer de esa visión una realidad viviente, día tras día para las personas que encontraban: "El amor se debe manifestar más en hechos que en palabras".

¿Amor como visión y compromiso? ¿Y qué decir de lecciones más sencillas aprendidas en el catecismo, en el cual el amor imponía deberes menos complicados, como manejarse bien con el prójimo? La decisión —la pasión más bien— de desarrollar el potencial humano va más allá. El amor lleva al enfrentamiento cuando ese potencial se irrespeta, se desperdicia o se frustra. El amor dio valor a Loyola para desafiar al conde Eboli; el amor obligó a los jesuitas a enfrentarse a los colonos de la América hispana, como se verá en las páginas siguientes. El amor, en el mundo actual de los negocios, impulsa al gerente que se toma el tiempo para ayudar al empleado mediocre a mejorar su trabajo; a ayudar a un joven que promete a trazarse una buena carrera en la compañía; a iniciar la difícil conversación que obliga al empleado competente pero díscolo a modificar su conducta.

El amor muchas veces causa enfrentamientos dentro de una familia o un equipo. A pesar de la generosa apreciación de Loyola de que a nadie le debía más la Sociedad que a Laínez, éste no siempre lo sentía así. Su choque con Loyola a propósito del destino de algunos funcionarios no fue el único. En cierta ocasión, Laínez, exasperado, se quejaba con un colega: "¡Señor! ¿Qué habré hecho yo contra la Sociedad para que el santo (Loyola) me trate así?"

¿Qué había hecho? Tal vez nada más que no dar de sí todo el potencial que Loyola veía en él. El padre jesuita Pedro Ribadeneira describía así el modo de administrar de Loyola: "A quienes todavía eran niños en virtud Ignacio les daba leche, pero a quienes estaban más adelantados, pan con corteza. A los perfectos los trataba más rigurosamente aún, a fin de encaminarlos a toda velocidad hacia la perfección". Esta descripción, aunque un poco simple, capta la inconfundible pasión de excelencia que anima a los líderes amantes. Para Loyola dirigir era ayudar a los demás "a ir a toda velocidad hacia la perfección". O, en otras palabras, era el compromiso de ver que otros realizaran la totalidad de su potencial humano.

Naturalmente, los gerentes tiranos también podrían aducir una justificación parecida. Tal vez esos maniacos que nos están volviendo locos a todos los demás sólo nos están ayudando a correr a toda velocidad hacia la perfección. Sin embargo, nadie dice que lo que están haciendo sea liderazgo con amor. ¿Qué hace a Loyola distinto? Tal vez esto: su motivación era *desarrollar* a otros para alcanzar fines jesuitas comunes y no *utilizarlos* para alcanzar fines personales. En otro aparte de la carta de penitencia que Laínez le escribió a Loyola se encuentran estas palabras, las más significativas: "Yo realmente acepto con amor lo que se dice con amor". Y Laínez, como *cualquiera,* prestaba atención a lo que se decía con amor, esto es, por parte de superiores que inspiraban confianza en que estaban apoyando y no manipulando a sus subalternos. Más importante que lo que dice un jefe para obtener del equipo mejor trabajo es la actitud que lo motiva, como aconsejaba el secretario de Loyola a uno de los directores: "Para que la crítica o comentario surta su efecto, ayudará mucho que el corrector tenga alguna autoridad o *actúe con gran afecto, un afecto que se pueda reconocer*. Si falta alguna de estas calidades, la corrección fracasará".

¿Qué distingue a los líderes movidos por amor de los tiranos? Gran afecto, junto con la pasión por ver que otros corran a toda velocidad hacia la perfección. El liderazgo movido por amor no consiste en forzar a otros a seguir adelante sin atender a sus aspiraciones, su bienestar o sus necesidades personales. Tampoco es hacer como el gerente bonachón que deja pasar deficiencias que pueden perjudicar las perspectivas a largo plazo del empleado. Por el contrario, los líderes motivados por amor ansían ver que florezca el potencial latente y ayudan a ello. En términos más prosaicos, ¿cuándo alcanzan los niños, los atletas o los empleados su potencial total? Cuando los crían, les enseñan, los entrenan o los dirigen personas que infunden confianza, dan apoyo y estímulo, descubren el potencial y fijan altas normas.

Cuando el liderazgo movido por amor echa raíces sobre una amplia base, da energía a la acción y crea fuertes lazos de unión en los equipos. Los primeros jesuitas andaban dispersos por el mundo, no estaban acorralados dentro de las paredes de un monasterio como los monjes benedictinos. Eran hombres bien preparados, de talento y aspiraciones, y firmes en sus opiniones. Su táctica de arriba abajo los ponía en contacto frecuente con influyentes académicos y líderes culturales y políticos que competían por sus servicios. En fin, tenían los mismos obstáculos que tiene cualquier gran compañía global para la unión. ¿Cómo se mantuvo la unión entre equipos tan dispersos y expuestos a puntos de vista contradictorios? ¿La inspiraba un ostentoso programa en que se esbozaba una ingeniosa misión corporativa? ¿O bien planes de compensación que eran otros tantos medios de soborno para mantener a los mejores en la Compañía? ¿O planes de compensación diferida con garantía de derechos adquiridos? ¿O un boletín corporativo mensual de noticias? Todas estas cosas pueden crear ciertos lazos, pero todas se quedan cortas con respecto a lo que Loyola buscaba: fuertes vínculos de afecto mutuo que él llamaba "unidad de corazones". Y ésta empieza por el líder:

> Entre otras cualidades, al padre general la buena reputación y prestigio entre sus subalternos le será especialmente útil; y lo mismo tener y manifestar amor e interés por ellos...
>
> Ayuda adicional encontrará si su sistema de mando está bien pensado y bien organizado, por su empeño en mantener la obediencia del personal de manera tal que el superior use todo el amor y modestia y caridad posibles en Nuestro Señor, de modo que los subalternos se dispongan a tener siempre para con ellos más amor que temor, aunque ambas cosas son a veces útiles.

El equipo jesuita buscaba un ambiente más de amor que de temor. Loyola cuestionaba el criterio vulgar imperante de que los tontos que operan con todo el amor, la modestia y la caridad posibles serán comidos vivos. Nicolás Maquiavelo resumía ese punto de vista en el siguiente consejo a los líderes: "Si tiene que elegir, ser temido es mucho más seguro que ser amado". Mientras que el equipo de Loyola se concentraba en el talento, el potencial y la dignidad, Maquiavelo veía a la humanidad a través de un lente distinto: "Pues es una buena regla general que los hombres son desagradecidos, mentirosos y engañan, temen el peligro y codician las ganancias. A los hombres les preocupa menos ofender a un individuo que se hace amar, que a uno que se hace temer. La razón es que el amor es un lazo de obligación que los hombres, siendo podridos, romperán en cualquier momento en que consideren que tal proceder les conviene; pero el temor implica miedo del castigo, del cual nunca pueden escapar".

Los jesuitas disentían y siguieron el camino del amor, con gran éxito propio y para beneficio de aquéllos a quienes servían.

Qué dicen los investigadores sobre la motivación

Cuatrocientos años después de Loyola y Maquiavelo, el psicólogo social Douglas McGregor esbozó una variación del conflicto ideológico entre los dos. McGregor propuso la teoría de que la conducta del superior hacia los subalternos refleja actitudes subyacentes hacia la humanidad en general. Los gerentes de "la teoría X" suponen, a menudo a un nivel apenas consciente, que los seres humanos son fundamentalmente "perezosos y por tanto tienen que ser motivados y controlados". Los gerentes de "la teoría Y" suponen que los seres humanos "son básicamente automotivados y por tanto tienen que ser retados y encauzados". Para los maquiavélicos de la teoría X, el reto es *hacerlos trabajar;* para los gerentes de la teoría Y, como Loyola, es hacer que *quieran* trabajar.

No es una distinción teórica abstracta. El economista Paul

Osterman, del MIT, está convencido por sus investigaciones de que la teoría X opera constantemente en las empresas estadounidenses. "Las compañías ven que pueden alcanzar sus metas si mantienen cierto nivel de temor entre los trabajadores [esto es, temor de ser despedidos] y eso lleva a la gente a trabajar más".

Loyola, Maquiavelo y McGregor están de acuerdo en un punto: en que nuestra visión básica del mundo —nuestra visión de la humanidad— afecta inevitablemente lo que hacemos de día en día. La visión que nosotros tenemos del mundo rara vez está tan bien formada como las de Loyola o Maquiavelo; pero aunque mal formada y apenas consciente, siempre guía nuestro comportamiento. Si "los hombres son desagradecidos, mentirosos y engañan, temen el peligro y codician las ganancias", se les tratará de acuerdo, siempre con cautela por el mal que puedan causar si sus jefes no los controlan, empujan, acorralan o micromanejan. Pero si una energía divina les da "existencia, vida, sensación e inteligencia, y aun hace de ellos templos de Dios", entonces se les dará apoyo, estímulo y hasta (atrevámonos a decirlo) amor.

Ambas visiones de la humanidad estuvieron de manifiesto cuando llegó a la región del Río de la Plata un pequeño equipo de jesuitas.

Un triunfo de la humanidad: las reducciones en América del Sur

Diego de Torres Bollo no hacía más que obedecer la ley, pero hacerlo significaba tomar partido, y el que él eligió llevó a los jesuitas camino abajo, sin retorno posible. A final del camino, millares de jesuitas habían muerto y la Compañía de Jesús sería expulsada de América del Sur.

De Torres llegó en 1608 a la región del Río de la Plata con el cargo de director de una lejana provincia jesuita, la del Paraguay, que se extendía sobre una superficie casi tan grande como la mitad de Europa. Comprendía todo lo que hoy son Chile, la Argentina, Paraguay y Uruguay, y partes del Brasil y Bolivia. El cono sur de América había desilusionado a cuantos colonizadores ávidos de oro habían sentado allí su planta. Los primeros exploradores dieron a la entrada de la región el nombre de Río de la Plata, pero no encontraron plata ni ninguna otra cosa de interés para los europeos. Mientras que Lima ostentaba el oro de los incas, Asunción (primer asentamiento permanente en el área del Río de la Plata) ofrecía poco más que barro y mosquitos.

En la época de la llegada de de Torres predominaba el sistema de *encomiendas*, establecido por España para facilitar la colonización de sus dominios de ultramar. No había sido fácil para España inducir a sus ciudadanos a establecerse en América del Sur. Un peligroso viaje de mar dejaba a los colonos con perspectivas económicas inciertas y lejos de su familia y amigos. La encomienda era uno de los pocos alicientes que la Corona les podía ofrecer. Los encomenderos recibían no sólo una buena asignación de tierras sino que también se les "encomendaba" un número de indios para que trabajaran la tierra determinado período al año. A todos les ofrecía algo el sistema: a la Corona, un medio de inducir a los españoles a emigrar y colonizar territorios recién conquistados, y a los naturales, protección y evangelización.

Protección de qué, podría preguntarse uno. Pues bien,

protección contra sus enemigos. Claro está que los pueblos indígenas y sus antecesores se habían venido protegiendo ellos mismos durante siglos contra enemigos locales. Los únicos enemigos contra los cuales no tenían protección eran los españoles. Era una disculpa cómoda, aunque en el fondo un sofisma, pues la encomienda venía a ser protección de los coloniales frente a los coloniales. Peor aún, antes de que pasara mucho tiempo, el período anual de servicio se fue convirtiendo en servicio permanente y la encomienda degeneró en esclavitud mal disfrazada. Para honra suya, la Corona no tardó en dictar leyes tendientes a acabar con el sistema algún día.

Pero en 1609 el sistema estaba en pleno vigor cuando de Torres declaró que él sí obedecería las leyes españolas y pondría fin a la encomienda en las tierras de los jesuitas y volvería a contratar a los indígenas como trabajadores asalariados. No era un gesto de ingenuo idealismo. De Torres se enfrentaba a un sistema que sostenía toda la economía regional, y él muy bien lo sabía. El hecho de ser ésa su primera actuación como provincial de los jesuitas en el Paraguay subrayó su impacto simbólico.

Nadie aplaudió. Por el contrario, aquéllos cuya prosperidad económica dependía de la encomienda, estaban furiosos. De Torres escribió que el magistrado local no se dejaba ver para no tener que certificar lo actuado por los jesuitas, "pues tenía miedo de la cólera de los ciudadanos". Y los ciudadanos hicieron conocer su contrariedad de una manera más directa: suspendieron durante varios días las donaciones y la comida; "la harina de maíz fue el único plato en el refectorio jesuita". La situación empeoraría.

Si de Torres no ganó amigos con su primera actuación, no

hay pruebas de que eso le importara. Lo que a él le interesaba no eran los pocos españoles y criollos encerrados en Asunción, Córdoba o Buenos Aires sino una población cien veces más numerosa de indios guaraníes y guaycurúes, y de otras tribus dispersas por toda la región del Río de la Plata. Como los indios no irían a buscar a lo jesuitas en los pueblos, de Torres mandó a sus jesuitas a buscarlos a ellos a lo largo de los ríos Paraguay y Paraná. Después de ganar la confianza de los naturales, cada equipo jesuita trabajaba con una tribu para construir un pequeño asentamiento, llamado *reducción* por la aspiración que se tenía de "reducir" las tribus seminómadas a viviendas permanentes. Una de las primeras reducciones se llamó San Ignacio, nombre escogido, es de suponer, por los jesuitas, no por los guaraníes.

¿Eran peligrosas esas expediciones? Probablemente. De Torres escribía a Roma que uno de sus equipos trabajaba en una región amenazada por salvajes "tan crueles que devoran a los que caen en los combates y hacen flautas de sus canillas y jarros de sus calaveras". Pero todo es relativo. Los jesuitas podían pensar que por grandes que fueran los peligros de las selvas sudamericanas, no eran nada en comparación con lo que ellos habían sufrido a manos de sus coterráneos europeos. En más de un siglo de historia de las misiones guaraníes, 26 jesuitas perecieron de muerte violenta, pero en sólo un año los europeos mataron exactamente el doble de ese número de jesuitas. En 1570 un corsario hugonote interceptó un buque que llevaba jesuitas al Brasil. Cuarenta fueron arrojados por la borda, algunos decapitados antes de lanzarlos al mar, otros con piernas o brazos amputados. Al fin los piratas debieron aburrirse o fatigarse con esa carnicería, pues a algunos pocos de los cuarenta los echaron al mar todavía vivos para que se ahogaran en las aguas teñidas con la sangre de sus compañeros. Tal vez lo hacían por deporte, para divertirse viendo qué ocurriría cuando la sangre atrajera depredadores no humanos. Al año siguiente, otros 12 jesuitas que viajaban al Brasil perecieron también a manos de los piratas: 52 en total, o sea exactamente el doble de los que cayeron trabajando en las reducciones.

Naturalmente el número de jesuitas sacrificados por piratas fue mínimo comparado con los indígenas muertos por los europeos. Los colegas de de Torres sabían que los que necesitaban protección no eran los jesuitas sino los guaraníes, de modo que aquél adoptó una estrategia que equivalía a empezar desde cero: negoció con la Corona para obtener protección para los establecimientos guaraníes contra los llamados civilizados europeos. Los jesuitas se instalaron con los guaraníes en nuevas poblaciones que dependían directamente de la Corona y estaban muy lejos del control e influencia de las colonias españolas y del sistema de encomiendas.

¿Cómo les fue a los jesuitas y sus socios guaraníes? La visión de los jesuitas no era perfecta. Las libertades que las reducciones daban a los guaraníes iban acompañadas de un sistema paternalista que estaba lejos de garantizarles verdadero respeto humano y libertad, pero a pesar de todo, el valeroso experimento jesuita podía avergonzar las prácticas y la mentalidad de sus contemporáneos en el siglo XVI. Los libros de historia han colmado de alabanzas el esfuerzo jesuita, como los solos títulos lo dicen: *El paraíso perdido: una arcadia desaparecida*. Hasta Voltaire, que no era gran amigo de lo que él llamaba "ese estúpido poder, la Iglesia", ensalzó las reducciones como "un triunfo de la humanidad que expía los crueles hechos de los primeros conquistadores".

Músicos, astrónomos y autores:
concreción del potencial humano

Antonio Sepp, tirolés, podría dar fe de este triunfo de la humanidad. Se graduó, junto con otros prodigios musicales, en la escuela de los pequeños cantores de la corte vienesa, pero optó por una carrera inesperada como jesuita y maestro de música en una reducción, en un continente enteramente distinto. Años después de sus estudios en Viena, informaba que su conservatorio en Yapeyú de los Reyes había formado "los siguientes futuros maestros de música: seis trompetistas, cuatro organistas, dieciocho cornetistas, diez bajonistas", todo en un año. En su juventud, Sepp había conocido a muchos músicos de talento, de modo que es de presumir que tenía suficientes bases de comparación para decir: "La característica del genio guaraní es en general la música. No hay ningún instrumento que no aprendan a tocar en corto tiempo, y tocan con la habilidad y delicadeza que uno admira en los más dotados maestros". Tal vez le faltara a Sepp algo de objetividad por haber sido él mismo quien les enseñó, pero no fue el único admirador del talento guaraní ni fue su tutela el origen de ese genio. Años antes de que él pisara la tierra americana, el gobernador de Buenos Aires informaba a España sobre un conjunto musical de Yapeyú: "Sobresalen en su música y sus danzas como si se hubieran educado en la corte de Su Majestad, y todo eso en tan pocos años".

Buenaventura Suárez fue otro testigo del triunfo de la humanidad. El gran astrónomo y matemático Clavius había tenido la visión de sus protegidos científicos jesuitas "distribuidos en varias naciones y reinos como brillantes gemas, para gran honor de la Sociedad". No fueron sólo sus protegidos en la oficina de astronomía de Beijing los que hicieron real esa visión. En el otro hemisferio, Suárez, el primer astrónomo nacido en la región, complementaba el trabajo de sus colegas de Beijing con observaciones igualmente precisas del cielo del sur. En un observatorio construido en medio de la selva, en la reducción de San Cosme, con lentes telescópicas hechas de cristal de roca muy pulido, el jesuita y su equipo guaraní realizaron y compartieron cálculos con astrónomos ubicados en Suecia, Rusia y la China.

Pero tal vez quienes más elocuente testimonio podrían haber dado del triunfo de la humanidad fueron los mismos guaraníes, que por primera vez en su larga historia dispusieron para ello de un lenguaje escrito. Mucho antes de que Buenos Aires tuviera una imprenta, el jesuita austriaco J. B. Neumann construyó la primera prensa de imprimir en la región del Río de la Plata con ramas de madera y tipos de estaño. Pero antes era necesario dar una forma precisa al idioma. El jesuita criollo Antonio Ruiz de Montoya redujo docenas de dialectos dispares a un idioma guaraní estándar unificado. Ésa vino a ser la base de uno de los pocos idiomas indígenas formalmente reconocidos hoy como nacionales en la América Latina. Nicolás Yapuguay, con sus sermones y comentarios, fue el más famoso de los autores en lengua guaraní.

Naturalmente la gente no vive de la música, la ciencia y la literatura. Antes de que los artesanos tuvieran tiempo para hacer sus instrumentos musicales fue preciso localizar, diseñar y construir sus reducciones. Más de 30 de éstas alojaban a más de 100 000 indígenas en una ancha zona del moderno Paraguay, Brasil y Argentina. En cada reducción se acomoda-

El producto del amor: concreción del potencial humano

Ejemplos del arte creado por indios guaraníes de las reducciones del Paraguay. Con la expulsión de los jesuitas de América del Sur, la mayor parte de esos establecimientos fueron abandonados y decayeron. Las ruinas y artefactos dan elocuente testimonio de las realizaciones sin paralelo de los artesanos guaraníes y sus colaboradores jesuitas.

ban hasta mil familias y dos jesuitas que las servían. El contacto con los colonizadores no les había reportado mucho bien a los guaraníes, así que de Torres los había instruido para que "con valor, prudencia y tacto" impidieran su entrada a la reducción. En consecuencia los indios hicieron que sus pueblos se bastaran a sí mismos lo más posible.

En sus cartas para la familia, el maestro de música Sepp describía comunidades vibrantes, funcionales y autosuficientes: "Después de visitar a los enfermos, voy a las oficinas: primero a la escuela donde los niños aprenden a leer y escribir... Visito también a mis músicos y cantores. Unos días instruyo a algunos indios en la danza. Después de eso me mezclo con los trabajadores, los que hacen ladrillo y teja, los panaderos, herreros, ebanistas, carpinteros, pintores y, sobre todo, con los carniceros, que sacrifican entre 15 y 16 novillos al día".

Sepp, ¿sacerdote, consejero, maestro de música y danza? ¿Hay algo que *no* hicieran los jesuitas en las reducciones? Realmente parece que no. Un jesuita checo en sus memorias de las reducciones explicaba cómo defenderse de un jaguar: "Se lanza un chorro [de orina] directamente a los ojos del tigre que lo amenaza desde el pie de un árbol y uno está seguro: la fiera inmediatamente se da a la fuga". Se supone que se refería a la sabiduría del pueblo local más bien que a una experiencia personal... aunque quién sabe.

Infortunadamente los jesuitas no descubrieron ninguna defensa tan eficaz contra los depredadores más virulentos de los guaraníes: los colonizadores. Pues si los jesuitas realmente crearon una utopía, la crearon en todo el centro de lo que se iba a convertir en un verdadero infierno. El generoso comentario de Voltaire de que las reducciones eran la expiación por las grandes crueldades de los primeros conquistadores era un poco ingenuo. Ya hacía mucho tiempo que habían muerto los conquistadores cuando se abrió la primera de las reducciones, pero las mayores crueldades estaban por venir.

Los mismos jesuitas inadvertidamente les abrieron la puerta. Al otro lado de la línea divisoria mal definida por el Tratado de Tordesillas, en territorio portugués, equipos de jesuitas habían venido sirviendo a los moradores indígenas del Brasil con la misma dedicación que sus colegas en las reducciones. El año de 1570 fue especialmente amargo para estos jesuitas: la espantosa matanza de sus 40 colegas en el mar a manos de los piratas franceses ocurrió el mismo año en el cual se dio un audaz golpe legislativo. El cabildeo de los jesuitas contra el mal trato que se daba a los indios del Brasil movió al rey Sebastián de Portugal a prohibir virtualmente toda esclavitud de los indígenas en sus colonias. Confió el bienestar de los naturales a los jesuitas, que ya habían empezado a fundar comunidades territoriales, o *aldeias*, para alojarlos y emplearlos; en adelante los propietarios de plantaciones tendrían que pagar el trabajo de los indígenas, mediante la negociación de los salarios con los jefes de las llamadas "aldeas".

Fue un decreto sumamente impopular. El cultivo de la caña de azúcar daba al fin alguna esperanza de prosperidad a colonos brasileños que hacía tiempo sufrían muchas penalidades. El decreto del rey amenazaba la base de esa prosperidad: el trabajo de esclavos que hacía el negocio remunerativo. Bien difícil había sido mantener un número adecuado de esclavos aun antes del decreto. La población nativa de América se estaba muriendo por la importación de enfermedades europeas. Según un cálculo, por ejemplo, la del Perú bajó de tres millones a poco más de un millón en sólo 60 años (1520-80). Un fenómeno análogo, si no tan pronunciado, se operaba en todo el continente. El trabajo libre ya se estaba muriendo (literalmente) y ahora el rey Sebastián prohibía el de los esclavos.

Sin embargo, algunas décadas después otra fuente de trabajo barato se ofreció a los dueños de plantaciones. Lo que los jesuitas del Brasil les habían quitado a los dueños de esclavos parecía ofrecérselo a los del Paraguay. Partidas de *bandeirantes* (cazadores de esclavos) de São Paulo perseguían desde hacía tiempo a las tribus indígenas en territorio español al este del río Paraná. Era un trabajo poco productivo ése de perseguir tribus nómadas en territorio desconocido para esclavizarlas. Pero gracias al éxito de las reducciones, los *bandeirantes* encontraron desde principios de 1600 millares de guaraníes en comunidades estables a menos de cien millas de São Paulo. En su visión de las comunidades guaraníes autónomas, los jesuitas habían pasado por alto un ingrediente clave: la defensa.

Poco a poco se fue perfilando una horrible ironía. El éxito de los jesuitas del Brasil en proteger de la esclavitud a los grupos locales de indios había fomentado la busca de esclavos en parajes más lejanos: en África y en las colonias españolas de la América del Sur. Y los esfuerzos de los jesuitas del Paraguay por liberar y estabilizar a los guaraníes habían hecho a estos más vulnerables a las acometidas de los *bandeirantes*. Sin darse cuenta, los bondadosos padres habían hecho a los guaraníes fácil presa de los cazadores de esclavos de São Paulo. Entre 1628 y 1631, más de 60 000 guaraníes fueron capturados y vendidos en los mercados de esclavos del Brasil. Millares más murieron en los asaltos o en las marchas forzadas y otros tantos en las evacuaciones que los jesuitas tenían que organizar precipitadamente de reducciones vecinas a territorio portugués.

Ninguna ayuda prestó la administración colonial española de Asunción. ¿Qué se ganaba con proteger a los guaraníes? Los jesuitas los habían libertado de la encomienda. Los pueblos guaraníes comerciaban muy poco con los colonos, y más bien competían con ellos en la exportación de yerba mate. El único apoyo posible estaba al otro lado del océano: el rey de España o el papa. Y las comunicaciones eran lentas. Pasaban años antes que jesuitas de las reducciones llegaran a Europa a abogar por los guaraníes. Para el padre Antonio Ruiz de Montoya, el compilador sudamericano del primer diccionario y gramática de la lengua guaraní, su viaje a Europa no fue nada grato. A sus colegas en América les escribía: "No es para mí todo este ajetreo, besar de manos, hacer venias y perder el tiempo, sobre todo teniendo yo la mente ocupada con negocios, ansiedades y proyectos que rara vez se resuelven. No pasa un día sin que para consolarme imagine que ya me están llevando al buque [para regresar a América del Sur]".

Deprimidos o no, los enviados jesuitas lograron su cometido con la ayuda de colegas europeos bien relacionados en los círculos diplomáticos de Roma y en la corte española. La bula pontificia *Commissum nobis* narraba el tratamiento brutal que se había dado a los guaraníes y en seguida pasaba a ordenar al procurador general portugués "prohibir severamente que se reduzcan a la esclavitud, se vendan, compren, cambien, se separen de sus mujeres e hijos, se lleven a otros lugares, se les prive de libertad de cualquier manera y se mantenga en servidumbre a los dichos indios".

En São Paulo, empero, nadie tenía ni la menor intención de abandonar el negocio de la esclavitud. La promulgación de la bula en esa ciudad no produjo ni remordimiento ni obediencia, sino sólo la demanda de expulsar a los entrometidos jesuitas. Ya habían causado un desastre con el decreto del rey Sebastián en 1570 que prohibió esclavizar a los naturales del territorio brasileño de Portugal, y ahora los jesuitas multiplicaban el daño al incitar al papa a declarar a los grupos indígenas de los territorios españoles libres de los portugueses cazadores de esclavos. Los colonos, furiosos, desoyeron las órdenes del papa y atacaron las casas jesuitas en Rio de Janeiro y São Paulo. Parecía que la diplomacia jesuita sólo había servido para llevar a los esclavistas coloniales a un frenesí sin precedentes. Menos de un año después de publicarse la bula en São Paulo, una numerosa partida de esclavistas con 500 *bandeirantes* y 3 000 guerreros tupíes aliados se embarcó rumbo al territorio guaraní en una flotilla de centenares de botes.

Un amor que motivó la guerra

En retrospectiva, el asalto de los *bandeirantes* demostró la eficacia de la diplomacia jesuita, aunque no como esperaban el papa y los mismos diplomáticos de la Compañía. Por esta vez no fueron los guaraníes sino sus enemigos la fácil presa. Si no hubiera sido por la provocación del papa, no es probable que los *bandeirantes* hubieran montado tan numerosa acometida como la que se embarcó aguas abajo del río Uruguay en dirección al territorio guaraní... y cayó en una emboscada. Los emisarios jesuitas en Europa no fueron los únicos que trabajaran; sus colegas en las reducciones, sin esperar permiso real, habían armado a los indios. La tradición de militares convertidos en jesuitas no terminó con Loyola y de Goes: Domingo Torres, jesuita y ex soldado, revivió sus habilidades largo tiempo adormecidas para ayudar a compensar el único elemento faltante de la autosuficiencia guaraní. Sus milicianos indios destruyeron las fuerzas esclavistas en la batalla de Mborore, que duró una semana.

Si los jesuitas y los guaraníes habían moldeado una utopía con sus reducciones, a partir de esa batalla las comunidades llevaron la marca nada utópica de la civilización en todas partes. Los milicianos guaraníes entraron en combate por lo menos cincuenta veces en las décadas siguientes, luchando por defender su estilo de vida. Derrotaron una y otra vez las incursiones de los cazadores de esclavos y otras tribus vecinas hostiles, pero con frecuencia fueron llamados al combate por un gobierno colonial español que al fin apreció a los guaraníes, tal vez cínicamente, como un eficaz amortiguador contra las incursiones portuguesas en territorio español.

Los pueblos guaraníes sobrevivieron más de un siglo después del combate de Mborore, pero al fin fueron vencidos el 10 de febrero de 1756 por fuerzas unidas españolas y portuguesas que los acometieron en una de las raras operaciones en que cooperaron las dos potencias desde que se repartieron el mundo en el Tratado de Tordesillas.

La imprecisión de las fronteras amenazaba no sólo a los guaraníes sino también los intereses comerciales de Portugal y España, por lo cual en 1750 se reunieron embajadores de los dos países para negociar las tierras de los naturales. Éstos no fueron invitados a negociar lo que vino a ser el Tratado de Límites de 1750, como tampoco los habían invitado a

Tordesillas. El nuevo tratado reconoció las pretensiones de España con respecto a la región de Colonia, cerca de Asunción, y cedió a Portugal tierras donde había ya siete reducciones. Pero no se podía decir que no se hubiera tenido en cuenta a los guaraníes. Los negociadores los recordaron muy bien en el artículo XVI: "Los misioneros se retirarán con todos sus bienes muebles, llevando consigo a los indios para establecerlos en territorios españoles... Los pueblos con su iglesia, sus casas, edificios y terrenos y la propiedad de la tierra se adjudicarán a los portugueses". Curiosamente las dos potencias coloniales se resentían de los guaraníes por el resultado inevitable de sus propias componendas arrogantes y mal pensadas en Tordesillas.

Ni los guaraníes ni los jesuitas consideraron justo el tratado. Los guaraníes se prepararon para defender las ciudades que ellos habían edificado, en vez de irse mansamente para complacer a los redactores del artículo XVI. Las potencias coloniales se enfurecieron con esa resistencia a lo que era al fin y al cabo un tratado perfectamente legal ajustado entre dos estados soberanos. Apelaron a las armas, y el 10 de febrero de 1756 coronaron su campaña conjunta contra los guaraníes con un glorioso triunfo que costó la vida de tres españoles, dos portugueses... y unos 1 500 guaraníes.

La gran línea imaginaria del Tratado de Tordesillas que dividió el mundo se volvió contra los jesuitas. El tratado garantizó la legitimidad de las conquistas portuguesas y abrió el camino a Javier y sus colegas para salir al mundo más allá de Europa. Pero por la guerra guaraní, los "ilustrados sacerdotes de vida ejemplar", que tanto habían impresionado al rey Juan III de Portugal, se convirtieron en foco de irritación. Las filas de sus enemigos aumentaban y al general de los jesuitas le preocupaban asuntos más apremiantes que la defensa de los guaraníes contra España y Portugal. Setenta jesuitas que manejaban las reducciones se reunieron para formular una protesta formal contra la manera como trataban a los guaraníes las dos potencias europeas. Un siglo antes la maquinaria diplomática de los jesuitas en Europa se movilizó en favor de los guaraníes; esta vez los jesuitas del Paraguay fueron amordazados y su general les ordenó guardar silencio.

Cuando los negociadores de Tordesillas firmaron su tratado, en 1494, no tenían ni idea de qué había más allá del mar en la América del Sur. Los negociadores españoles de 1750 todavía no sabían ni se habían preocupado por entender qué era lo que tan alegremente cedían a Portugal. Sólo cuando se secó la tinta de las firmas empezaron a verlo. El gobernador español de Montevideo visitó por primera vez la reducción de San Miguel cuando ya el nuevo tratado de límites era un hecho. Se quedó maravillado con lo que vio: "Seguramente nuestra gente en Madrid ha perdido el seso para ceder a Portugal esta ciudad que no tiene par en Paraguay".

La utopía jesuita-guaraní sufrió un segundo golpe cuando los jesuitas fueron expulsados del territorio antes de cumplirse diez años de la guerra guaraní. Lentamente las reducciones fueron decayendo. Algunos guaraníes consintieron en ser trasladados a otras tierras, muchos huyeron de las reducciones y volvieron a un estilo de vida seminómada, y otros fueron reducidos a la esclavitud. Algunas reducciones fueron totalmente abandonadas, otras fueron la base de nuevas ciudades bajo la administración colonial española o portuguesa.

Un siglo después, sin embargo, quedaba lo suficiente

para que un visitante suizo pudiera identificar un claro contraste en la reducción de Trinidad: "Las casas del periodo jesuita eran hechas de piedra y techos de teja, mientras que los edificios posteriores eran de barro y paja". Las calles de Trinidad estaban pavimentadas y tenían arcadas, pero en Asunción, la capital, predominaban calles de tierra. Los guaraníes pudieron construir mejor y ser más civilizados que sus enemigos, pero carecieron de los recursos necesarios para defenderse de ellos.

En 1537, el papa Pablo III condenó en forma inequívoca la esclavitud en el Nuevo Mundo en su bula *Sublimis Deus*. No daba nada por sabido. Empezaba con una afirmación básica: "Los indios mismos son hombres verdaderos". Pocos de sus lectores lo veían así, pero los jesuitas sí.

Las reducciones atrajeron voluntarios jesuitas de más de 30 países; algunos habían nacido en la América del Sur, como Antonio Ruiz de Montoya y Buenaventura Suárez, pero otros eran naturales de España, Italia, Portugal, Austria, Irlanda y dos docenas más de países. Todos iban con una visión refinada por la contemplación para alcanzar el amor. A diferencia de otros colonizadores en la región del Río de la Plata, estaban dispuestos a ver a los hombres y mujeres verdaderos como verdaderos hombres y mujeres, y a dedicarse con valor y pasión a ayudarles a explorar su potencial humano.

¿CÓMO EL AMOR HACE MEJOR A UNA COMPAÑÍA?

Ya no vivimos en un mundo romántico de clérigos que crean una utopía en una época lejana. Vivimos una lucha decididamente menos utópica en un medio poblado de individuos más admiradores de Maquiavelo que de Loyola. Y la verdad es que pocos se apresuran a defender el liderazgo movido por el amor en el mundo real. Los chiflados o los empresarios con fama de excéntricos son los únicos que se atreverían a hablar de amor en el actual ambiente antiséptico del mundo de los negocios.

Un rápido vistazo a los anaqueles de libros de administración revela guías para casi todas las emociones y conductas humanas en el trabajo: agresión, engaño, alegría, cólera, envidia, codicia, juego, guerra y demás, pero la palabra "amor" raras veces aparece, y aun así, sólo durante breves y fugaces momentos. Thomas Peters, autor de *En busca de la excelencia*, tentativamente echó a volar la idea en dos obras posteriores, pero la dejó juguetonamente ligera y poco amenazadora. En *A Passion for Excellence*, Peters recalca "amar lo que uno hace" y elogia las "historias de amor sobre hamburguesas" de Ray Kroc, empresario de McDonald's. En *The Circle of Innovation*, dedica todo un capítulo al tema de "amar a todos, servir a todos", pero está citando el credo del Hard Rock Cafe y "todos" los que debemos amar son los clientes (¿como los ama el Café?) El llamativo título *Getting Employees to Fall in Love with Your Company* propone lo que viene a ser una historia de amor unilateral. Hay cinco sugerencias espléndidas para que los empleados se enamoren pero no hay una llamada de atención para que la gerencia lo exija. *The Guru Guide* recoge ideas de 70 superestrellas entre los consultores de administración y atribuye a uno de ellos la creencia nada convencional de que "el liderazgo requiere amor". Pero no: el que espere ver la idea desarrollada, o encontrar siquiera quién es el gurú que la expone, leerá 300 páginas más del libro en vano.

¿Por qué las imágenes militares ofrecen cómodas metáforas para lo que hacemos todos los días (por ejemplo el libro *The Art of War for Executives*), en tanto que hablar de amor se queda muy atrás en la sabiduría del liderazgo? Ésta es una razón: hemos observado que el lenguaje de los negocios se ha apropiado poco a poco de la idea misma de liderazgo. Los gerentes y sus consultores o asesores académicos son los más obsesionados con el vacío de liderazgo. Y los que trabajan en los negocios son los principales consumidores de literatura sobre la materia, de modo que no sorprende que ésta se escriba en términos del gusto de ellos.

¿Y qué es lo que les llama la atención a los hombres de negocios? Digámoslo con franqueza. A pesar de cuanto se diga sobre la ilustrada sensibilidad de los negocios, la cultura empresarial estadounidense sigue siendo machista, campo de lucha en que no se toman prisioneros. ¿Sorprende tanto, pues, que nuestros modelos de liderazgo se jacten tanto de sus credenciales de machos? Encabezan la lista de esos gurúes los entrenadores de deportes y las superestrellas, seguidos de cerca por los líderes militares, como Sun Tzu, Atila, Patton, Ulysses S.Grant, Robert E.Lee y otros. Este libro peca igualmente por ensalzar a un líder machista como modelo: el machismo de Loyola se estableció muchos capítulos antes de empezar a hablar de eso del amor. Recuérdese que el hombre no se ha ablandado; sigue siendo el mismo hombre suficientemente duro para agarrar una bala de cañón en Pamplona y hacer él solo el largo viaje desde España hasta Jerusalén.

Quien se atreva a proclamar, aun discretamente, la idea

de amor podría necesitar un vocero irreprochable; ¿y quién mejor que el legendario entrenador de futbol Vince Lombardi, universalmente aclamado? Por lo menos tres libros (y con éste cuatro) han citado el mismo pasaje de un discurso que pronunció ante la Asociación Norteamericana de Administración. Al enumerar las cualidades de un buen líder, Lombardi dijo: "Y otra, amor. El amor de que hablo es lealtad, el más grande de los amores. Trabajo en equipo, el amor que un hombre profesa por otro y que respeta la dignidad de otro. El amor del cual hablo es caridad... El poder del corazón es la fortaleza de una compañía".

¿Era esto pura retórica reservada para sus elucubraciones fuera de temporada destinadas a los políticos? No. Lombardi les presentaba esa visión no sólo a los ejecutivos bien preparados sino también a los sudorosos gigantes que constituían la línea de ataque de su equipo de fútbol americano, los Green Bay Packers. En efecto, con Lombardi, el clisé desaparecía para revelar la visión de que "el amor se manifiesta en hechos más que en palabras". Un antiguo jugador recordaba cómo exigía Lombardi que cada miembro del equipo tratara a su compañero: "Tienes que amarlo y tal vez ese amor te capacite para ayudarle". ¿De dónde sacó Lombardi esa visión de líderes movidos por amor? Muy probablemente fue sabiduría obtenida con el correr de los años de entrenar y motivar equipos. Pero no hay que olvidar que Lombardi recibió una educación jesuita.

Puede que los escépticos y los sabihondos de los negocios no quieran promover la estrategia de tratar a los demás con una actitud positiva de apoyo (léase de amor), pero muchos otros no han sido tan reticentes. En efecto, los beneficios finales del liderazgo movido por amor parecen obvios donde quiera que los hombres se traten íntimamente, excepto en el trabajo. El único "equipo" en el cual virtualmente todos han participado es la familia. Pocos sugerirían que las familias sin amor funcionan con tanta eficiencia como las familias en las cuales sí hay amor, o que son tan apoyadoras, motivadoras y complacientes. Tampoco se puede argüir que las escuelas amenazadoras o brutalmente competitivas sean las que más éxito tienen. Los estudiantes aprenden mejor y producen más en ambientes que ofrecen genuino apoyo, interés y aliento. ¿Por qué nos hemos convencido de que nuestras necesidades de adultos son tan distintas? El principio jesuita de liderazgo movido por amor no propone nada más radical que absorber la obvia sabiduría de esos otros ambientes humanos.

¿Cómo hacía el amor que la Compañía de Jesús fuera mejor? ¿Y cómo hace el amor mejor cualquier compañía?

Una compañía que practica el liderazgo movido por amor:

- No rechaza ningún talento ni a ninguna persona de calidad; las compañías guiadas por el amor reconocen, honran y contratan los talentos que otros rechazan o pasan por alto (en la época de Loyola, un Laínez, un Henriques, un Rhodes). Hoy, aquéllos que tienen el pedigrí, el color de la piel, el acento, los antecedentes o la educación "equivocados";
- Corre a toda velocidad hacia la perfección: los gerentes movidos por amor se dedican a desarrollar el potencial no aprovechado, en lugar de presidir un lugar de trabajo darviniano en el cual el individuo o nada o se ahoga; y
- Opera con más amor que temor: ambientes movidos

por amor no sólo hacen trabajar a los empleados sino que los hacen querer trabajar.

La verdadera recompensa es la energía y la lealtad catalizadas por ambientes de más amor que temor. Términos tales como "trabajo en equipo" o "espíritu de equipo" no captan la actitud que prevalecía en el equipo asiático de Javier: "Llego así al final sin poder dejar de escribir sobre el gran amor que les he tenido a todos ustedes, individual y colectivamente. Si el corazón de quienes se aman pudiera verse en esta vida, créanme, queridísimos hermanos míos, que ustedes se verían a ustedes mismos claramente en la mía".

Los equipos basados en esa mutua consideración superan sin esfuerzo a la mayoría de las organizaciones, que se conforman con el comportamiento básico de equipo: respetar a los colegas; oír sus puntos de vista; compartir activamente la información; en caso de duda, creer al otro; asesorar a los recién llegados. Todo aquél que haya trabajado en un equipo fuertemente unido, leal y de confianza, ya sea una familia, un equipo deportivo o un círculo de amigos, sabe que esos estándares mínimos del trabajo en equipo son pálidos en comparación con el comportamiento de equipos unificados y movidos por amor. A diferencia de lugares de trabajo que agotan la energía y están dominados por la deslealtad y las críticas, los ambientes de más amor que temor generan energía. Los miembros de un equipo en tales ambientes cuentan con el apoyo de sus colegas que les desean éxito y les ayudan a obtenerlo. El individuo da lo mejor de sí cuando es respetado, estimado y merece la confianza de quienes se interesan de veras por su bienestar. Loyola era bastante inteligente para percibir este conjunto de actitudes ganadoras como la esencia del "amor", suficientemente seguro para darle este nombre, y ansioso de aprovechar su poder fortificante y unificador para los jesuitas.

Así como el amor unía al equipo jesuita, también afectaba profundamente su estimación de aquéllos a quienes servía. Las reducciones del Paraguay eran un trabajo de amor, no en ningún sentido sentimental sino precisamente porque el amor fortalecía la capacidad de los jesuitas para percibir la dignidad y el potencial humano de los guaraníes, que eran desperdiciados y amenazados bajo el sistema colonial de la encomienda. El amor les daba la visión para ver ese potencial desperdiciado; el heroísmo los impulsaba a hace algo al respecto.

Poco antes de que Javier partiera para la China, a fines del 1552, recibió una carta de Loyola y se la contestó inmediatamente:

El Señor sabe cuánto se ha consolado mi alma al recibir noticias de su salud y su vida, que son tan caras para mí; y entre las muchas otras palabras y consuelos de su carta, leo estas últimas que dicen: "Completamente suyo, sin que pueda yo jamás olvidarlo en ningún momento, Ignacio". Así como leí estas palabras con lágrimas en los ojos, así le escribo ésta pensando en el tiempo pasado y el gran amor que usted siempre mostró y todavía muestra hacia mí...

Su santa caridad me escribe acerca del gran deseo que tiene de verme antes de que usted deje esta vida. Dios Nuestro Señor sabe la impresión que estas palabras de tan gran amor han hecho en mi alma y cuántas lágrimas me han costado cada vez que las recuerdo.

Con razón que Loyola considerara sus otras innovaciones organizacionales insignificantes en comparación con el liderazgo movido por el amor. En el preámbulo de sus *Constituciones* lo dice, señalando a los jesuitas un principio guía mucho más importante que cualquier regla que encuentren en sus 300 páginas: "Lo que más ayuda de nuestra parte para la preservación, dirección y elección tiene que ser, más que una constitución externa, *la ley interior de caridad y amor*".

Esa ley interior empieza con la visión. Mucho antes de que el amor sea una virtud corporativa que mejora el comportamiento del equipo, viene una posición personal de liderazgo. El líder movido por amor posee la visión para ver y tratar a los demás tales como son, no a través de filtros culturales, prejuicios o mentalidad estrecha que los disminuyen. Al principio, la Europa moderna veía a los indios americanos como "bestias del bosque, incapaces de comprender la fe católica... salvajes escuálidos, feroces e inferiores, parecidos a los animales silvestres en todo menos en la forma humana". Por el contrario, los jesuitas de dos docenas de países, movidos por el amor, veían en los indígenas de América la misma energía divina que a ellos les daba "existencia, vida, sensación e inteligencia" y los hacía templos de Dios.

Si la ley interior de caridad y amor empieza con visión, se completa con acción: el amor debe manifestarse más con hechos que con palabras. No se necesita una empresa en la escala de las reducciones guaraníes para alcanzar lo que Voltaire llamó un triunfo de la humanidad. Innumerables triunfos de la humanidad ocurren todos los días cuando los padres de familia, los maestros, los entrenadores y otros se dedican desinteresadamente a desarrollar a los demás.

Pero triunfos de la humanidad se hacen también evidentes en actos que vacilamos en llamar amor: en la dedicación de los gerentes a sus subalternos, en la lealtad y apoyo de los colegas de equipo. Quienes prefieren ayudar a triunfar a sus colegas en lugar de verlos fracasar crean ambientes de mayor amor que de temor, al igual que todos los que hacen sentirse a los forasteros bienvenidos y apoyados. Tales personas son motivadas por más que un deseo de hacer un buen trabajo; algún motivo más profundo y más personal las impulsa y su trato en el trabajo es una expresión de un compromiso más fundamental de respeto y apoyo a quienes encuentran. Los que tratan a los demás con respeto y amor están indicando el camino hacia ambientes de mayor amor que temor, en los cuales muchas personas tendrán la oportunidad de alcanzar su total potencial humano.

Y todos saben que tal liderazgo es necesario, como también más triunfos de la humanidad, inclusive los de gran escala como el que ensayaron los jesuitas en el Paraguay en el siglo XVII. Cualesquiera que hayan sido las imperfecciones de su visión, vieron más allá que sus contemporáneos. Y eso es lo que hacen los líderes movidos por amor: ven más allá de lo que obstruye nuestra visión de un mundo más justo, más acogedor. Indican el camino hacia un futuro en el cual hombres y mujeres de verdad gocen de mayores oportunidades para alcanzar su potencial. Y los líderes guiados por la decisión de que el amor debe manifestarse más con hechos que con palabras ayudan a crear un futuro mejor.

Crear un futuro mejor es una magna empresa. ¿Hasta dónde puede una persona influir decisivamente?

Pregúnteselo a los héroes.

CAPÍTULO 9

Una vida ininterrumpida de actos heroicos

*Los líderes heroicos visualizan
lo imposible... y lo hacen*

En una compañía que llamaré la XYZ Telco, los empleados de telecomunicaciones sindicalizados se quitaron los audífonos y se declararon en huelga, citando
como queja principal la presión del trabajo. El movimiento se
originó entre los representantes de servicio al cliente, soldados de primera línea encargados de pacificar a los millares
que llaman todos los días para quejarse por los errores en la
facturación, las llamadas perdidas o las tardanzas por parte
de los encargados de las reparaciones.

Y como si estos acosados servidores no tuvieran ya
bastantes problemas, recibieron "nuevos procedimientos
operativos", sin duda redactados por burócratas metidos en
su torre de marfil, muy alejados de la realidad de entenderse
con clientes disgustados. Creados para infundir los valores
declarados de la compañía, de integridad, respeto, imaginación, pasión y servicio, los nuevos procedimientos operativos
ordenaban a los empleados que se entendían con los clientes

que terminaran toda conversación preguntando al cliente: "¿Le he prestado hoy un servicio sobresaliente?"

Es de suponer que los sabios motivadores que inventaron esa pregunta esperaban inspirar ese mismo servicio sobresaliente por el cual preguntaban. Huelga decir que sólo lograron desatar nuevos torrentes de quejas sobre los atribulados servidores. No ayudaban para nada a los clientes ni atraían a los empleados a los valores o misión de la compañía. El presidente del sindicato local comentaba: "Los empleados entienden la declaración de valores; pero no creen que la compañía esté siguiendo sus palabras... la gente ve la declaración y piensa: no es más que un pedazo de papel".

En este panorama había una cosa que estaba bien y muchas más que estaban mal. La excelencia no ocurre por accidente, así que por lo menos podemos abonarle a la administración de la XYZ Telco que buscara un servicio sobresaliente como meta. Hasta allí muy bien. Pero de ahí en adelante todo se fue cuesta abajo. Primero el guión. ¿Cuántos de los que lo escribieron fueron inspirados ellos mismos para dar un rendimiento excelente por un memorando que les ordenaba darlo? Ninguno, desde luego. Entonces, ¿por qué se imaginaban que los representantes del servicio al cliente reaccionarían de una manera distinta? Servicio excelente podía ser meta de la empresa, pero ningún proceso lo hacía significativo para los empleados individualmente.

En segundo lugar, aun cuando los empleados de XYZ hubieran acogido con entusiasmo la misión, no estaban facultados para hacer gran cosa al respecto. Los clientes disgustados no creían que estuvieran recibiendo un servicio sobresaliente, por más que los operadores hicieran, porque éstos carecían de los medios para atender al problema fundamental. Estaban destinados a fracasar, o por lo menos se sentían fracasados, no destinados a tener éxito.

Finalmente, lo más grave de todo era que los administradores no eran modelo de lo que predicaban. Los empleados no veían que sus gerentes siguieran las palabras de la compañía y por consiguiente se volvieron incrédulos y llegaron a la conclusión lógica de que la declaración de valores no era más que un pedazo de papel.

LIDERAZGO A LA MANERA JESUITA

El reto, ya sea para el individuo, para los equipos o para toda la compañía, es cómo pasar de un rendimiento cínico, hecho a desgana, a un rendimiento motivado e incluso heroico. ¿Qué separaba a los primeros jesuitas de XYZ Telco? ¿Qué hacía de una de ellas una organización en la cual tantos se sentían inspirados y estaban convencidos de que contribuían "a la más grande empresa del mundo", mientras que la otra sufría bajo una débil administración? Ambas compañías aspiraban a dar un rendimiento sobresaliente, cada una dentro de su propio campo. Allí terminaba la analogía. El equipo jesuita dio por lo menos tres pasos que no dio XYZ Telco para convertir esas aspiraciones en realidad:

- Primero, invitó a los novicios a convertir una aspiración de la Compañía en una visión personal;
- Segundo, creó una cultura que subrayaba el heroísmo, sirviendo los mismos jesuitas de modelo; y
- Tercero, dio a cada uno la oportunidad de engrandecer-

se mediante la contribución significativa a una empresa más grande que sus propios intereses.

La más poderosa percepción de Loyola acerca del liderazgo fue que éste es automotivado. Los *ejercicios espirituales* capacitaban al novicio para personalizar la misión de la compañía. Invitado a ir "aun más allá" del servicio de todo corazón, tomaba la decisión personal de responder. A diferencia de los empleados de XYZ Telco, al novicio jesuita no se le decía simplemente cuál era la visión de la compañía; él mismo tenía que resolver qué quería decir "ir más allá de servicio de todo corazón" —el *magis*— en las circunstancias concretas de su vida. La dinámica de los ejercicios destaca una diferencia clave entre las organizaciones heroicas y las comunes y corrientes: un liderazgo ampliamente distribuido en el cual cada persona acepta, forma y transforma una misión general en una misión personal.

Quienes asumen ese compromiso personal necesitan apoyo, y los principiantes jesuitas encontraron constante refuerzo desde arriba. Los líderes reforzaban incansablemente el compromiso de excelencia y (santa) ambición. La exhortación de Loyola a un equipo en Portugal era típica: "Ninguna realización común y corriente satisfará las grandes obligaciones de sobresalir que ustedes tienen. Si consideran la naturaleza de su vocación, verán que lo que no sería pequeño en otros sí es pequeño en ustedes". Su colega Jerónimo Nadal lo dijo de manera más concreta y en términos personales para los aprendices en España: "La Sociedad necesita hombres tan diestros como sea posible en todas las disciplinas que contribuyen a sus propósitos. ¿Puede usted ser un buen lógico? Pues vuélvase lógico. ¿Un buen teólogo?

Pues hágase teólogo... Y no se contente con hacerlo a medias".

Esas palabras fortalecían a los equipos jesuitas *sólo* porque éstos veían que Loyola, Nadal y otros eran modelos de los sentimientos que expresaban. El compromiso personal se evapora en cinismo cuando, como sucedía en XYZ, los empleados ven que los gerentes hablan mucho pero no hacen nada. Los primeros equipos jesuitas podían jactarse de tener muchos héroes que sí hacían las cosas, y tuvieron buen cuidado de que todos los jesuitas oyeran hablar de ellos. El espíritu de solidaridad subía por las nubes cuando se leían las cartas provenientes del terreno, que se copiaban en Roma y se hacían circular en todo el mundo jesuita. Los jesuitas del Brasil daban cuenta de la impresión que les había causado una de esas cartas recibida del Japón. Decían que aunque llegó tarde en la noche, no pudieron demorar su lectura: "Desde la medianoche hasta el amanecer nadie pudo dormir porque el padre provincial empezó inmediatamente a leerla". Después de devorar lo que ellos llamaban "grandes noticias del Japón", escribieron a la sede solicitando que siguieran mandándoles tales informes y explicando que el consuelo que recibían al oír las proezas de sus colegas "aventajaba a todos los demás".

Realizar la misión personal y crear una cultura de apoyo fueron dos ingredientes de la fórmula jesuita para infundir heroísmo; un tercer ingrediente fue dar a cada individuo la oportunidad de contribuir de manera significativa. Los jesuitas del Brasil no se contentaron con sentarse a leer cartas sobre las realizaciones de sus colegas heroicos. En sus propias cartas a Roma informaban sobre un trabajo tan satisfactorio que los hacía sentir que estaban "echando los cimientos de casas que durarían tanto como el mundo". Se habían comprometido a ir más allá de un servicio de todo corazón y, a diferencia de los empleados de XYZ Telco, se les dio la oportunidad de hacerlo. Los jesuitas creían lo que el psicólogo conductista Frederick Herzberg observaría más tarde: "No se puede motivar a nadie para hacer un buen trabajo si no tiene un buen trabajo que hacer".

Los jesuitas tenían muchos buenos trabajos que hacer y aparecieron héroes que los hicieron todos. Primero estaban los que concibieron una nueva compañía revolucionaria: Loyola, desde luego, pero también Javier y Laínez. Luego los científicos y los pioneros culturales como Ricci, Clavius y de Nobili; les siguen los exploradores como de Goes y una larga lista de otros más: Pedro Páez, el primero que remó hacia las fuentes del Nilo Azul en el lago Tana, Jacques Marquette, quien siguió el curso de las cabeceras del río Misisipí, y el "sabio visionario" Jakob Baegert, quien ya desde 1771 previó el futuro de su remoto puesto: "En torno a California todo es de tan poca importancia que casi no vale la pena tomar la pluma para escribir sobre ello".

Eran individuos decididos que gozaban de oportunidades para contribuir con sus propias dotes y visiones. Venían de ambientes que los apoyaban, en los cuales los directores mostraban igual dedicación. Pocas organizaciones son tan ricas en estas características como para que los observadores las llamen heroicas o visionarias. Llegar a ese altiplano de rendimiento es en sí un reto enorme; conservarse allí es más difícil aún. Un incansable instinto contracultural que desafía permanentemente el *statu quo* va incorporado en el heroísmo jesuita. La energía integral del *magis* señala siempre un enfoque mejor del problema que se trae entre manos o algún reto que valga más la pena cometer. El examen diario de conciencia arroja luz constante sobre conductas o resultados que se queden cortos de las aspiraciones; el hábito de reflexión de los jesuitas les niega el lujo de dejarse llevar por la corriente. Y cuando se ofrece un camino mejor, su postura de estar listos para el cambio de vida, de vivir con un pie levantado, los inclina a lanzarse a la acción en lugar de permanecer en la indecisión.

Los buenos líderes comparten esta inquieta postura de cuestionar eternamente, que los mantiene un poco adelante en la curva y orientados al futuro, hacia soluciones que otros dejan pasar o no ensayan por ser demasiado tímidos o faltos de energía. Es el espíritu luchador, infatigable, perseverante, de que "si me echan por la puerta encontraré la manera de volverme a meter por la ventana". Aun cuando ese estilo de liderazgo sea vigorizante, también puede ser difícil, como les consta a los jesuitas.

Sin dejarse amedrentar por las diversas dificultades que con frecuencia descarrilan a quienes aspiran a ser líderes, un equipo jesuita hizo algo tan extraordinario que Pedro Ribadeneira se jactaba ante el rey Felipe II de España de que "todo el bienestar de la cristiandad y del mundo entero" dependía de su trabajo. Hablaba de los maestros de escuela secundaria.

Si bien el padre Ribadeneira estaba convencido de que el bienestar del mundo descansaba en los capaces hombros de los maestros jesuitas, no sufría de ilusiones falsas sobre la vida en las trincheras escolares. De sus observaciones se desprende que los retos diarios de la enseñanza no han cambiado gran cosa desde el siglo XVI hasta el XXI:

Es una cosa repulsiva, molesta y cargante guiar y enseñar y tratar de controlar a una caterva de muchachos que son por naturaleza tan inquietos, charlatanes y poco aplicados al trabajo que ni sus propios padres los pueden retener en la casa. Ocurre por eso que nuestros jóvenes jesuitas encargados de ser sus maestros lleven una vida sumamente agitada, desgasten sus fuerzas y perjudiquen su salud.

Liderazgo heroico no es sólo enseñar a muchachos de escuela secundaria sino ir más allá de la patanería y ver que el bienestar del mundo entero depende de lo que uno hace. Liderazgo heroico consiste en motivarse a sí mismo para dar un rendimiento superior y concentrarse en el rico potencial de cada momento. Los jesuitas lo caracterizaban más sencillamente con el lema de su Compañía, *magis*: el impulso infatigable de buscar algo más en toda oportunidad y la confianza de encontrarlo. Lo que es heroico no es el oficio, es la actitud que uno lleve a él. Los jesuitas no eran héroes por ser maestros de secundaria; eran héroes porque aportaban a su trabajo un espíritu de *magis*. Y el *magis* surgió por todas partes en el mundo jesuita, de manera que no era sólo Ribadeneira quien se veía a sí mismo envuelto en un esfuerzo que cambiaría el mundo: *todos* veían lo mismo. Así lo atestigua un jesuita en el Japón, que se sentía no menos estimulado por un trabajo enteramente distinto: "Su paternidad entiende que ésta es sin duda la empresa más grande que hay hoy en el mundo". O por otro jesuita en el Brasil: "Estamos trabajando para sentar los cimientos de casas que durarán tanto como dure el mundo".

¿Eran todos unos ilusos? No. Lo mismo que todos nosotros, a veces se quejaban de trabajos monótonos y de colegas irritantes. Pero también podían ver más allá de estas cosas y visualizar los más ricos resultados de lo que estaban haciendo. El espíritu del *magis* transformaba su trabajo y su producto. Viendo su trabajo como la empresa más grande del mundo, ésta se convertía precisamente en eso. Su convicción e intensidad de espíritu, multiplicadas en millares de oportunidades, construyeron el sistema de educación más grande y más próspero del mundo.

CÓMO NACIÓ EL SISTEMA EDUCATIVO MÁS GRANDE DEL MUNDO

La Compañía de Jesús parecería un poco más tradicional si un equipo táctico hubiera salido de una sala de juntas una tarde de 1543 con un plan maestro para dominar el mercado educativo mundial. Pero no ocurrió tal cosa. El sistema sencillamente "nació sin saber cómo"; y la verdad es que más éxitos corporativos ocurren sin saber por qué, de lo que quisiera reconocer un planificador estratégico.

Para empezar, los jesuitas tenían un problema: los fundadores habían supuesto ingenuamente que el sistema educativo europeo produciría listas interminables de candidatos aptos para lo que ellos buscaban. Hay que tener en cuenta que los candidatos que buscaban eran aquéllos espiritualmente comprometidos, totalmente dedicados e intelectualmente superiores (en el 1 % más alto de la elite europea), capaces de discutir teología en latín con los teólogos protestantes y de explicar las mismas ideas en lenguas vernáculas a los niños campesinos, preparados para cruzar el mundo con sólo 48 horas de preaviso, igualmente cómodos en los salones de conferencias de una universidad que en los hospitales de plagas, preparados para obedecer órdenes o para diseñar sus propias estrategias.

Qué sorpresa que tales candidatos no se encontraran a la vuelta de la esquina. Como lo dijeron los jesuitas posteriormente en sus *Constituciones*, "los que son buenos e instruidos son pocos".

Podrían haber encontrado una manera más fácil: rebajar un poco los estándares, pero esa alternativa no era aceptable para Loyola, quien bajó a la sepultura deseando que hubiera podido hacer esos estándares más rígidos aún. Sólo algunos candidatos daban la medida, los que un jesuita llamó *aptissimi,* los más aptos de todos. Esto dio lugar a una memorable consigna para el alistamiento: *quamplurimi et quam aptissimi,* "tantos como sea posible y los más aptos de todos". Y como las universidades no los estaban produciendo hechos a la medida, los jesuitas tuvieron que recurrir a modelar ellos mismos el material humano. Aun cuando ya estaban cortos de personal, resolvieron separar a unos jesuitas de su campo de operaciones para dedicarlos a entrenar novicios. No era la solución más apetecible.

Mayor radio de acción y servicio

Lo que ocurrió en seguida fue un clásico caso de aumento del radio de acción, cuando los equipos de la Compañía encargados de un mandato estrechamente definido de educar a los novicios poco a poco vieron cómo su misión se ensanchaba. Su plan original atacaba el problema que tenían entre manos sin exigir demasiado de los recursos de los jesuitas. Abrieron residencias para quienes se entrenaban, dentro de los terrenos de las universidades de París, Lovaina, Colonia y otras. Directores jesuitas supervisaban el desarrollo espiritual de los novicios, al mismo tiempo que los mejores profesores de Europa atendían a su formación académica. Pero el problema no quedaba resuelto del todo. Aun en las mejores universidades, la calidad de la enseñanza les parecía desigual a los jesuitas, y pronto les pareció lógico y que no sería gran carga adicional complementar la educación universitaria de los novicios con cursos dictados por los mismos jesuitas.

Y habiendo ya iniciado la labor de tutores, una propuesta que les hizo el duque de Gandía no les pareció un salto imposible: que enseñaran a los novicios en Gandía y admitieran además a las clases a algunos súbditos que no eran jesuitas. ¿Por qué no? ¿Qué trabajo era incluir a unos pocos en clases que de todas maneras estaban dictando? La oferta del duque de patrocinar la escuela era buena noticia para la Compañía escasa de fondos. Pero sí *era* más trabajo y extendía el empuje de la educación jesuita en una nueva dirección. En ese tiempo no había universidad en Gandía, de manera que por primera vez los jesuitas tuvieron que impartir toda la enseñanza, además de manejar la escuela en sí. Poco más de un año después, los funcionarios municipales de Messina, en Sicilia, propusieron un ligero cambio: que los jesuitas abrieran allí una escuela para la juventud de la ciudad y acomodaran en las clases a algunos de los aprendices jesuitas.

Así pues, lo que empezó como residencias para los novicios jesuitas se convirtió en colegios con personal docente y directivo jesuita para estudiantes laicos. Un aumento del radio de acción. La meta no surgió de una tormenta de ideas en algún departamento de planeación (cosa que no existía);

simplemente se fue desarrollando de una manera espontánea. Pero debemos reconocer el mérito de los jesuitas que tuvieron el talento de identificar y aprovechar una buena idea de donde quiera que hubiera venido.

Reconocer y apreciar una buena idea

Durante los últimos diez años de su vida Loyola aprobó la apertura de unos 40 colegios. Ningún jesuita había manejado nunca una escuela, pero la Compañía se las arregló para tener más de 30 funcionando antes que él muriera: una docena en Italia, otras en Lisboa, París, Viena, Lovaina, Colonia, Praga, Ingolstadt y hasta fuera de Europa, en Goa y en São Vicente en el Brasil. Casi tres cuartas partes de los jesuitas disponibles se vieron dedicadas súbitamente a una actividad que no se había planeado en el momento de la fundación de la Compañía.

Cuando la Compañía de Jesús celebró su cuadragésimo aniversario, sus 150 colegios constituían la sólida base de la educación superior católica en Europa. Ya era esa la red más grande y más influyente de educación en el mundo, aun mucho antes de llegar al punto culminante de más de 700 escuelas secundarias, colegios y universidades en cinco continentes. Los historiadores de la educación han calculado que para mediados del siglo XVIII cerca del 20% de los jóvenes que seguían estudios clásicos se educaban en instituciones jesuitas.

Dirán los entendidos que los jesuitas fueron la primera empresa bien organizada que entró en un campo que en gran parte era un vacío y que sus líderes tuvieron la audacia de jugarse la suerte de la compañía con esa carta, pero el verdadero liderazgo salió de las trincheras. En una región tras otra, jesuitas motivados vieron en las escuelas la manera ideal de hacer una contribución única y de larga duración, al mismo tiempo que consolidaban su posición local y su reputación. Fogosos directores luchaban por construir escuelas y ponerlas a funcionar, obteniendo patrocinio y fondos de las comunidades y los nobles locales, y logrando la aprobación y recursos de las directivas jesuitas. Por lo general, el patrocinio era la parte más fácil: a medida que la reputación de los jesuitas florecía, llovían en Roma solicitudes de escuelas. Conseguir hombres de Roma era la parte más difícil.

El mercado educativo les ofreció a los jesuitas una oportunidad perfecta. El sistema existente estaba sumamente fragmentado en todos los niveles. La educación era asunto de arreglárselas como cada quien pudiera. La mayor parte de las ciudades y poblaciones europeas no tenían sistemas de educación elemental ni secundaria. No existían sistemas de educación gratuita, y los pocos que se educaban eran los hijos de familias que podían pagar. En consecuencia, menos de la tercera parte de los varones de edad escolar y menos de una décima parte de las niñas aprendían a leer y escribir. Pero los promedios esconden la realidad socioeconómica: todos los hijos de ricos tenían acceso a alguna escolaridad mientras que ninguno de los menos pudientes lo tenía. Debido a que los maestros de escuela no estaban organizados en gremios artesanales, no había normas mínimas establecidas para el ingreso a la docencia, ni había supervisión ni plan de estudios expedido por gobiernos locales. Cualquiera que pudiera atraer algunos estudiantes que pasaban por la calle era de hecho un maestro. Más del 80 % de los estudiantes de Viena hacia fines del 1500, por ejemplo, eran servidos por operadores independientes que abrían escuelitas en su casa de habitación.

Los artífices de la Reforma protestante deploraban estas desigualdades y deficiencias. Martín Lutero urgía a las autoridades civiles para que organizaran la educación primaria, arguyendo los beneficios que traería al estado una ciudadanía bien instruida. Pero los esfuerzos de los reformadores se concentraban casi exclusivamente en la educación elemental. Las pocas redes que se ejecutaron en respuesta mejoraron grandemente la instrucción primaria en algunas regiones, pero esas redes no pasaban de las fronteras de cada país ni comprendían educación superior, y en todo caso, al terminar el siglo XVI eran muy pocas y estaban muy aisladas.

A diferencia de quienes enseñaban a nivel de primaria, quienes querían pasar a enseñar a nivel universitario sí tenían que ceñirse a estándares formales para entrar en la profesión. Aunque no se requerían tantos estudios como hoy, el privilegio de una cátedra universitaria y la designación como "maestro" requerían años de estudio y ser aprobado en exámenes rigurosos. Huelga agregar que los requisitos de calidad para entrar en la profesión eran pertinentes únicamente para quienes tenían la suerte de asistir a una universidad, y la característica sobresaliente de la educación superior formal era su notable escasez. Si sólo una cuarta parte de quienes vivían en las ciudades ricas recibían los rudimentos de la alfabetización, menos del 1 % podía cursar educación superior.

El mercado de educación secundaria —fragmentado, estancado, mal servido y dirigido, y amenazado por la competencia ideológica de las comunidades protestantes— se ajustaba perfectamente a la fortaleza competitiva de los jesuitas, cuya organización global y preparación para responder rápidamente eran dos grandes ventajas. Si bien dotar de personal un nuevo colegio era una magna tarea, aun para ciudades que tenían la voluntad y los recursos para fundarlo, los jesuitas podían trasladar rápidamente personal de otros establecimientos y otras operaciones, o llevar nuevos principiantes. La facultad fundadora en Sicilia constaba de diez jesuitas que representaban no menos de cinco nacionalidades.

Mientras los reformadores protestantes se concentraban en la escuela primaria, los jesuitas se lanzaron a un campo casi del todo sin competencia organizada. En un continente donde los estudios y prácticas eran más o menos al azar, aun en una misma escuela, para no decir nada de las diferencias de un país a otro, los jesuitas diseñaron un plan global de ataque. Reunieron las mejores prácticas en un *ratio studiorum* (plan de estudios), que se consideró modelo de altas normas y una bendición para los padres de familia perdidos entre docenas de diminutas escuelas independientes que se abrían en cualquier ciudad grande. En un ambiente en que no había ni gremios ni autoridades locales que impusieran normas mínimas para entrar en la profesión docente, el riguroso entrenamiento de los jesuitas los colocaba muy por encima de los maestros comunes y corrientes de secundaria. En resumen, las destrezas en las cuales sobresalía la Compañía de Jesús correspondían a las necesidades de la época. Ninguna otra organización podía jactarse de semejante serie de competencias, y los líderes jesuitas mostraron tolerancia al riesgo, creatividad y firme voluntad, características que se requerían para aprovechar esa oportunidad.

La red perfecta

¿Pero por qué esa ocupación? Hay muchas otras que se ajustan a la amplia visión jesuita de ayudar a las almas, y la educación no es ciertamente el único campo en que pueda brillar una empresa bien organizada e intelectualmente superior.

Entraron con tanto entusiasmo en la educación porque veían que esa profesión estaba perfectamente de acuerdo con sus amplias miras. Los jesuitas ansiaban influir en quienes tendrían el mayor impacto en la sociedad: que sus estudiantes, en virtud de su educación, fueran la elite de sus respectivas comunidades, era una gran ventaja. Una población católica de alto nivel educativo sostendría los esfuerzos por detener el avance del protestantismo, otra meta cara al corazón de los jesuitas. Y la educación superior apoyaba la misión jesuita de muchas otras maneras. Reforzaba las filas de los académicos empeñados en dura polémica con los protestantes, mantenía a los jesuitas impulsados por el ingenio a la vanguardia de las ciencias y la erudición, y suministraba salida académica para los avances científicos, geográficos y culturales que llegaban constantemente de los jesuitas estacionados en el Asia, el África y América.

Como los estudiantes se concentraban en los nuevos centros urbanos, los jesuitas establecieron nuevas escuelas en lugares clave que se hacían famosos con el desarrollo de la economía de la Europa moderna. Las escuelas jesuitas se convirtieron en centros nerviosos cívicos. Y una vez creada la infraestructura, otras actividades jesuitas la aprovechaban. De esta manera, iglesias, centros de servicio social y otras operaciones jesuitas se situaban, con frecuencia de manera fortuita, en el corazón mismo de las ciudades principales, sirviendo así a los ciudadanos más influyentes de Europa. Finalmente, las escuelas aliviaron el problema de personal de maneras inesperadas. Como se había previsto, los colegios los capacitaron para educar a sus propios novicios con altas normas, pero también acogieron una gran concentración de jóvenes impresionables que eran postulantes *en potencia*. Destinar a jesuitas experimentados a la enseñanza dio muy buenos resultados, pues de las escuelas se enganchaban todos los años nuevos postulantes. Los jesuitas evitaban la táctica de aceptar demasiados principiantes, pero tampoco eran tan ingenuos como para que no vieran la oportunidad de aumentar su número con novicios que salían de sus propias escuelas. El mismo Jerónimo Nadal, que había aconsejado a los gerentes jesuitas enganchar *quamplurime et quam aptissimi* (tantos como sea posible y los más aptos), también aconsejaba a las facultades jesuitas nombrar "un promotor que se encargara de mantener el ojo abierto en busca de probables candidatos y de guiar a quienes acudían en busca de consejo".

De este modo, las capacidades de los jesuitas y sus intereses estratégicos coincidían extraordinaria y simbióticamente con las necesidades de los tiempos. La mayoría de los grandes éxitos en los negocios tienen sus raíces en ese mismo feliz matrimonio de capacidades básicas y necesidades del mercado.

Otro pequeño detalle reforzaba enormemente el atractivo del producto: era gratis. No sólo ofrecían los jesuitas la mejor educación secundaria de Europa sino que la ofrecían enteramente libre de todo costo. Con razón que las ciudades la pedían a gritos. Fuera de unos pocos experimentos cívicos aislados, nada ni remotamente parecido había ensayado ninguna otra compañía ni ningún gobierno. Sólo una compañía enamorada de metas heroicas podía cometer la locura de lanzar un experimento tan grande, tan nuevo y que exigía tanto personal, estando al mismo tiempo escasa de personal y financiación y, como es característico de los héroes, sacarlo adelante.

El solo hecho de ser gratis anunciaba una visión social revolucionaria: hasta los pobres debían tener la oportunidad de aprender. Tal como estaban las cosas, los únicos que tenían acceso a la educación formal eran aquéllos cuyas familias podían pagar. La inequidad resultante no hacía sino reforzar la estratificación social y económica de Europa. Sería una gran exageración decir que los jesuitas con sus escuelas nivelaron el campo de juego. Ninguna revolución ni triunfo de la humanidad ha ocurrido por la apertura de escuelas, ni se veían los jesuitas a sí mismos como revolucionarios sociales. Simplemente estaban ayudando a las almas, animados por su visión amante del mundo. Aun cuando su red "dejaba en pañales" los esfuerzos organizados privadamente, todavía era sólo una gota de agua en el mar de analfabetismo e inadecuada educación. Con todo, las escuelas ofrecían una oportunidad única a muchos niños pobres que de otra manera nunca habrían podido educarse. Los hijos de los ricos también gozaban de una oportunidad educativa única: al compartir las aulas de clase con los pobres, experimentaban por primera vez el trato directo con los menos privilegiados y aprendían una lección no muy sutil sobre la desigualdad humana.

Con el tiempo, la visión revolucionaria de los jesuitas se vio amenazada por su mismo éxito. La red se expandió rápidamente aun más allá de lo que ellos imaginaban. El mismo Loyola estimuló la expansión activa. De qué manera manejaron él y sus colegas las consecuencias del crecimiento insostenible tendría implicaciones que los jesuitas quizás no entendieron por completo y que Loyola pudo haber manejado de otra manera si hubiera visto las consecuencias inesperadas que se desarrollaron.

La dificultad de sostener una visión

Al trabajar en una extensa investigación con directores ejecutivos en 1989, los profesores James Collins y Jerry Porras, de la Escuela de Posgrado en Negocios de la Universidad de Stanford, identificaron 18 de las compañías más importantes en diversas industrias, que ellos llamaron "compañías visionarias", y las estudiaron en busca de características comunes que llevaran a un rendimiento superior constante. Publicaron los resultados en el libro *Empresas que perduran: principios exitosos de compañías triunfadoras**. Entre los hábitos del éxito se destacaban la dedicación a una visión extraordinaria, ambiciosa, casi inalcanzable, es decir, BHAG, sigla en inglés de *big, hairy, audacious goals* (metas grandes, peligrosas y audaces) y ahí encajaba, por ejemplo, construir dentro de una generación el sistema educativo más extenso del mundo y el de mayor calibre. Bastante audaz

---

* Publicado por Editorial Norma en 1995.

para una compañía crónicamente escasa de personal, que nunca había operado ni una sola escuela.

Sólo había un problema. Era sin duda una idea audaz y grande y peligrosa, pero nadie la había proclamado como una meta. Los jesuitas ni siquiera se habían propuesto crear un sistema educativo y, una vez iniciado, tampoco ningún general jesuita había resuelto hacerlo el más grande del mundo. Por el contrario, quienes trabajaban en el terreno insistían en abrir una escuela donde quiera que ésta sirviera para los fines de la Compañía de ayudar a las almas. Cuando se abría una escuela, facultades de jesuitas motivados generalmente hacían de ella la mejor alternativa de escuela secundaria en la región.

La red se construyó desde abajo hacia arriba, no se visualizó de arriba abajo. Hasta donde hubo una visión, general, ésta fue decididamente al por menor: *magistri sint insignes* ("los maestros serán sobresalientes"), pero así los jesuitas acabaron por tener la mejor red del mundo: un maestro insigne tras otro, una escuela tras otra. Esto sintetiza el principio jesuita de liderazgo heroico. El resultado fue extraordinario pero se alcanzó persona por persona. Cada uno interiorizaba la visión de la Compañía y le daba forma. Cada uno estaba motivado por el espíritu del *magis* de buscar más allá de un resultado potencial ordinario y preguntarse si no habría algo más grande que él pudiera realizar.

¿Lecciones sobre grandes metas aprendidas de los primeros jesuitas? El heroísmo (y las grandes metas que él trae) pasa desde abajo hacia arriba, desde los líderes inspirados por el *magis*. Tal heroísmo no se puede comprar, ni cambiar, ni manipular, ni forzar. Se ofrece libremente y pasa entre individuos motivados, entusiastas con su trabajo. Los líderes que triunfan saben que despertar heroísmo no es tan fácil como soñar con metas heroicas y por eso dedican su tiempo a crear ambientes en los cuales los individuos escojan por sí mismos el heroísmo como una manera de trabajar y de vivir.

El liderazgo heroico se debilita: la lucha por los derechos humanos se queda corta

Al vadear en aguas culturales e ideológicas desconocidas, la Compañía encontró muchos pasos difíciles, solitarios, y a veces en direcciones contradictorias.

Los cazadores brasileños de esclavos por lo menos eran consecuentes. Para ellos un esclavo era un esclavo, ya fuera africano o natural del Brasil o residente en una reducción del Paraguay. Pero para los jesuitas las cosas no eran tan sencillas. El jesuita portugués Antonio Vieira cambió un cómodo nombramiento real en Lisboa por una controvertida comisión para ir a investigar los abusos cometidos contra los indígenas. Por los años del 1650 llegó al Brasil y no tardó en enemistarse con toda la sociedad colonial portuguesa. Escribió al rey Juan IV: "Aquí tenemos en contra nuestra a la población, a las otras órdenes religiosas, a los propietarios de las capitanías y a todos aquéllos del reino y del Estado que tienen interés en la sangre y sudor de los indios, cuya condición de inferioridad sólo nosotros defendemos".

No se limitaba Vieira en su memorial a exponer los vejámenes que sufrían los indios, sino que denunciaba también el trato brutal de los esclavos africanos que llegaban a los puertos del Brasil: "Los amos visten lujosos trajes de corte, los esclavos andrajos o deambulan desnudos; los amos se hartan, los esclavos se mueren de hambre; los amos nadan en oro y plata, los esclavos andan cargados de grillos de hierro". Si la defensa de los derechos de los indios concitó a la sociedad colonial en contra suya, la florida retórica que siguió en el mismo sermón lo aisló virtualmente de todos los europeos: "¿No son éstos hijos de Adán y Eva? ¿No fueron éstas almas redimidas por la sangre de Cristo? ¿No nacen y mueren estos cuerpos como nosotros? ¿No respiran el mismo aire? ¿No los calienta el mismo sol?" No se habían cumplido diez años de su llegada al Brasil cuando los colonos no aguantaron más, y Vieira y unos pocos colegas suyos fueron deportados.

Si bien los jesuitas trazaron un rumbo que la sociedad europea rechazaba, ni siquiera ellos mismos se atrevieron a llevarlo hasta su lógica conclusión. Por iniciativa suya se logró que se decretara la libertad de los indios y que hasta cierto punto se les protegiera en el Brasil; pero ni siquiera Vieira se atrevió a pedir la libertad de los esclavos africanos. Cuando mucho, los activistas jesuitas pedían un trato más humanitario para los negros. Eso era bastante radical para el siglo XVII, pero estaba muy lejos de las luchas por los derechos de los indígenas del Paraguay. Probablemente Vieira intuía que los esclavos africanos constituían la concentración alterna de mano de obra que iba a sostener la economía brasileña después de que los jesuitas ayudaran a cortar la corriente de esclavos nativos. Quizá se hizo la reflexión de que la libertad de los indígenas era el máximo que podía tolerar la resentida población colonial; abogar por la abolición de la esclavitud negra podía provocar un contragolpe e incitar a las poblaciones coloniales a renegar de su aceptación de la libertad de los indios.

Y sin embargo, por lógico que haya sido ese razonamiento, no cuadra realmente con el espíritu de los jesuitas del Paraguay que libertaron a los pueblos nativos de la encomienda sin considerar ninguna concesión para apaciguar a los colonos. Tal vez la cuestión de la esclavitud negra les tocaba demasiado de cerca, pues en las colonias del Nuevo Mundo su extensa red de escuelas y casas se sostenían por el patrocinio de las grandes plantaciones y, por extensión, por uno de los más numerosos cuerpos de esclavos en la América Latina.

Los jesuitas no llevaron su valerosa defensa de los derechos de los indígenas hasta su lógica conclusión. Sí ayudaron a los guaraníes a alcanzar niveles culturales y adoptar normas de vida que, aunque deficientes, eran muy superiores a los de otros grupos indígenas de la América Latina víctimas del colonialismo europeo. Pero aun cuando los guaraníes llegaron a ser buenos músicos, artistas, constructores y escritores, hubo una carrera que les fue siempre vedada: el sacerdocio católico. Tanto los jesuitas como las demás órdenes religiosas erigieron lo que equivalía a barreras raciales en todo el Nuevo Mundo. Los jesuitas consideraban a los guaraníes un pueblo demasiado joven en la fe para que pudieran recibir la ordenación sacerdotal. Éste fue un raciocinio lógico en cuanto a los primeros habitantes de las reducciones, que constituyeron no sólo la primera generación guaraní que entró en contacto con el cristianismo sino también la primera que se alfabetizó. No eran buenos candidatos para recibir la rígida formación intelectual a la cual los jesuitas sometían a sus novicios. Pero esa lógica perdió su validez con el transcurso de las generaciones.

El punto subyacente no es que los primeros jesuitas no llegaran a la perfección sino que el liderazgo heroico es un trabajo exigente que jamás termina. Incluye la voluntad de seguir uno cuestionando y examinando continuamente sus propios métodos, tácticas, valores y cultura. En el caso de los jesuitas, el enfoque heroico a menudo los apartaba de la corriente principal de la cultura europea. Luchaban con las coronas española y portuguesa de mentalidad provinciana y nacionalista, reacias a admitir en sus colonias de ultramar los equipos multinacionales jesuitas. Luchaban con las autoridades pontificias que no gustaban de su radical quebrantamiento de la tradición monástica. Los colonizadores de América Latina se resentían de que los jesuitas defendieran los derechos de los indígenas, y en toda el Asia la estrategia progresista de los misioneros jesuitas molestaba a los misioneros no jesuitas.

El liderazgo suele ser cuestión de nadar contra la corriente y se hace más difícil aun cuando se presente una oportunidad tentadora de dejarse llevar aguas abajo. El liderazgo heroico, de primera línea, se fue haciendo una opción menos apetecible para los jesuitas a medida que la Compañía de Jesús tenía más y más que perder. No es distinto lo que sucede hoy: correr riesgos es más fácil para las compañías principiantes que no tienen nada que perder, que para las ya bien establecidas que constituyen la corriente principal de los negocios y que sí tienen mucho que perder.

El fenómeno es tan antiguo como los jesuitas del siglo XVIII y tan nuevo como las compañías Xerox, IBM y AT&T de fines del XX. Los aficionados a la tecnología recordarán los tiempos en los cuales el computador personal era una novedad exótica, no una amenaza para la industria de la informática estructurada en torno a los macrocomputadores. Los técnicos de Xerox, AT&T e IBM habían desarrollado desde temprano avances definitivos de ingeniería que fueron críticos para el perfeccionamiento del computador personal, y las tres compañías disponían de los recursos financieros para explotar sus innovaciones y dominar la naciente industria, pero ninguna trató de dominarla y ninguna entró en ella tan temprano ni tan bien como pudo haberlo hecho. ¿Por qué?

Las razones son complejas pero se puede afirmar que las directivas de las tres empresas resolvieron quedarse con lo que ya estaba funcionando satisfactoriamente en lugar de lanzarse a aventuras de alto riesgo, a pesar de que las tres habían llegado a su eminente posición precisamente innovando y corriendo riesgos. Al igual que la Compañía de Jesús (que había crecido tal vez demasiado, ya estaba satisfecha de sí misma y era adversa al riesgo), las tres se habían apartado de un valor central crítico para un éxito continuo. Mientras estas empresas colosales marchaban lentamente adelante, principiantes con deficiente capitalización como Apple y Microsoft surgieron veloces y establecieron sus nichos en el nuevo negocio.

A lo largo de su historia, los primeros jesuitas a veces se desviaron de su rumbo heroico contracultural. En esas ocasiones se hacía oír una voz profética de la generación fundadora que los censuraba. El mismo Loyola reprobó la renuencia de la Compañía a admitir postulantes asiáticos como candidatos al sacerdocio, y animaba a los directores jesuitas en la India para que corrieran más riesgos: "Los jóvenes que se están educando en el colegio, los de mayor talento y más firmeza en la fe, de mejor conducta y más presentables, podrían ser admitidos". Sus colegas nunca tuvieron el valor de hacer esto, y cuando ya hacía tiempo que Loyola había muerto, esa aversión se convirtió en política.

Posteriores generaciones, cediendo a presiones políticas, abandonaron otros compromisos que habían adquirido los fundadores. Loyola y sus compañeros habían tenido que sostener muchas batallas políticas para lograr admitir nuevos cristianos en la orden, pero medio siglo después de la muerte de Loyola, la compañía impuso rígidas restricciones a los candidatos que lo eran. Todas las demás grandes órdenes religiosas imponían desde hacía varias generaciones las mismas restricciones y si la Compañía de Jesús seguía siendo la única que contrariaba esta norma, perdería apoyo político en toda Europa. Habiendo muerto ya casi todos los integrantes de la generación fundadora, le correspondió al padre Pedro Ribadeneira, que ya frisaba en los setenta, reprender a sus colegas por renunciar así a la inicial visión de los jesuitas.

El reto de adherir al heroísmo

La red educativa de los jesuitas ilustra mejor que todo la difícil lucha que tienen que afrontar las compañías que tratan de conservar algún impulso heroico que las lleva a la grandeza. Las primeras escuelas prosperaron al aprovechar el modo de proceder de los jesuitas: ser móviles, abiertos a nuevas ideas, ciegos a las fronteras nacionales y un apoyo mutuo, y estar dispuestos siempre para la mejora continua. Espléndidamente educados en las disciplinas centrales, pero movidos por la indiferencia para captar nuevas corrientes intelectuales, los jesuitas combinaban en sus escuelas las tradicionales disciplinas escolásticas con las mejores ideas del humanismo progresista. Por insistencia de Clavius, hasta una disciplina marginal como era entonces la matemática encontró cabida en el plan de estudios básico de los jesuitas, lo que constituyó una gran novedad en la educación clásica de la época. (Obviamente prendió.) Como las mejores organizaciones de aprendizaje, la sede institucionalizó el intercambio de ideas con su *ratio studiorum*. A las oficinas de Roma fluían de los educadores jesuitas dispersos por todo el mundo las mejores ideas y prácticas, que se hacían circular otra vez al terreno en planes de estudio revisados.

En una compañía dedicada a vivir lista a moverse, debió ser una señal de alarma oír que en las oficinas centrales se empezaba a hablar de *completar* y *dar por finalizado* el *ratio studiorum*. El documento terminado ordenaba a los teólogos jesuitas ceñirse definitivamente a la doctrina del gran Santo Tomás de Aquino. No era que ningún jesuita del siglo XVII hubiera elegido otra autoridad, pero el hecho de que el documento fuese *definitivo* contradecía la amplia visión global de los fundadores. Por lo menos así le pareció al último de los fundadores supérstite, el septuagenario padre Alfonso Salmerón. Todas las compañías pueden esperar un malhumorado desacuerdo de la vieja generación, pero no una crítica a los jóvenes por ser demasiado conservadores. Salmerón sostenía que en vez de seguir definitivamente a una determinada autoridad teológica, la compañía debía adoptar la posición abierta, optimista, de que uno de los suyos podría algún día idear una doctrina aun mejor que el tomismo, "como lo esperaba el santo Ignacio, de bendita memoria".

A medida que el currículo se hacía más rígido, la red de escuelas experimentaba un éxito desbordante, lo cual a su vez amenazaba otros principios del liderazgo jesuita. Al principio una sola de las diversas operaciones jesuitas, la red escolar, ocupó casi las tres cuartas partes del personal humano con el cual contaba la Compañía. La cultura del sistema escolar empezó a chocar inevitablemente con la cultura jesuita más amplia. Por ejemplo, las escuelas no eran compatibles con la movilidad, la flexibilidad y la adaptabilidad tan caras para Loyola. Escuelas de alta calidad florecieron, en parte por la estabilidad del profesorado año tras año, pero Loyola había previsto un grupo dispuesto a "dejar sin terminar cualquier carta" a fin de responder a nuevas y urgentes oportunidades, y sencillamente no era factible salirse del salón de clase o interrumpir un semestre académico para marcharse a la India con 48 horas de aviso, como Javier.

Para las escuelas se necesitaban edificios y los jesuitas tuvieron que encargarse de la administración de propiedades y las múltiples preocupaciones que ésta conlleva. Su misión los disponía a responder de manera innovadora a las oportunidades que se presentaran, pero los gerentes jesuitas se veían obligados a reservar por lo menos algo de la energía creadora a ver que la estufa funcionara en el edificio de la escuela y que el techo no cayera. Su espíritu y su afición al riesgo tienen que haber sido afectados por las pequeñeces de la vida escolar: atender al mantenimiento de las instalaciones, conservar un profesorado estable y mantenerse al día en un trabajo que exigía tanto personal. Los primeros jesuitas se habían comportado como infantería ligera. Siguiendo el consejo de Loyola de no comprometerse en trabajos que impidieran su movilidad, fácilmente empacaban y partían a nuevos destinos, pero eso ya no era tan fácil para un grupo que manejaba una escuela y tenía por tanto un compromiso tácito con los estudiantes, para no hablar de las instalaciones y locales escolares.

Loyola, modelo de la indiferencia jesuita, sostenía que a él no le costaría trabajo reconciliarse si se disolviera la orden: "Si yo me recogiera un cuarto de hora en oración sería tan feliz y aun más feliz que antes". ¿Qué tan fácil era para los directores jesuitas mantener ese espíritu cuando se encontraban dirigiendo centenares de escuelas fabulosamente prósperas? Es mucho más fácil aventurarlo todo cuando uno no tiene nada que perder. La misma lucha se les presentaba a nivel de persona a persona. Los que trabajaban en instituciones bien establecidas, ¿podían conservar la misma libertad de cambiar y el mismo apetito de riesgo que quienes no tenían ninguna afiliación institucional?

Todo anda mal y el heroísmo se evapora cuando el liderazgo se confunde con la supervivencia, con salir adelante o cuidar la espalda. Un perfil de un joven estrella que ascendía en el mundo de los negocios, que publicó *The New York Times*, parecerá muy familiar a muchos empleados de las grandes corporaciones. Pintaba el *Times* "un brillante y eficiente organizador que nunca desairó a su jefe", siguió una carrera de ascenso continuo por la escala jerárquica mediante el "trabajo infatigable" en una sucesión de cargos, cada uno de mayor responsabilidad que el anterior, "haciendo alianzas y sin dejar huellas". Uno de sus colegas se quejaba: "Ciertamente es muy listo y sabe protegerse, pero nosotros no tenemos ni idea de cuál es su posición en las cuestiones cruciales".

Y sin embargo, probablemente es injusto criticar al sujeto de esta reseña, pues al fin y al cabo él no hacía otra cosa que seguir el camino bien trillado que conduce al tope de toda jerarquía organizacional. Sería contraproducente para cualquier joven manejar su ascenso de otra manera. El problema está en que aunque ninguna compañía quiere líderes que se dejen llevar por la corriente, se vuelve difícil desherbar tal cultura una vez que ha echado raíces. Cuando las compañías logran salirse de ese ciclo, suele ser gracias al inspirado heroísmo de quienes se concentran en genuinos valores del liderazgo y no en manejar su carrera o en cómo se ven ante los demás.

¿Quién era el sujeto del perfil del *Times*? Una nueva estrella política que surgía en el partido comunista chino. Es descorazonador pensar que el perfil de un burócrata comunista chino podría muy bien describir el ascenso de un joven en el mundo de los negocios en los Estados Unidos.

Durante años, los jesuitas realizaron una proeza heroica que ningún gobierno ni institución privada habría cometido la locura de considerar siquiera. Impartir educación secundaria a los pobres estaba fuera del alcance de la mayoría de los europeos del siglo XVI (y hasta del siglo XVII y gran parte del XVIII y el XIX). Temprano en el empeño, Juan Polanco preparó un tratado de quince puntos que esbozaban la justificación de los jesuitas para entrar en el campo docente. Reducía a términos estrictamente prácticos una aspiración ambiciosa que no tenía precedentes: "Los pobres, que de ninguna manera podrían pagar maestros, y mucho menos tutores privados, [progresarán en el aprendizaje]". Ésa sí que era una gran meta heroica.

Sin embargo, casi desde sus comienzos, la visión encontró graves obstáculos. Ofrecer educación secundaria gratuita estaba muy bien, pero la primaria todavía no era gratuita. El costo de un tutor para enseñar a los niños los rudimentos de la lectura y la escritura excedía de los medios de la mayoría de las familias y, por consiguiente, muchos niños analfabetos acudían a las puertas de los padres jesuitas. Éstos instituyeron clases supletorias de lectura y escritura para esos niños, pero por eficaz que fuera el entrenamiento suplementario, la mayoría de esos niños nunca pudieron ponerse al nivel de los privilegiados que sí habían gozado de enseñanza primaria. Y ni unos ni otros se beneficiaron cuando los "graduados" de las clases supletorias pasaron más tarde a clases con alumnos mucho más adelantados. Había, además, el problema de conseguir maestros para las clases supletorias, una demanda más a la cual atender con los escasos recursos de la Compañía.

Se vio muy claro, aun durante la vida de Loyola, que las demandas de esa actitud de atender a todos estaban agotando los recursos de la Compañía. Los jesuitas llegaron a la lógica aunque fatal solución de limitar la matrícula a estudiantes que ya supieran leer y escribir. El plan de estudios era el más exigente en Europa y era imposible que los jóvenes llegaran a dominarlo partiendo de un estado de analfabetismo, pero como sólo los acomodados tenían los medios de procurar a sus hijos educación primaria, sólo los niños de familias ricas podían satisfacer los requisitos de admisión, y las escuelas jesuitas llegaron a ser (aun cuando no intencionalmente) instituciones para los ricos. Esta tendencia asumió vida propia. El riguroso currículo y un cuerpo docente bien calificado sellaron la reputación de los jesuitas como educadores preferidos de nobles y ricos. Desde luego influir sobre los influyentes era una estrategia básica de la Compañía, y Polanco en su tratado argüía que "los que ahora sólo son estudiantes crecerán y serán funcionarios cívicos y desempeñarán otros cargos importantes, para beneficio y ventaja de todos". En los primeros años del 1600, la admisión a la escuela jesuita de Parma, por ejemplo, estaba restringida a muchachos de abolengo noble comprobado. El currículo, diseñado para ajustarse al destino de estos jóvenes en la vida, complementaba los estudios académicos con clases de equitación y de diseño de fortificaciones defensivas.

Nada había salido *mal*. Era el mejor sistema escolar del mundo, y siguió siéndolo. Servía a clientes que eran esenciales para el enfoque estratégico de arriba abajo de la Compañía.

Pero el liderazgo heroico movido por el *magis* tiene que ver con realizar lo que a los demás les parece imposible, y el sistema escolar de los jesuitas *era* imposible de imaginar para cualquier europeo en aquel tiempo. Pero un sistema más imposible aún se les escapaba. Tal vez un poco más de *magis* lo habría hecho posible.

El liderazgo heroico movido por el *magis* comprende imaginación audaz y deseo de asumir riesgos audaces. Los jesuitas se liberaron de la mentalidad europea para ver el mundo a través de un lente muy distinto, y así los héroes que trabajaban en la India y el Paraguay se aventuraron en terrenos totalmente desconocidos sin detenerse a pensar si tendrían suerte o no. ¿Cómo no aventurarse? Estaban ya comprometidos en "la empresa más grande del mundo". Y la suerte no les falló en el Paraguay cuando lanzaron un programa progresista en favor de los derechos de los indígenas, que pocos de sus contemporáneos se habrían atrevido a imaginar, y mucho menos a lanzar. Ni les falló tampoco cuando de Nobili estuvo en la India. Ricci en la China y otros como ellos idearon nuevas maneras de expresar el mensaje cristiano.

Pero llego el tiempo en el cual el resultado de un proyecto parecía demasiado precario. Los jesuitas adoptaron posiciones más pragmáticas a propósito de la esclavitud de los africanos o de quiénes podían admitirse en sus filas. Lo curioso es que cuando más prosperaron fue cuando hicieron acopio de todo el heroísmo y el ingenio posibles para continuar su acto de equilibrio en la cuerda floja. Sólo cuando miraron hacia abajo y buscaron piso más estable, empezó a vacilar súbitamente su equilibrio corporativo.

CAPÍTULO 10

"Era indispensable una osadía excepcional"

Cómo haber dejado de afrontar riesgos casi acaba con los jesuitas

Pocas compañías mantienen de generación en generación el vigor de liderazgo que se necesita para el éxito, y mucho menos de un siglo a otro. Considérese que de las 100 compañías más grandes de los Estados Unidos en 1900, sólo 16 subsistían al finalizar el siglo XX. ¿Por qué perduran tan pocas empresas de éxito? El éxito engendra satisfacción de sí mismas, o las que son líderes del mercado adoptan una actitud defensiva y miran hacia atrás en lugar de mirar hacia adelante en busca de nuevas oportunidades o de amenazas en el horizonte. El liderazgo movido por el *magis* y la concentración continua en lo que hay más adelante y en qué metas más ambiciosas se pueden alcanzar siguen siendo las únicas maneras confiables de asegurar que los aspectos importantes de la visión y la misión sigan siendo vitales y no se pasen por alto ni se descarten del todo.

Los jesuitas pueden haber cambiado de velocidad pero nunca retrocedieron ni abandonaron sus principios de liderazgo. No dejaron de ser una compañía lista a cambiar, de alcance mundial y movida por el *magis* para volverse una burocracia perezosa, renuente al riesgo. Mientras que en Roma se refinaban las restricciones a la admisión de cristianos nuevos, de Nobili se untaba en la frente pasta de sándalo con la aprobación del padre general Acquaviva. Mientras instructores jesuitas en Parma hacían con sus nobles alumnos maquetas de fortalezas, los jesuitas construían fortificaciones de verdad sobre el río Guaraní en el Paraguay. Los principios de liderazgo que les permitieron alcanzar un enorme crecimiento y éxito eran bien evidentes al acercarse la compañía a su segundo centenario.

Pero tal vez esos principios no dominaban tan rígidamente a la compañía, que ahora sí tenía mucho que perder. El siglo XVIII vio a los jesuitas combatidos por lo que su historiador oficial llamó entonces "una violenta marejada". Fiel a su homónimo y a la heroica tradición jesuita, ese mismo comentarista, Giulio Césare Cordara, sostiene que su Compañía pudo haber evitado el naufragio que sobrevino. "Creo que para afrontar desgracias no comunes hay que emplear medios no comunes... Yo estaba convencido de que era indispensable una audacia excepcional y de que no se debía ceder ni una pulgada". Desgraciadamente la audacia excepcional que caracterizó a Loyola, Javier, de Goes, Ricci, de Nobili y tantos más faltó en las oficinas centrales de Roma cuando los jesuitas más la necesitaban.

SUBPRODUCTO DE UN ÉXITO SIN PRECEDENTES: UNA LARGA LISTA DE ENEMIGOS

Ninguna lista ordenada, como las que se usan en los libros de texto, haría justicia a las corrientes cruzadas que azotaban a los jesuitas a mediados del siglo XVIII. Sus enemigos europeos estaban en todas partes: conservadores y progresistas, políticos y religiosos, católicos devotos y enemigos inveterados de toda religión organizada. Era una coalición increíble con-gregada en torno a una cuestión única: el deseo de deshacerse de los jesuitas. Era fácil explicar los motivos de los detractores pero mucho más difícil entender por qué esa hostilidad contra la Compañía de Jesús se generalizó. Aun hoy es difícil encontrar el punto álgido en el cual la compañía que estaba en el cenit súbitamente se hizo vulnerable.

Los pensadores de la Ilustración apuntaban desde un extremo del espectro teológico; los avances de la ciencia contribuían a fomentar un movimiento más amplio del "hombre racional" dedicado a investigar las leyes universales que gobiernan la naturaleza y la sociedad. Los filósofos de la Ilustración, resueltos a honrar únicamente las verdades demostradas por la razón o la experiencia, no concedían valor a la religión revelada ni tenían muy buena idea de los pronunciamientos basados en la autoridad papal, que ellos consideraban arbitraria. Si liberar a Europa del dominio de la Iglesia católica y sus ritos supersticiosos representaba la victoria total, Voltaire veía la derrota de los jesuitas como el primer paso hacia ese triunfo. "Una vez que destruyamos a los jesuitas habremos ganado una batalla contra esa cosa detestable [es decir, la Iglesia católica de Francia]". Sabía de primera mano de qué hablaba, pues fue educado por los jesuitas. Acabar con ellos sería un golpe visible a la Iglesia y, además, marginaría a los más capaces de refutar los argumentos de la Ilustración. El primer volumen de la *Enciclopedia* de Denis Diderot había sido elogiado, incluso por su poco modesto editor en jefe, como un triunfo del nuevo enfoque iluminista de la actividad intelectual. Los comentadores jesuitas habían echado agua fría sobre los autoelogios e hicieron notar que muchos artículos del primer volumen habían sido copiados íntegramente, incluso de autores jesuitas. ¿Puede sorprender que Diderot y otros pensaran que su movimiento estaría mejor sin el aporte de los jesuitas?

Del otro campo también les llovieron andanadas. Los teólogos jesuitas se habían opuesto vigorosamente a un movimiento de reforma católica conocido como el jansenismo. Los jesuitas, que eran firmes sostenedores de la doctrina del libre albedrío, veían una defensa de la predestinación en el énfasis que los jansenistas ponían en la gracia divina, y en respuesta obtuvieron varias condenaciones papales del jansenismo. Pero no contaban con la capacidad "rasputinesca" para resistir que tenía ese movimiento y el apoyo que al mismo le prestaban sus poderosos simpatizantes políticos en la iglesia de Francia y el gobierno francés. Superados por los jesuitas en las sutilezas del debate teológico desde mediados del siglo 1600, un siglo después los jansenistas seguían publicando panfletos con cargos escurridizos, es decir, no demarcados y más bien superficiales, contra los odiados jesuitas:

Dando siempre rienda suelta a su ilimitada ambición de aumentar su poder y dominación, los jesuitas han acumulado fondos e inmensas riquezas por cualquier medio, ya sea mediante donaciones mendigadas a reyes ingenuos, o con bienes que han extorsionado de pueblos y ciudades, o gracias a la invasión de las filas de mercaderes de todas las naciones con un sórdido tipo de comercio que es ilícito para sacerdotes y religiosos, o mediante el despojo a las familias de su herencia, ya sea mediante violencia o seducción.

Tanto los pensadores de la Ilustración como los jansenistas tenían pues a los jesuitas por sus opositores ideológicos más poderosos, aunque por distintas razones. Los campeones de la razón y el libre albedrío de la Ilustración atacaban a los jesuitas como los más visibles y destacados defensores de la Iglesia católica. Por el otro lado, los jansenistas los atacaban por su ardiente adhesión a la doctrina del libre albedrío. Hacia mediados del 1700, los jesuitas estaban demasiado embebidos en la lucha para apreciar la ironía de su posición.

Pero había otro problema: los jesuitas tenían un gusto desordenado por estas ruidosas batallas polémicas. Loyola lo había previsto dos siglos antes cuando previno a los suyos que convenía moderar la retórica: "Ya tenemos la fama, entre algunos que no se toman la molestia de averiguar la verdad, especialmente aquí en Roma, de que queremos gobernar el mundo". Tal vez esa tendencia a buscar pelea fue el talón de Aquiles de la Compañía.

Cabe aquí preguntarse si cierta arrogancia intelectual no habría empañado la visión global de estar siempre listos para el cambio, que fue clave de sus tempranos éxitos. Tal vez los primeros equipos jesuitas, "excepcionalmente osados", podrían haber tratado de manera más constructiva con los pensadores de la Ilustración. Ya fuera Clavius con Galileo, de

Nobili con sus conversos brahmines o los sucesores de Ricci con el emperador de la China, los jesuitas imaginativos habían encontrado terreno común con quienes tenían puntos de vista radicalmente distintos de los suyos. Es extraño que esa disposición abierta los abandonara frente a los pensadores de la Ilustración, muchos de los cuales se habían educado en escuelas de la Compañía de Jesús y hacían eco por lo menos a un tema caro a los mismos jesuitas: la creencia en la dignidad, el potencial y la excelsa naturaleza del ser humano.

EL MAYOR RIESGO ES NO CORRER NINGUNO

Los jansenistas y los pensadores de la Ilustración no eran, por cierto, los únicos que lanzaban piedras. La defensa que los jesuitas hacían de las libertades de los pueblos indígenas los enemistó con los colonos, quienes tenían, además, otras razones poderosas para su hostilidad. En América Latina, el Asia y el África, los jesuitas explotaban extensas plantaciones para sostener sus colegios y sus iglesias. Se consideraban a sí mismos en pie de igualdad con sus competidores en el negocio de exportaciones, pero las condiciones del negocio no les parecían nada equitativas a sus competidores comerciales. La Corona española eximía a las órdenes religiosas en sus colonias del Nuevo Mundo del pago del impuesto sobre las ventas de los productos de las plantaciones que producían una renta, lo cual les daba a los jesuitas una ventaja que les permitía vender el azúcar, los vinos, el ganado y otros productos a más bajos precios que sus competidores. Por otra parte, mientras que los colonos tenían sus alquerías pequeñas, fragmentadas y aisladas, los jesuitas explotaban plantaciones a gran escala, y su red de casas y comunidades —en el interior, en los puertos americanos y en las principales ciudades europeas— les ayudaba a superar los inevitables tropiezos que se encuentran en el negocio de exportación. La animadversión que sentían los comerciantes contra los jesuitas por razones ideológicas se ampliaba por lo que ellos veían como ventajas desleales en los negocios.

No tardaron los colonos irritados en agregar sus quejas a las de los jansenistas y otros: que los jesuitas explotaban ricas minas de oro, que monopolizaban la exportación de cacao, vinos de Madeira y otros productos, en fin, que operaban un imperio comercial de proporciones mundiales.

Los rumores, las insinuaciones y los agravios, verdaderos o imaginarios, fueron creciendo en el momento más inoportuno para los jesuitas, cuando los gobiernos europeos buscaban maneras de afirmar su poder frente al Vaticano, que parecía cada vez más vulnerable. Los jesuitas eran blanco fácil. El parlamento de París censuraba el espectáculo antipatriótico de que jesuitas franceses juraran lealtad a un prepósito general extranjero residente en Roma, y proponía que los jesuitas franceses se gobernaran por sí mismos; éstos, naturalmente, rechazaban esa idea, y sus enemigos se dieron el gusto de denigrar el ultramontanismo de los jesuitas aliados a una autoridad extranjera.

En Lisboa, el ministro de Relaciones Exteriores, Sebastião de Carvalho, acérrimo discípulo de la Ilustración, se desvivía por llevar a Portugal la misma subordinación de la Iglesia al Estado que él había admirado en Inglaterra cuando fue embajador en ese país. Los jesuitas fueron un blanco cómodo en su lucha por afirmar el poder del Estado, y la guerra guaraní fue la oportunidad perfecta para atacar a los jesuitas como obstruccionistas enemigos de Portugal. En un folleto de propaganda patrocinado por el ministerio de Relaciones Exteriores se detallaba la situación en toda Europa: "Los jesuitas están a punto de ser expulsados del reino y otros gobiernos pueden seguir el ejemplo de Portugal. Estos caballeros han llevado muy lejos sus ambiciones y su espíritu de disimulo. Quieren dominar todas las conciencias e invadir el imperio del universo".

Sin embargo, donde "Julio César" Cordara habría aconsejado usar medios no comunes y osadía excepcional para no ceder ni una pulgada de terreno, los generales jesuitas resolvieron evitar un enfrentamiento, confiando en que todo se arreglara. Era ésta una estrategia nada característica de una compañía acostumbrada a que desde altas posiciones sus miembros idearan golpes de alto nivel, según fuera necesario. Se diría que era inexacto el cuadro pintado en el capítulo anterior, de los jesuitas del Paraguay quedándose mano sobre mano mientras se desmantelaba la república guaraní, pero el cuadro se enfoca ahora claramente en el más amplio contexto de Europa. Los jesuitas del Paraguay esperaban que sus generales y colegas en Madrid y Lisboa cabildearan en su favor, pero, por el contrario, les ordenaban estarse quietos: "Impongo a todos los miembros de la provincia un precepto, en virtud de la santa obediencia y bajo pena de pecado mortal, que ningún jesuita impida ni resista directa ni indirectamente el traspaso de las siete reducciones... y que utilicen su influencia y esfuerzos para que los indios obedezcan sin resistencia, contradicción o excusa". El apaciguamiento rara vez ha sido una estrategia eficaz; lo único que lograron los directores jesuitas que tenían tanto miedo de correr un riesgo fue envalentonar a sus enemigos para que buscaran más puntos vulnerables.

La disolución de los jesuitas ocurrió en cámara lenta. Expulsados primero de Portugal en 1759, fueron posteriormente desterrados de Francia y España. Lo que pasó en la propia patria de Loyola ilustra lo que después ocurrió en toda Europa. A la medianoche del 3 de abril de 1767, los jesuitas de toda España fueron convocados por las fuerzas militares para que se reunieran en sus salas comunales. Al término de ese día, los jesuitas de docenas de casas, con sólo la ropa que vestían y las pocas pertenencias que podían llevar consigo, fueron conducidos bajo guardia armada a los sitios designados para el destierro. Lo mismo que los exiliados en cualquier otra parte del mundo y en cualquier otra época, 600 jesuitas fueron obligados a embarcarse en una flotilla de 13 buques para viajar por el mundo en busca de algún país que quisiera darles asilo. Los territorios del papa podrían parecer un lugar a propósito para el caso, pero las tropas de choque pontificias rechazaron la flotilla, con una lógica que sólo los lógicos entenderían: que si les permitían desembarcar, el Vaticano estaría reconociendo tácitamente el derecho del gobierno español para expulsarlos. Había otra razón más práctica para negarles la entrada: Roma ya estaba inundada de centenares de jesuitas desterrados de Portugal hacía ocho años, y el problema exigía demasiado a los recursos de los jesuitas y del Vaticano. Los desterrados anclaron frente a las costas de Córcega, donde algunos permanecieron meses enteros amontonados en buques hediondos, a la espera del permiso de las autoridades para desembarcar. No se quedaron mucho tiempo allí. A la vuelta de un año estaban otra vez en camino, cuando el gobierno francés finalizó la compra de Córcega y los jesuitas cayeron bajo las mismas disposiciones de expulsión que ya regían en Francia. El número de refugiados jesuitas se duplicó con creces al ser desterrados centenares más de las misiones guaraníes y de toda América Latina. Algunos lograron infiltrarse en Génova, Ferrara y otras ciudades italianas. Centenares se dieron por vencidos y volvieron paulatinamente a España a hacer cualquier oficio o ejercer otras profesiones. Otros centenares murieron.

SE DISUELVE UNA COMPAÑÍA...
Y SE ABREN NUEVOS CAMPOS

El papa Clemente XIV no creyó que le conviniera a la Iglesia enfrentarse a los gobiernos de Portugal, España y Francia, que estaban resueltos a suprimir en todo el mundo la orden jesuita. En un breve pontificio de 1773, más propio de un adolescente arrepentido que de un papa, y en un tono de "me han obligado a hacer esto", decía:

> Pero esto mismos reyes [de Portugal, España, Francia y Sicilia], nuestros muy amados hijos en Cristo Jesús, han creído que el remedio [de expulsar a los jesuitas sólo de sus propios países] no podría tener un efecto durable ni ser suficiente para establecer la tranquilidad en el mundo cristiano, a menos que la Sociedad misma sea totalmente suprimida y abolida... Después de madura reflexión, suprimimos y abolimos la Sociedad de Jesús; liquidamos y abrogamos todos y cada uno de sus oficios.

Los novicios fueron retirados de la vida religiosa y enviados a sus casas. A los sacerdotes jesuitas se les permitió ingresar en otras órdenes. En un toque sensacionalista pero totalmente innecesario, el general de los jesuitas fue reducido a prisión en Roma y allí permaneció hasta su muerte. Los bienes de los jesuitas se confiscaron país por país. Al contrario de lo que decían los rumores, no había minas de oro, ni fortunas ni imperio comercial mundial. Los saqueadores tuvieron que contentarse con lo que había, y los restos de las bibliotecas jesuitas fueron a parar al Museo Británico, a la Biblioteca Nacional de Francia, a la casa de subastas Sotheby's y a incontables colecciones particulares.

En el siglo XXI, la compañía Enron, como la Compañía de Jesús en el siglo XVIII, había sido desde hacía largo tiempo la estrella de su industria. Ambas empresas atrajeron individuos dedicados a un desempeño excelente, en un ambiente creativo y visionario. En algún punto del camino, en ambas empresas la respectiva administración perdió de vista los principios que las habían conducido a la grandeza. Los directores jesuitas perdieron su afición heroica al riesgo, que había estimulado a Loyola y sus colegas fundadores; los gerentes de Enron perdieron de vista principios fundamentales de honradez y equidad. En ambos casos, los "empleados", individuos de talento que seguían comprometidos con los principios vitales de la compañía, fueron abandonados a su suerte. Los jesuitas de las reducciones del Paraguay no entendían por qué sus superiores en Roma los abandonaban mientras los diplomáticos negociaban. Los trabajadores de Enron se vieron súbitamente empobrecidos y sin empleo cuando la compañía quebró. Por eso es tan pesado el manto del gerente líder, custodio no sólo de los principios vitales de la compañía sino también de la confianza de los miembros del equipo que tratan de vivir por esos principios.

No es probable que el próximo capítulo de la historia de Enron, cualquiera que sea, se parezca al destino que esperaba a los jesuitas. Sólo un año antes de la disolución de su Compañía, 200 jesuitas se acostaron a dormir una noche en Polonia... y amanecieron en Rusia. No se habían movido, pero el piso político cambió. Prusia, Austria y Rusia procedieron a la partición de Polonia (huelga decir que los polacos no fueron invitados a las negociaciones). Doscientos jesuitas y sus cuatro colegios eran parte del pedazo de Polonia del cual se apropió Catalina la Grande para Rusia, pese a que Catalina no sabía eso ni le importaba gran cosa en ese tiempo.

Pero Catalina, quien profesaba la religión de la iglesia rusa ortodoxa, sí se interesó cuando se tuvo conocimiento en San Petersburgo, poco más de un año después, del breve pontificio por el cual el papa católico romano suprimía la orden jesuita. No era que le preocuparan a la emperatriz los debates sobre prácticas desleales de comercio, ni los derechos de las poblaciones indígenas de América del Sur, ni la pretendida riqueza de los jesuitas, ni los conflictos entre éstos y los jansenistas a propósito de la gracia divina y el libre albedrío, ni los ritos bautismales irregulares administrados por los jesuitas en la China y la India, ni siquiera la autoridad de la Iglesia católica romana en los Estados modernos de Europa. El interés de Catalina era más sencillo y parroquial: los jesuitas manejaban cuatro grandes escuelas en su imperio. Pocas eran en Rusia las escuelas que se podían comparar con ellas, y la emperatriz quería que continuaran. No permitió, pues, que el edicto del papa se publicara en sus dominios.

Catalina fue una defensora inesperada en una localidad inesperada. Aunque desde hacía décadas no había jesuitas en Rusia, los 200 que habitaban allí no fueron los primeros que llegaron a ese país. Muchos años antes otros los habían precedido e incluso fueron expulsados dos veces. En 1689, Pedro el Grande desterró a un pequeño grupo de jesuitas a quienes sus consejeros acusaban de estar minando la iglesia rusa ortodoxa para reemplazarla con la católica romana. Pocos meses después, Pedro volvió a expulsar a los jesuitas, furioso por el papel que habían desempeñado como traductores en una negociación de un pleito fronterizo con la China; Pedro culpaba a los jesuitas por el fracaso de sus embajadores en la discusión.

Casi un siglo después, 200 jesuitas, la mayoría polacos de nacimiento aunque privados de su identidad nacional por la primera partición de Polonia, en virtud de la más extraña combinación de circunstancias encontraban refugio seguro en Rusia, país bien conocido por haber expulsado a los jesuitas mucho antes de que el resto del mundo siguiera el ejemplo. Si los monarcas de Prusia, Austria y Rusia no se hubieran repartido a Polonia, la extinción de la Compañía de Jesús habría sido completa. Tal como sucedieron las cosas, si los 200 no podían llamarse oficialmente polacos, sí eran los únicos que podían llamarse jesuitas. De ahí a poco eligieron un general, y con la venia de Catalina fundaron un noviciado para poder ir llenando los vacíos de sus filas con nuevos postulantes. Los embajadores extranjeros protestaron ante el Vaticano. Catalina se rió y siguió con sus buenas escuelas.

Diez años después del edicto pontificio de disolución, John Carroll, un ex jesuita que vivía en Maryland, escribía a su amigo inglés Charles Plowden, también ex jesuita: "Un campo inmenso se abre a los hombres de celo apostólico. Tolerancia universal en todo este vasto país e innumerables católicos romanos que se van o se preparan para irse a las nuevas regiones que bordean el valle del Misisipí, quizás el más hermoso río del mundo, piden con impaciencia sacerdotes que los asistan".

Lástima que ya no existiera la Compañía de Jesús impulsada por el *magis,* cuando los Estados Unidos recién independizados ofrecían tan enormes oportunidades para su liderazgo. Pero la noticia de varios centenares de jesuitas escondidos en Rusia circuló rápidamente. John Carroll le escribió otra vez a Charles Plowden en 1800 y le preguntó si él tenía información precisa sobre un fantástico rumor que había llegado hasta los Estados Unidos: "Hemos oído noticias relativas a un renacimiento de la Sociedad de Jesús. Le ruego me envíe lo más pronto posible informes verídicos sobre este asunto". En ese entonces Carroll era obispo de Baltimore, uno de los 46 ex jesuitas nombrados obispos en diversas partes del mundo después de la disolución. Curiosamente, las mismas autoridades del Vaticano que habían juzgado que la Compañía de Jesús no debía existir no habían vacilado en echar mano de talentos ex jesuitas para sus propios fines.

Las comunicaciones entre San Petersburgo, en Rusia, y Baltimore, en Maryland, dejaban mucho que desear. Leonard Neale, otro obispo ex jesuita, se comunicó con sus propias fuentes, pidió información y agregó que él y algunos colegas habían fundado un pequeño colegio en las afueras de la ciudad de Washington y necesitaban con urgencia maestros para reforzar su personal docente. "Si pudiéramos conseguir miembros de la Sociedad, se colmarían nuestros anhelos. Cualquier cosa que sea genuina de nuestro antiguo cuerpo sería muy satisfactoria ayuda para nuestro pobre colegio de George Town".

El general de los jesuitas, Gabriel Gruber, despachó una carta desde su sede en San Petersburgo, en marzo de 1804, en la cual confirmaba la existencia de la Compañía de Jesús y su propia autoridad para alistar antiguos y nuevos miembros en los Estados Unidos y en cualquier otra parte: "Esta concesión de *viva voce* [por parte del papa] nos faculta para afiliar miembros a la Sociedad en cualquier lugar, siempre que esto se haga discretamente y sin ostentación". Después envió a tres misioneros de su equipo en Rusia para que fueran a ayudar a quienes se habían vuelto a afiliar y luchaban por mantener a flote el colegio de George Town.

"*Discretamente* y *sin ostentación*" eran las palabras clave. Las autoridades pontificias y no pocos príncipes de diversos Estados habían empezado a arrepentirse de haber expulsado a los jesuitas. Tal vez no les afectaría la desaparición de las misiones jesuitas en el Asia, el África y América, pero sí lo sintieron en carne viva cuando al tender la mirada por sus propios territorios vieron escuelas vacías o mal manejadas y púlpitos silenciosos que antes fueron cátedra de elocuentes oradores. Algunos gobernantes resolvieron aprovechar la oportunidad que presentaban los jesuitas refugiados en Rusia. Allá fue el duque de Parma en busca de su ayuda. El papa Pío VI lo aprobó, distanciándose del edicto de supresión de su antecesor: "Nunca hemos dicho ni pensado que fuera bueno disolver un cuerpo de hombres que servían bien a la Iglesia... y cuya ausencia ha tenido las consecuencias desastrosas que claramente podemos ver". Sin embargo, Pío VI no era hombre para dar la cara si los potentados europeos se enfurecían por la posible reaparición de los jesuitas, así que agregaba:

"Pero si algunos de los grandes príncipes católicos objetan... nos veremos obligados a desaprobar la determinación de Su Alteza [es decir, del duque de Parma], que por el momento nos complacemos en pasar por alto, aun cuando estamos muy al corriente de ella".

Política es política en cualquier época. Y de esta manera, el papa hizo la vista gorda oficialmente y permitió el resurgimiento de los jesuitas.

LA COMPAÑÍA DE JESÚS RENACE COMO EL AVE FÉNIX

Pequeños grupos de jesuitas empezaron a salir de sus refugios unos treinta años después de la disolución de la Compañía, tal vez estimulados por el mismo espíritu de que no había nada que perder que vigorizó a los fundadores. Al siguiente pontífice, Pío VII, debió alcanzarle algo de ese espíritu. El papa Clemente XIV se había dejado amedrentar por los magnates de Portugal, Francia y España, pensando seguramente que si sacrificaba a los jesuitas ganaría algún respiro. Pero la humillación que sufrió posteriormente Pío VII dejó en claro la debilidad del Vaticano. Ignominiosamente conminado a ir a París para coronar como emperador a Napoleón, Pío VII se vio después prisionero en Fontainebleau cuando Napoleón se apoderó de los Estados Pontificios. Cuando recuperó la libertad, regresó a Roma y, pensando seguramente que no tenía nada que perder, compuso la *Sollicitudo Omnium Ecclesiarum:*

Con voz unánime, el mundo católico reclama el restablecimiento de la Compañía de Jesús. Nos sentiríamos culpables ante Dios de un gran error, si mecidos y azotados por continuas tormentas nos negáramos a valernos de vigorosas y probadas ramas que se ofrecen espontáneamente para romper la fuerza del mar que nos amenaza en todo momento con naufragio y muerte... Hemos resuelto hoy hacer lo que ojalá hubiéramos hecho desde el principio de nuestro pontificado.

A la vuelta de un año de la restauración, había un millar de jesuitas. Una generación después, más de 5 000 trabajaban en distintas partes del mundo. Con el tiempo, la Compañía sobrepasó, con mucho, el número de sus integrantes anterior a la disolución.

Pocas personas pueden nombrar siquiera una compañía que haya dejado de funcionar hace 40 años. ¿Qué otra compañía volvió a surgir después de 40 años de suspendida su vida, con sus principios de liderazgo intactos?

El liderazgo heroico
ES UN ESFUERZO PERSONAL DIARIO

La mayoría de las personas no están seguras de su capacidad para actuar con heroísmo si de pronto se presenta la oportunidad. Los *ejercicios espirituales*, por el contrario, preparaban a los novicios para considerar su capacidad de heroísmo todos los días. El heroísmo jesuita no es simplemente una respuesta a una crisis sino un enfoque de la vida, elegido deliberadamente; no se juzga por la escala de la oportunidad sino por la calidad de la respuesta. Para el maestro jesuita, cada día exigía una elección, que resumía así el padre Ribadeneira: o bien otro día con mocosos "inquietos, frívolos, conversadores, tan poco dispuestos a trabajar que ni sus padres los pueden retener en la casa", o bien otro día dedicado a un asunto tan vital como si "el bienestar de toda la cristiandad y del mundo entero" dependiera de él. Toda actividad que se emprenda ofrece su propia versión de la misma elección. Cómo elija uno afecta profundamente la satisfacción personal y la calidad del rendimiento; ¿cómo puede uno no estar motivado cuando el bienestar del mundo entero depende de lo que uno haga?

Esta actitud no era un truco mental con el cual se engañaban a sí mismos. Estaban comprometidos deliberadamente a extraer de cada momento hasta el último grano de potencial y tenían la previsión de calcular qué ocurriría cuando ese compromiso se multiplicara muchas veces. De esta suerte, maestro por maestro, estudiante por estudiante, año tras año y escuela tras escuela fueron creando la red educacional más extensa y de más alta calidad del mundo. Si toda política es local, como lo observó Tip O'Neill (discípulo de jesuitas), también es local todo liderazgo heroico. Individuos motivados, uno por uno, producen los grandes resultados.

El liderazgo movido por el *magis* lleva inevitablemente al heroísmo. Éste empieza cuando cada persona considera, interioriza y da forma a su misión. Ya sea que se trabaje dentro de una gran organización o por cuenta propia, ninguna misión es motivadora mientras no sea personal; y sólo es sostenible cuando uno hace de la busca del *magis* un hábito diario reflexivo. Un líder impulsado por el *magis* no se contenta con hacer los ademanes o dejar las cosas como están sino que se inclina a buscar algo más, algo más grande. En lugar de sólo desear que las circunstancias sean distintas, él las hace distintas o saca de ellas el mejor partido. En lugar de esperar a que se presenten doradas oportunidades, él encuentra oro en las oportunidades disponibles.

Los héroes se levantan, se crecen y persiguen algo más grande que sus propios intereses. Nuestros modelos clásicos de heroísmo a menudo muestran un valor extraordinario en momentos críticos, pero el heroísmo no se limita a estas oportunidades raras y privilegiadas. También son héroes quienes muestran valor, nobleza y grandeza de corazón para perseguir un sentido personal del *magis*, para mantenerse dirigidos hacia metas que los fortalecen como personas.

CAPÍTULO 11

"Nuestro modo de proceder"

Cuatro valores básicos
pero una sola vida integrada

L os elementos de la vida de un líder "encajan" unos con otros. La vida del líder tiene sentido, primero que todo, para él mismo, pero también para los demás. Al descubrir para qué sirve, qué representa y qué busca en la vida, el líder se posiciona para escoger una carrera y un estilo de vida que descansen en sus puntos fuertes, sus valores y sus metas.

Por otra parte, el líder entiende que sus valores y maneras de trabajar tienen que formar un todo integrado que se refuerce a sí mismo o, como decían los jesuitas, un *modo de proceder*. En el caso de los jesuitas, su trabajo y los valores de su vida —el conocimiento de sí mismos, el ingenio, el amor y el heroísmo— se reforzaban el uno al otro en un círculo virtuoso: mejor conocimiento de sí mismo produce mayor ingenio, y así sucesivamente alrededor del círculo. Los valores del líder lo mantienen sereno en un mundo complejo. El líder es reconocible para sí mismo y para los demás como la misma persona, animada por los mismos principios, ya sea en la casa o en el trabajo. Liderazgo personal no es un costal de 101 trucos y tácticas; es más bien una manera de vivir, en la cual las estrategias y principios básicos se apoyan los unos a los otros.

Esto es fácil de decir pero difícil de practicar. Para la mayoría de las personas, cada día trae nuevas crisis que piden nuevas y diferentes soluciones. ¿Cómo puede un individuo sentirse sereno y dueño de sí mismo cuando las tensiones de cada día y las demandas del trabajo lo halan en distintas direcciones?

Nada ilustra mejor el poder de los principios que se refuerzan entre sí que la realidad del cambio constante e intenso. Los jesuitas movidos por el ingenio abrazaban el cambio, pero se habrían quedando flotando a la deriva si no hubieran tenido el ancla del autoconocimiento. El vínculo entre este último y el ingenio, la estabilidad y el cambio, es el epítome de esos principios en acción. Dos investigaciones académicas recientes destacan no sólo ese vínculo sino también la recompensa para las organizaciones que lo manejan bien.

Principios que se refuerzan
los unos a los otros

Los profesores John Kotter y James Heskett, de la Escuela de Negocios de Harvard, llevaron a cabo un proyecto de investigación de cuatro años para analizar el supuesto, tan común pero con tan poco fundamento, de que las culturas corporativas "fuertes" dan rendimientos superiores. Si por cultura corporativa se entiende un conjunto identificable de prácticas y valores compartidos, ¿las compañías de culturas fuertes superan a las demás? Pues bien, sí y no. Los investigadores observan en su libro *Corporate Culture and Performance* que a veces las culturas corporativas fuertes *perjudican* el rendimiento porque hacen que los empleados rechacen las ideas y métodos nuevos. "Una cultura puede cegar a la gente hacia los hechos que no están de acuerdo con sus supuestos. Una cultura muy arraigada puede dificultar mucho que se pongan en práctica estrategias nuevas y diferentes".

Pero una cultura corporativa fuerte también puede fomentar resultados extraordinarios si se dan las condiciones claves:

- Que la cultura sea fuerte no sólo en el papel sino también de una manera *tangible* que guíe el comportamiento cotidiano de los empleados. Cuando un minorista infunde a su compañía una cultura de servicio al cliente, los empleados instintivamente hacen todo lo posible por complacer las solicitudes del cliente.

- Que la cultura sea estratégicamente *apropiada*. Una cultura orientada a los detalles, que hace hincapié en los controles operativos, se adapta mejor a un fabricante de elementos de precisión con bajos márgenes que a una agencia de publicidad.

- Lo que es más crítico es que la cultura promueva la *adaptabilidad*. La cultura no ataja el cambio: lo promueve.

Kotter y Heskett describen las organizaciones que lo hacen bien: "Los líderes convencen a sus gerentes de que acepten una filosofía intemporal o una serie de valores que ponen énfasis en la satisfacción de las necesidades del cliente y en el liderazgo, o en algún otro mecanismo para el cambio, valores que los cínicos podrían asimilar al paternalismo pero que, si se siguen, pueden ser muy poderosos".

Dichas compañías adoptaron una "filosofía intemporal" o una serie de valores que incorporan "algún mecanismo para el cambio". Digamos, por ejemplo, algo así como *viajar por las diversas regiones del mundo* obedeciendo al papa o al superior de la Compañía para predicar, oír en confesión y utilizar *todos los medios posibles... para ayudar a las almas"*. Las culturas que tienen éxito aprovechan el poder motivador de las creencias hondamente arraigadas — en el caso de los jesuitas, el compromiso personal de ayudar a las almas. Pero también fomentan el cambio y la innovación, la voluntad de hacer cualquier cosa e ir a cualquier parte. Kotter y Heskett encontraron que una cultura fuerte sólo tiene éxito cuando se combinan ambos valores. Y que las compañías que incorporan ambos atributos en su cultura superan por un gran margen a las que no lo hacen: "En un período de 11 años, las primeras vieron aumentar el precio de sus acciones en el 901% frente al 74% para las segundas, y mejoraron su ingreso neto en el 756% frente al 1%".

Los académicos de Stanford James Collins y Jerry Porras aplicaron una metodología totalmente distinta pero obtuvieran resultados sorprendentemente iguales. Recogieron una serie de muestras de lo que llamaron compañías visionarias, distinguidas por sus antecedentes e identificadas como líderes de la industria por sus competidoras directas. Las preguntas del cuestionario eran sencillas: ¿Qué hace a estas compañía visionarias? y ¿Hubo factores de éxito comunes a las grandes empresas en una amplia gama de industrias? A diferencia de los investigadores de Harvard, no buscaban los efectos de la cultura corporativa, pero eso fue lo que encontraron. La señal distintiva de las compañías visionarias no son las grandes ideas de productos ni los controles financieros, ni siquiera una administración superior; más bien es el mismo conjunto de características culturales que identificaron Kotter y Heskett. Collins y Porras llegaron a la conclusión de que, por encima de todo, las compañías visionarias reúnen una ideología identificable con un impulso infatigable de progreso: "Al fundar y mantener una organización, el punto más importante que hay que tener en cuenta es la importancia crítica de crear mecanismos tangibles alineados para *preservar el núcleo y estimular el progreso"*.

La paradoja es que el poder que infunde energía está precisamente en la combinación de creencias básicas no negociables y la voluntad de aceptar el cambio. Éstos parecen impulsos contradictorios, que sólo podrían llevar a un comportamiento confuso. Fuertes valores y creencias hondamente arraigadas podrían sugerir un instinto conservador de abstenerse de cambiar, mientras que una actitud de estar listos para el cambio podría implicar voluntad de abandonar toda creencia en el impulso infatigable de mantenerse adelante de la curva. Parecería que la mezcla de los dos instintos, ya sea en una organización o en una persona, llevaría al desastre.

Pero los investigadores de Harvard y de Stanford encontraron exactamente lo contrario: que un rendimiento sobresaliente sólo se obtiene cuando se combinan las dos cosas. Ninguno de los dos impulsos genera por sí solo la energía positiva que resulta cuando los dos se juntan. Son complementarios y se genera una tensión creativa con la cohesión de las dos tendencias opuestas. Collins y Porras hablan de "preservar el núcleo" y "estimular el progreso" como las dos mitades del antiguo símbolo yin-yang. En el caso de los jesuitas, los dos valores están entretejidos en el núcleo de la misión: ayudar a las almas al mantenerse flexibles, móviles e innovadores y, al mismo tiempo, dedicados constantemente a la misión. Los valores no están en conflicto sino que se refuerzan el uno al otro.

Por qué funciona esto no es un misterio. En su libro *Leaders*, Warren Bennis explica cómo la visión y los valores básicos fomentan la innovación y la creatividad. Contra el supuesto de que las organizaciones que tienen una cultura fuerte se vuelven como adoratorios poblados de autómatas incapaces de pensar por sí mismos, Bennis sostiene que una visión clara es la brújula que capacita a la gente para asumir riesgos con confianza, autonomía y creatividad:

> Una visión compartida del futuro... ayuda a los individuos a distinguir entre lo que es bueno y lo que es malo para la organización, y lo que vale la pena tratar de alcanzar. Y lo más importante es que permite distribuir ampliamente la toma de decisiones. Los empleados pueden tomar decisiones difíciles sin tener que apelar siempre a niveles superiores de la compañía, porque saben qué resultados finales se desean.

Lo mismo se aplica al *auto*liderazgo. Metas y valores básicos bien definidos posibilitan innovación ambiciosa, y hasta radical, y adaptabilidad. De Nobili buscó una aculturación más completa de lo que habrían osado sus contemporáneos, pero no porque tuviera menos conocimiento de las creencias cristianas fundamentales. Todo lo contrario. Al demarcar claramente los límites que no traspasaría, entendió el campo dentro del cual podía experimentar confiadamente.

Cómo se combina todo

En los cuatro capítulos anteriores se han explorado cuatro estambres de la cultura jesuita unificada, de su *modo de proceder*. En éste, se entretejen para formar la tela de su cultura. Warren Bennis y los académicos de Harvard y Stanford contribuyeron al suministrar apoyo concreto y básico para lo que de otra manera podría parecer misterioso y perturbador.

Para lograr el conocimiento de sí mismo es clave identificar las creencias y los valores básicos que a uno lo motivan, pero el ingenio fomenta aceptación de nuevos enfoques, estrategias, ideas y culturas. Aun cuando puedan parecer contradictorios, estos dos pilares del liderazgo, conocimiento de sí mismo e ingenio, están íntimamente vinculados. Cuando se fusionan, se crea energía. No son dos platos de un menú de prácticas de liderazgo sino dos dimensiones de una manera integrada de vivir que se refuerza a sí misma.

Todo esto puede sonar como una pomposa palabrería de la Nueva Era. Hasta puede parecer galimatías eso de *filosofía intemporal* o *valores que incorporan un mecanismo para el cambio* de que hablan los eminentes profesores de administración, y los consejos tipo yin-yang y zen para preservar el núcleo y estimular el progreso. Pero todo es mucho más inteligible si uno se concentra en los resultados, como el aumento de precio de las acciones en un 901 % frente a un 74%.

Cualquiera que haya sido para una compañía religiosa del

siglo XVI el equivalente del 901 % del rendimiento, los jesuitas sin duda lo alcanzaron, precisamente porque sus valores
de liderazgo encajan unos con otros en un modo de proceder
que se refuerza a sí mismo.

Conocerse a sí mismo facilita el ingenio

Quienes saben adónde van y qué no es negociable se liberan
para una experimentación confiada y hasta radical. Considérese la dramática pero enfocada innovación de de Nobilis.
Por contraste, quienes no saben cuáles son las metas y valores no negociables son como un cañón suelto, que tiene
mucho poder de fuego pero carece de un blanco definido. O
bien se quedan paralizados por la indecisión en cada encru-
cijada del camino, o evitan el riesgo, transitan sólo por los
senderos bien trillados y se quedan cortos con respecto a su
potencial.

El ingenio realza el conocimiento de sí mismo

A medida que el conocimiento de sí mismos habilitaba el
ingenio de los jesuitas, el ingenio y la vida de cambio profun-
dizaban ese conocimiento. Profundamente arraigado en el
ritmo vital del jesuita estaba la creencia de que el crecimiento
y desarrollo personales eran posibles, de que quienes corrían
a toda velocidad hacia la perfección no estaban varados en
una rueda de andar sino que se movían hacia adelante. Ese
conocimiento de sí mismos no sólo los predisponía para el
ingenio sino que las nuevas ideas, culturas y retos personales
les ofrecían oportunidades sin fin de refinar dicho conocimiento. Puede afirmarse que Javier y mil más que cambiaron

la cultura homogénea de Europa por ambientes extraños al otro lado del mundo aprendieron sobre sí mismos tanto como aprendieron sobre las culturas foráneas.

Durante las meditaciones de los *ejercicio espirituales*, los novicios hacían primero inventario de sus debilidades y de los "apegos desordenados" que estorbaban el cambio, pero continuaban el aprendizaje con las experiencias de la vida real. Realizar tareas difíciles, fracasar en algún cometido importante, luchar al lado de colegas irritantes, buscar soluciones para problemas aparentemente insolentes eran oportunidades de aprender sobre los propios temores, apegos y recursos personales. Por eso Loyola se molestó cuando le dieron a conocer que los jesuitas españoles estaban prolongando las meditaciones diarias. No sólo defraudaban la misión de ayudar a las almas sino que se privaban del rico autoconocimiento que proviene de ser contemplativo en la acción: aprender haciendo, reflexionar sobre la vida diaria y aprender del cambio.

El heroísmo inspira ingenio

Cuando Loyola informó a los jesuitas portugueses que ninguna realización común y corriente satisfaría la obligación que tenían de sobresalir, creó expectativas heroicas que sólo podrían realizarse mediante un cambio e innovación a escala dramática. A modo de ilustración, imaginemos cualquier ambiente en una compañía moderna. El gerente fija como meta una reducción de 10% en los gastos, lo cual pone a sus subalternos a pensar dónde comprar lápices más baratos: 10% significa un modo de pensar común y corriente, sin riesgos. Pero una meta de reducir los gastos en un 40% sería una realización fuera de lo común, una meta ambiciosa que requiere una manera nueva de pensar. Con esa meta nadie vuelve a pensar en lápices: es hora de concebir maneras radicalmente nuevas de hacer las cosas. El heroísmo que se apoderó de los jesuitas llegó a estos patrones radicales de pensamiento. Ya no fue suficiente para los jesuitas del Paraguay propugnar por un trato un poco mejor de los indios dentro del sistema de la encomienda: rechazaron todo el sistema para establecer el modelo enteramente nuevo de las reducciones. La tradición de pensar de una manera totalmente distinta empezó cuando el mismo Loyola echó por la borda el modelo centenario de la vida religiosa e inventó una compañía religiosa totalmente nueva.

Conocerse da origen al amor y al heroísmo

Javier —y los equipos del Paraguay y millares de maestros— se conocían a sí mismos en virtud de los ejercicios espirituales, como hombres de talento y dignidad: tenían amor propio. El saberse amados trasformó la manera como veían a los demás. Que todos fueran creados por el mismo Dios no fue ya un dogma estéril para ellos: lo hicieron personal. Sintiéndose seguros por la apreciación de su propia dignidad, desarrollaron aprecio de las aspiraciones, el potencial y la dignidad del prójimo. Y el conocimiento de sí mismos dio origen al amor que fomentó los esfuerzos heroicos de los equipos del Paraguay. Colegas que los apoyaban contribuyeron a sostener ese heroísmo.

Cuando exploramos unas pocas maneras de cómo los cuatro pilares se refuerzan unos a otros, su poder se hace claro, pero es difícil ver en dónde uno de los principios da paso a otro, por ejemplo, dónde termina el conocimiento de sí mismo y empieza el ingenio. Es bien fácil detectar el espectro de los colores con ayuda de un prisma, pero sin el prisma sólo vemos la luz. Así también acontece con el modo de proceder de los jesuitas. Se puede congelar momentáneamente ese modo de hacer las cosas a fin de analizar sus partes principales —conocimiento de sí mismo, ingenio, amor y heroísmo—, pero a la velocidad de la vida estos cuatro principios se fusionan en un solo enfoque integrado.

CÓMO EL LIDERAZGO MODELÓ UNA VIDA
A PESAR DE CIRCUNSTANCIAS DRAMÁTICAS

Este modelo puede parecer demasiado simplista: tenemos cuatro principios reforzadores; no es sino adherir a ellos y ya está: una vida integrada, satisfactoria, libre de cuidados.

Loyola y todos los jesuitas ciertamente sabían que no es así como ocurren las cosas en la realidad. El mejor ejemplo de esa táctica integrada de los cuatro pilares es, por ironía de las cosas, el mismo héroe jesuita que a veces parecía haber perdido de vista tales principios. A medida que los primeros jesuitas navegaban por las rápidas y tortuosas corrientes desconocidas, ni siquiera los principios de buena navegación podían ayudarles a resolver todos los problemas. Surgían problemas insolubles, lo mismo que dilemas que no tenían solución atractiva. Johann Adam Schall von Bell vivió en ese mundo real en el cual complicadas decisiones se hacen todavía más difíciles por las debilidades humanas. En sus mejores momentos puso a los jesuitas en la China en posición de obtener triunfos que ni siquiera el imaginativo Ricci pudo haber soñado; pero aun Schall dio pasos en falso. Por ese aspecto es el sujeto ideal para nuestra lección final de liderazgo aprendida del equipo jesuita: nadie puede honrar debidamente los principios vitales en todo momento de una vida vivida en vigorosa búsqueda de dichos principios. El reto es honrar uno los principios durante su vida (si no en todo momento de ella), sostenido por mecanismos que lo vuelven a enfocar en ellos después de los inevitables tropiezos humanos.

Los astrónomos jesuitas en la China

"Las noticias del señor Terrentius me han disgustado por la pérdida para nuestra Sociedad, pero por otra parte me han complacido por su santa resolución y por lo que gana la otra Sociedad, a la cual yo debo tanto". Galileo bien podía permitirse estos generosos sentimientos. Corría el año de 1611 y él estaba en muy buena posición, gracias en no pequeña parte a la sociedad a la cual tanto debía, es decir, a la de los jesuitas.

La sociedad que "perdió" a Terrentius era la *Accademia dei Lincei**, una selecta sociedad de los más eminentes sabios. Por más que Loyola se preciara de tener los más rígidos estándares de admisión a la Sociedad de Jesús, no podía igualar el filtro de candidatos que tenía la Academia de los linces, la cual admitió a Galileo en su octavo año como su *sexto* miembro. Una semana después, la academia aceptó al matemático suizo Johann Terrenz Schreck, también conocido por el nombre latinizado de Terrentius. El controvertido Galileo había

---

* Este nombre, *Academia de los linces,* hace referencia a la gran agudeza visual del lince y simboliza su perspicacia científica. *(Nota del editor.)*

sido doblemente vindicado: además de su propia admisión, Terrenz era uno de sus discípulos más distinguidos.

La sociedad que se "ganó" a Terrenz fue la de los jesuitas. Sólo seis meses después de su introducción a la academia, entró a un noviciado jesuita y se constituyó en uno de los pocos que podían jactarse de que los jesuitas *no* eran el club más exclusivo del cual había sido socio.

Nadie habría podido predecir cuán dramáticamente iban a divergir las vidas de los colegas Galileo y Terrenz. En la China, Terrenz *abrió* puertas para los jesuitas con sus proezas en astronomía; Galileo, sin quererlo, *cerró* muchas puertas con su genio científico, lo cual hizo imposible el entendimiento con los burócratas de la Iglesia. Mientras la creciente hostilidad de la Iglesia agriaba la buena disposición de ánimo de Galileo para sus amados jesuitas, su discípulo se aliaba con un astrónomo protestante para formar una de las asociaciones más extrañas de Europa. Para la época en que Galileo, ya casi de 70 años, logró escapar de la Inquisición romana gracias a que abjuró de su tesis de que la Tierra gira alrededor del Sol, ya hacía tres años que Terrenz había muerto.

Que un eminente matemático y astrónomo como Terrenz fuera a parar a la China se debió en gran parte a la visión estratégica de Matteo Ricci, quien mucho antes de que Terrenz hubiera puesto el pie en un noviciado jesuita, ya había clamado para que se mandara un sabio de esa categoría a la misión asiática:

> Nada sería más ventajoso que enviar a Peking [Beijing] un padre o un hermano que sea un buen astrónomo, porque en lo que hace a la geometría, la horología y los astrolabios, los conozco bastante bien y tengo todos los libros que

necesito sobre estas materias. Pero los chinos no se interesan tanto en estas cosas como en los fenómenos planetarios, el cálculo de los eclipses y sobre todo en alguien que pueda preparar un calendario. El emperador sostiene a algo más de 200 personas, a un gran costo, para preparar el calendario para cada año... Eso aumentaría nuestra reputación, nos daría más fácil entrada a la China y mayor seguridad y libertad.

Pese a la fama de movilidad y rápida respuesta que tenían los jesuitas, la iniciativa de Ricci no fue atendida. Esperó. Nadie llegaba. Ricci murió sin ver nunca realizado su objetivo. Su sucesor como superior del puñado de jesuitas que trabajaba en la China también se habría muerto esperando, si no hubiera sido porque apeló a métodos más expeditos: relevó de sus deberes al padre Nicolás Trigault, de nacionalidad francesa, y lo mandó a Roma a abogar personalmente por su causa.

Fue un viaje largo, casi tan largo como su lista de deseos. Durante años los refuerzos de jesuitas habían llegando a la China a un paso tan lento que recordaban los ingresos a la Academia de los linces: menos de dos por año. En Roma, Trigault, sin ruborizarse, le pidió al padre general dos docenas o más de novicios. El general no rechazó de plano seme-jante petición, sino que autorizó a Trigault para que recorriera la Europa jesuita en busca de voluntarios.

De pronto, Ricci, cuya petición había desatendido Roma durante más de diez años, obtuvo una respuesta más que suficiente. Terrenz, el protegido de Galileo, se ofreció como voluntario y lo mismo hizo el matemático alemán Johann Adam Schall von Bell, sabio destinado a dar nuevo significado a la palabra *erudito*. Cuando Trigault hacía su recorrido, se vio claramente que la Europa jesuita se quedaría sin talentos matemáticos y científicos si se les permitía engancharse a todos los que lo solicitaban. Terrenz, Schall y otros se incluyeron en la misión, pero uno de los más eminentes de la generación post-Clavius, Christopher Scheiner, recibió esta carta del padre general: "Su Reverencia explica en su carta su inclinación a la misión china... Finalmente he resuelto que para mayor gloria de Dios y para bien de la Sociedad, es preferible que Su Reverencia permanezca en Europa y promueva enérgicamente los estudios matemáticos. Así podrá hacer por medio de sus discípulos en la China lo que no podrá hacer personalmente".

Aun sin Scheiner, lo que consiguió Trigault fue una enorme proeza para la China jesuita: reclutó a 21 hombres, los suficientes para aumentar en un 50% el personal de la misión. Pero felicitarse por ello habría sido anticiparse a los hechos. Salió de Europa en 1618, a los cinco años de haber salido Trigault de la China, con 21 reclutas, pero llegó de nuevo al Asia en 1621, con mucho menos: Johann Terrenz Schreck, Adam Schall y otros dos, es decir, sólo cuatro de los 21 originales, uno por cada año y medio de sus seis años de fatigosa búsqueda. Fueron muchos los que no terminaron el horrible viaje. Piratas holandeses echaron a pique una cuarta parte del convoy y una fiebre contagiosa barrió otro de los buques y dio muerte a dos jesuitas y docenas de otros pasajeros y tripulantes. Otros jesuitas tuvieron que quedarse en Goa, puerto de escala, demasiado enfermos para continuar el viaje o retenidos para necesidades más urgentes. El triunfo de Trigault en el reclutamiento fue acompañado de una tragedia personal: entre los jesuitas muertos se contaban su hermano y su primo.

¿Y qué fue de Christopher Scheiner, cuya solicitud de ir a la China fue negada por el general de los jesuitas? Para honor suyo, se convirtió en mentor de la siguiente generación de brillantes y eminentes matemáticos jesuitas que contribuyeron a inventar el pantógrafo, instrumento que sirve para copiar mapas. Por otra parte, Scheiner acabó con la amistad que Clavius y Terrenz habían forjado con Galileo. En una disputa sobre la interpretación de las manchas solares, los cometas y otros fenómenos, llevada a cabo en un agrio intercambio de publicaciones académicas, Galileo venció a Scheiner y su colega Orazio Grassi (que firmaba con el seudónimo de Lothario Sarsi). Para Galileo, sin embargo, ésta fue una victoria pírrica. Ya era víctima de la animadversión de la burocracia eclesiástica y lo que menos le convenía era la hostil publicidad de esa pugna con dos eminentes astrónomos afiliados a la Iglesia.

Tampoco les convenía a los jesuitas. Cuando Terrenz empezó a trabajar en la China, se vio muy claro por qué Ricci había pedido que se mandara un astrónomo experimentado a ese país. Un numeroso departamento imperial luchaba todos los años por preparar un calendario que fuera funcional, cosa que hoy no sería un problema serio pero que sí era una complicada pesadilla en la era de la dinastía Ming. En el calendario chino había que agregar no un día cada cuatro años sino todo un mes cada 20 años. Introducir el calendario gregoriano reformado no era una solución aceptable. El calendario chino, a pesar de sus complicaciones y deficiencias, calculado sin solución de continuidad desde 2697 A. C., simbolizaba una rica y orgullosa historia y asumía gran importancia en una cultura hondamente arraigada en una visión de armonía integral del cielo y la tierra. El emperador, como *Tian Zi* (hijo del cielo) que era, encarnaba esa armonía. Un calendario exacto significaba que el mandato del cielo permanecía intacto, y con cada eclipse se confirmaba que el calendario existente estaba lejos de serlo.

A Terrenz, que tenía tan clara oportunidad de lucirse en la China, debió hacérsele muy amargo e inquietante no recibir respuesta a las cartas que le escribía a su mentor Galileo para pedirle consejo. Terrenz no tenía manera de saber hasta qué punto la disputa con Scheiner y Grassi había enemistado a Galileo con los jesuitas. En vista del obstinado silencio de Galileo, Terrenz al fin recurrió a una colaboración casi increíble con un protestante. Por intermediación de un jesuita le escribió a Johannes Kepler, el otro gigante de la astronomía a principios del siglo XVII. Como protestante, Kepler era de hecho un hereje para la burocracia católica, de modo que a diferencia del acosado Galileo, no tenía que temer excomuniones de la Iglesia.

Kepler respondió prontamente a la solicitud de ayuda de Terrenz con un largo documento en el cual esbozaba métodos de cálculo que podía ensayar y terminaba haciendo fervientes votos por el buen éxito de los trabajos de los jesuitas en la China. Hacer esa cálida asociación multinacional, como la estaba haciendo Terrenz para utilizar una disciplina (la astronomía) con el fin de obtener un resultado totalmente distinto (conversiones en la China), no era la manera común y corriente de operar en Europa en el siglo XVII. Pero era el ingenio jesuita en acción: un método que abría la puerta al progreso futuro de una manera que los medios comunes y corrientes nunca lograrían.

Ricci había pedido refuerzos científicos en 1605. Parece una exageración decir que la carta de Kepler de 1627 llegó justo a tiempo, pero en cierto modo eso fue exactamente lo que sucedió. En los años que mediaron entre esas dos fechas, los jesuitas fueron marginados, si no tratados con abierta hostilidad en la China. La vieja dinastía Ming, que ya tenía casi 300 años, sufría los estertores de una prolongada agonía. A la energía que tiempo atrás impulsó a la dinastía había seguido una estéril emulación por el poder entre los eunucos y los mandarines de la corte, y la posición de los jesuitas subía o bajaba según fuera en creciente o menguante el valimiento de los mandarines que los apoyaban. Aun cuando Terrenz hubiera llegado diez años antes, no habría tenido ninguna participación significativa en el debate científico. Pero a fines de la década de 1620, la buena estrella de los jesuitas iba otra vez en ascenso, por primera vez desde hacía años. Un mandarín cristiano fue nombrado vicepresidente de la Junta de Ritos y encargado del mantenimiento y reforma del calendario. El talentoso Johann Terrenz Schreck se había preparado muy bien, con la asesoría a distancia del protestante Kepler, y se dio la oportuna casualidad de que se esperaba un eclipse para el verano de 1629. El acertado pronóstico de Terrenz de que el eclipse ocurriría el 21 de junio de ese año, contra lo que decían los astrónomos chinos, demostró definitivamente la superioridad de los métodos jesuitas y les valió a éstos el encargo de reformar el calendario chino.

Esto vino justo a tiempo. Terrenz falleció dentro del año que siguió al eclipse de 1629. Lo mismo Kepler. Galileo pudo haberles hecho compañía tres años después (y no por muerte natural), si no se hubiera arrodillado ante los inquisidores del Vaticano para retractarse de su creencia en el heliocentrismo.

El confidente del emperador

Este retrato del jesuita Johann Adam Schall von Bell, astrónomo y constructor de cañones, fue publicado por su colega Athanasius Kircher un año después de su muerte. Adorna el traje de Schall la cigüeña de oro, símbolo reservado para quienes alcanzaban el más alto rango de mandarín en la corte imperial china. Schall fue el primer extranjero, y probablemente el único, que obtuvo ese honor.

Schall, el reformador del calendario

Trascurrieron 17 años desde que Ricci escribió su primera carta pidiendo un astrónomo jesuita hasta la llegada de Terrenz a la China. El viaje de reclutamiento de Trigault consiguió en Europa no sólo el talento que se necesitaba para realizar un gran avance jesuita sino también la reserva para llenar el vacío que dejó la muerte de Terrenz. Su compañero de navegación, Johann Adam Schall von Bell, asumió inmediatamente el puesto vacante en la comisión de reforma del calendario.

En el curso de los 35 años siguientes, Schall llevó a los jesuitas al apogeo de su preeminencia en la China. Javier no llegó a pisar la China continental. Ricci nunca logró pasar más allá del patio exterior del emperador. Schall estaba destinado a ser compañero del emperador y su huésped permanente.

Schall, el constructor de cañones

Poco después de asumir el cargo de reformador del calendario, Schall fue llamado a otra operación más apremiante y más extraña de cuanto él, o Javier o Ricci podían haber ima--ginado: construir cañones para defender una dinastía. Décadas antes, los burócratas imperiales habían visto esa arma en manos de los holandeses, por lo cual le daban el nombre de *Hung-I p'ao* (cañón de los bárbaros pelirrojos). Pero el orgullo no les había permitido adoptar esa tecnología e inaugurar un programa de armamentos hasta que la amenaza de los ejércitos manchúes hizo la necesidad de cañones tan obvia como la necesidad de reformar el calendario. Y como la fabricación de cañones era un arte europeo, los chinos pensaron que el mismo Schall que hacía instrumentos astronómicos europeos también podría hacer cañones. Las aclaraciones de Schall sobre qué era y qué no era una ocupación sacerdotal se vieron minadas por la misma estrategia que impulsó el ascenso de los jesuitas. Para éstos debió ser claro que la astronomía estaba de acuerdo con su misión de ayudar a las almas mientras que hacer cañones no, pero los anfitriones de Schall no apreciaban esa distinción.

No era ésta la primera experiencia de Schall con cañones ni con bárbaros pelirrojos, aunque esto seguramente lo ignoraban sus reales empleadores chinos. En 1622, hallándose en la isla portuguesa de Macao, tuvo que interrumpir sus estudios del idioma chino porque una flota holandesa dispersó a la pequeña guarnición portuguesa y desembarcó fuerzas para apoderarse de la isla. Los jesuitas, sin apoyo portugués, abandonaron sus clases para salvarse. Sirvieron unos viejos cañones emplazados años atrás en terrenos que después ocupó su colegio. Los "soldados" jesuitas, entre ellos Schall, no sólo lograron disparar un cañón sino que por pura suerte dieron en el blanco: las filas enemigas, nada menos. En la confusión que esto causó, los portugueses acudieron a la defensa y expulsaron a los holandeses, que tuvieron que volver a embarcarse. Las consecuencias de este triunfo no guardaron proporción con la magnitud de la escaramuza. Si los holandeses, que eran calvinistas, se hubieran apoderado de Macao, seguramente habrían puesto fin a las actividades jesuitas en la China. Además, mientras que las autoridades chinas siempre habían negado las solicitudes portuguesas para fortificar ese puesto comercial que estaba tan cerca de su territorio, la escaramuza entre portugueses y holandeses cambió esa actitud de los chinos. En efecto, mientras los ingleses y los holandeses fueron acabando poco a poco con el poderío portugués en el Pacífico, Macao, fortificada, permaneció firmemente en manos de Portugal hasta que se negoció su devolución a la China casi 400 años después. Y todo gracias a los jesuitas (o casi).

El incidente, según parece, le dio a Schall todo el entrenamiento que necesitaba en cañones. Supervisó la fabricación de casi 500 y además, en un arranque de celo poco sacerdotal, ideó un plan de defensa de la capital imperial y publicó en idioma chino un texto sobre la fabricación y uso de armas de fuego y minas. Por desgracia para el emperador, ni los cañones ni la estrategia militar de Schall llegaron a ponerse a prueba. La dinastía Ming tocaba a su fin. Parte de sus tropas desertaron, unos se pasaron a las fuerzas del bandido rebelde Li Tzu-ch'eng. El último emperador Ming se suicidó en las afueras del recinto imperial, mientras que Li se proclamaba emperador. El reino del pretendiente fue de corta duración.

Los ejércitos manchúes, reforzados por más desertores chinos, derrocaron a Li a las pocas semanas y tomaron la ciudad imperial que estaba en llamas. Shun-chih, quien tenía seis años de edad, fue entronizado como emperador y dio comienzo a la dinastía Qing en 1644.

Y Adam Schall se quedó sopesando la perspectiva de presentarse al vencedor manchú, no como un humilde empleado de la oficina del calendario sino como jefe de manufactura de cañones del régimen derrotado.

Schall, el "maestro de misterios universales"

Pero los Qings no inauguraron su dinastía con venganzas ni crueles persecuciones de los enemigos del Estado, reales o imaginarios. Los ejércitos manchúes se desplegaron para afirmar la autoridad en todas las dispersas provincias chinas, el orden se restableció en la capital, la burocracia imperial se vigorizó. Por todos sus aspectos, fue un cambio favorable después de años del moribundo gobierno Ming, pese a que en privado los chinos deploraban el edicto que los obligaba a adoptar la moda manchú de cabeza rapada y coleta. Adam Schall, como todos los demás, siguió el nuevo estilo, y no fue censurado por su papel militar bajo la dinastía Ming sino que fue ascendido a jefe de la oficina de astronomía. Si bien él y sus colegas jesuitas habían sido desde hacía largo tiempo los autores intelectuales de las actividades de esa oficina, la supervisión y el correspondiente rango de mandarín siempre se habían reservado para un chino. Pero los manchúes, tal vez por ser ellos mismos forasteros, no abrigaban tales prejuicios.

Así que, tras un breve intervalo de incertidumbre durante la transición de las dinastías, Schall fue otra vez la estrella que surgía. Le llovieron los honores a medida que ascendió por los nueve peldaños de la jerarquía mandarina. Cuando llegó al selecto círculo íntimo como mandarín de primer rango, ya ostentaba varios títulos, desde el esotérico de "maestro de misterios universales" hasta el sencillo pero más efectivo de "camarlengo imperial". Su influencia en el imperio no la igualaba ningún europeo anterior o posterior a él. Imagínese la desazón del embajador holandés, que era protestante, cuando al ser introducido al Consejo de Estado encontró al jefe del ministerio acompañado por "un jesuita de larga barba blanca, con la cabeza afeitada y vestido a la usanza tártara. Es oriundo de Colonia sobre el Rin, se llama Adam Schall y ha vivido 46 años en Peking gozando de gran estima por parte del emperador de la China". Es de suponer que el embajador era ajeno a los recuerdos de Schall de haber visto holandeses en Macao desde el lado de la mira de un cañón.

Schall, el *mafa* del emperador

La aventurada estrategia de Ricci de usar la astronomía y la tecnología occidental para adquirir posición en la China, se vio vindicada cuando Terrenz y Schall se introdujeron en la corte en posiciones de influencia, gracias a sus conocimientos y su experiencia. Pero ninguno de ellos pudo haber previsto que el cargo de máxima influencia de Schall no sería el de director de la oficina de astronomía ni el de camarlengo imperial sino el de *mafa*. Schall ascendió en la jerarquía china por su prodigiosa fuerza intelectual; pero al fin de cuentas su papel de *mafa* (abuelo) fue el que le ganó más estimación y confianza. Cuando Schall conoció al emperador Shun-chih, éste era un niño pequeño que había quedado huérfano a muy corta edad. Lo entronizaron poderosos regentes que tenían sus propios intereses y a quienes él no habría podido entender, en un medio extraño y lejos de su país natal. Era muy natural que el niño buscara un *mafa* putativo. No se sabe por qué eligió a Schall, aunque éste, como jesuita, por lo menos estaba mejor preparado para hacer de abuelo y confidente que para fabricar cañones. La extraña relación perduró aun después de que el emperador despachó a sus regentes y afirmó alguna autoridad independiente.

Schall, el arquitecto

Los colegas de Schall se regocijaban con su gloria. "Ojalá tuviéramos cien Adams —escribía uno de ellos—, pues a pesar de la distancia es una ayuda tan real para nosotros, que basta que digamos que somos sus compañeros y hermanos para que nadie se atreva a decir una palabra contra nosotros". Los jesuitas siempre habían mantenido una posición muy discreta en la China para no provocar explosiones de xenofobia. Sus conversos seguían el culto en capillas inconspicuas protegidas por las paredes de residencias jesuitas, pero el creciente renombre de Schall les infundió valor, y resolvieron construir en la capital una iglesia de estilo barroco de 30 metros de altura, el primer ejemplo de arquitectura occidental en Beijing. No teniendo un arquitecto mejor calificado, Schall el astrónomo, matemático, constructor de cañones, reformador del calendario y estratega de la defensa, hizo también de arquitecto y contratista para la iglesia.

Mientras el emperador gozaba de su relación con su *mafa* putativo, algunos colegas de Schall veían su creciente eminencia bajo una luz distinta, y a pesar de sus éxitos y de lo que ellos mismos se beneficiaban por reflejo, empezaron a criticar sus tácticas, ya fuera por envidia de sus éxitos o por genuina preocupación por su estilo de vida comprometedor. Schall pasó a ser un pararrayos. Algunos se quejaban de que su estilo de vida contradecía el voto de pobreza de los jesuitas. Dadas las prerrogativas de que gozaba un mandarín, sin duda tenían razón, aunque eran un poco miopes. Otros lo acusaban de tolerar prácticas supersticiosas, puesto que los chinos usaban su calendario para determinar qué días eran propicios para una boda, para emprender un viaje u otros sucesos personales importantes. Muchos cargos eran mezquinos, pero cuanto más se comprometía Schall en los menesteres de la corte imperial, más motivos daba a sus sostenedores para preocuparse. Le podían pasar que hiciera de preceptor del niño emperador Shun-chih y aun que se presentara ante la comunidad jesuita vistiendo manto de brocado con el emblema de la cigüeña de oro, símbolo reservado para los mandarines de primer rango, pero otra cosa era que el célibe Schall informara a sus colegas jesuitas que tenía un nieto.

Pues bien, la cosa pudo haber sido peor. En realidad, el nieto era adoptivo. El emperador Shun-chih, que en su juventud se había criado al lado de Schall, le había impuesto a éste el honor de aceptar un nieto, sin que Schall asumiera la obligación de sostener a la criatura. Negarse habría sido ofender gravemente a su poderoso protector. Un decreto imperial confirmó la adopción, y también permite un raro vistazo a los sentimientos chinos con respecto a los jesuitas. Por más que Schall y sus colegas hicieran por amoldarse a la cultura local, su estilo de vida tiene que haberles parecido desconcertante y triste a sus anfitriones:

En vista de que T'ang Jo-wang [es decir, Schall] ha hecho voto de castidad y celibato vitalicio, y en consecuencia tiene que vivir como un desterrado, triste, solo y sin ayuda, el Emperador deseaba que adoptara un niño como su nieto... T'ang Jo-wang viene de un país extranjero y durante muchos años ha servido al imperio... No está casado... Por consiguiente su nieto adoptivo puede ser admitido al colegio. Así lo decretamos.

Las relaciones heridas entre Schall y algunos de sus colegas se enconaron y lo distrajeron de explotar totalmente su más prometedora oportunidad en la China. Si sus detractores eran intolerantes, el temperamento de Schall no promovía una calurosa y rápida reconciliación. Schall era un hombre que no sufría a los necios y desde la cumbre de su saber hasta algunos colegas de talento a veces parecían serlo. Un jesuita que investigaba los cargos que se le hacían informaba que la personalidad de Schall exacerbaba lo que en realidad no eran sino simples desacuerdos: "Desde afuera es un hombre duro, muy irascible y malhumorado a la manera alemana". La discordia aumentaba y la cuestión de si un jesuita podía aceptar la dirección de la oficina del calendario llegó hasta el Vaticano. Tal vez para el papa era más fácil juzgar la cuestión imparcialmente. Al fin y al cabo él no tenía que cenar todas las noches con el duro, irascible y malhumorado Schall. Y así con su autoridad lo vindicó: "En vista de las ventajas manifiestas para la propagación de la fe que se derivan de ese puesto, el Santo Padre concede las dispensas necesarias para que los miembros de la Sociedad de Jesús puedan aceptarlo".

Schall, el acusado

Las pequeñas pérdidas de impulso que pueden haber tenido los jesuitas con estas desavenencias no eran nada en comparación con la catástrofe que les acarreó la muerte del emperador Shun-chih, a los 24 años de edad, ocurrida en 1661. Fue la señal para que salieran de sus escondrijos los enemigos que Schall tenía en la corte: burócratas y eunucos marginados, antiguos miembros de la oficina del calendario, xenófobos y anticristianos se congregaron tras el mandarín Yang Kuan-Hsien, quien se constituyó en cabeza de la facción anticristiana y publicó la diatriba "Refutación de la doctrina perniciosa".

Infortunadamente, Schall, que ya pasaba de los 70 años, sufrió un paralizante accidente cerebrovascular, circunstancia que animó a sus enemigos para redoblar sus ataques. Schall y tres colegas fueron citados ante el Consejo de Ritos y encarcelados por una larga serie de acusaciones, la más grave de las cuales era estar predicando falsas doctrinas y creencias en la China. Se culpaba igualmente a Schall, como jefe de la oficina del calendario, de haber sido autor indirecto de la prematura muerte del emperador, pues según su modo de pensar, sólo un auspicio aciago de sus actividades y ritos formales pudo haber llevado a tan temprano fallecimiento, y el calendario de Schall tenía que haber sido la base para tales augurios. Por sus ofensas menores, los tres compañeros de Schall fueron flagelados, y toda la Compañía de Jesús fue desterrada de la China. Schall fue condenado primero a muerte por estrangulación, pero luego los magistrados pensaron que la enormidad de sus crímenes contra el Estado merecía un tormento más exquisito, llamado *ling ch'ih,* que consistía en descuartizar al reo e ir cauterizando cada herida para reducir la pérdida de sangre y prolongar la tortura.

Schall había dedicado buena parte de su carrera a estudiar los cielos, y en ello había obtenido sus mejores triunfos. Ahora, de una manera inesperada y dramática, los portentos celestes intervinieron en su favor. Un violento terremoto azotó a Beijing el día en el cual le presentaron al emperador la sentencia de muerte contra Schall. ¿Qué señal podía ser más clara? Aterrados y sacudidos (literalmente), magistrados y procuradores corrieron a revisar la sentencia. Súbitamente la indulgencia les pareció una idea mejor y le permitieron a Schall volver a su domicilio.

Despojado de todos sus títulos y funciones, personalmente acabado y víctima de una parálisis casi total, Schall murió antes de un año. Autor de *Divergencias entre la astronomía europea y la china, Tratado del telescopio, Historia de la astronomía occidental* y unos cuantos tratados más en idioma chino, Schall redactó uno más antes de morir. Éste era para un auditorio más limitado, lo dictó a un colega y fue leído en su presencia:

Comparezco ante la comunidad, que para mí representa a toda la Sociedad de Jesús. No me voy a defender como me defendí hace unos meses ante los tribunales; más bien vengo a acusarme con toda honradez y candor... Al adoptar al hijo de mi sirvienta cometí una imprudencia. He causado escándalo, y he pecado contra el amor fraternal, de palabra y con la pluma, especialmente entre mis colegas en esta ciudad.

Enumeraba a continuación otros lapsos personales y agregaba:

Finalmente, ruego que nadie tome esta confesión como un arrepentimiento tardío ni piense que ha sido extorsionada por la adversidad; no es, en efecto, fruto de mi propio pensamiento sino de la voluntad del Dios misericordioso que toca el corazón del hombre con suavidad y poder en los momentos y de la manera que su providencia y su gracia ordenan.

Poco después murió.

Toda una vida vivida a la luz de los principios

Puede parecer una imagen extraña del liderazgo jesuita: Adam Schall en su lecho de muerte, desaparecidas totalmente su fama y su influencia.

O tal vez sea una imagen adecuada.

Las reflexiones de Schall en el trance de la muerte lo volvieron a llevar a los *ejercicios espirituales* que modelaron su visión de liderazgo. San Ignacio de Loyola, su autor, no pudo haber previsto la azarosa vida de Schall ni la sucesión de elecciones imposibles que lo pusieron a prueba. Pero sabía que los jesuitas, metidos en un mundo complejo, se verían en la necesidad de hacer muchas elecciones difíciles. Los ejercicios respaldaban el juicio de los novicios con métodos "para hacer una sana y buena elección" —esto es, toda escogencia importante en la vida— inclusive una serie de composiciones de lugar:

Me imaginaré una persona a quien nunca he visto ni

conocido. Deseándole la mayor perfección, pensaré qué le diría a fin de hacer que tal persona actuara para mayor gloria de Dios... y para la mayor perfección de su alma. Luego, haciendo eso mismo por mí mismo, cumpliré con la regla que he establecido para los demás.

Consideraré, como si estuviera a punto de morir, qué procedimiento y norma quisiera haber seguido en la manera de efectuar la presente elección. En seguida, guiándome por esa norma, tomaría mi decisión sobre todo el asunto.

Las composiciones de lugar se basaban en la idea de que toda decisión importante justifica una inversión bien pensada de tiempo, imaginación y energía. Loyola quería que los novicios meditaran una decisión desde distintos puntos de vista, incluso desde la perspectiva realista de su lecho de muerte: ¿Cómo decidiría si estuviera a las puertas de la muerte? ¿Qué valores y objetivos personales lo guiarían en ese momento?

Schall regresó a estas meditaciones en sus últimos días, pero esta vez ya estaba a punto de morir, de modo que no era un ejercicio imaginario. Desde que entró en el entrenamiento de jesuita a los 19 años hasta sus últimos momentos, incluía en su rutina reflexionar dos veces al día en sus actos, evaluar de nuevo las metas, aprender de sus errores y rectificar su rumbo. Y después de más de 40 000 de tales *exámenes* en el espacio de su vida, todavía confesaba no haberlo hecho todo bien.

Pero ni él ni ningún ser humano podía ni podrá siempre hacerlo todo bien. Precisamente su imperfección humana es lo que presenta un ejemplo de una vida integrada de liderazgo. Para el criterio vulgar, el liderazgo de Schall estaría en haber llegado hasta el círculo interior del poder en el imperio más grande del mundo. Pero toda su vida fue un ejemplo de liderazgo tanto en sus éxitos como en sus fallas. Líder no fue sólo Schalls el mandarín de primer rango, sino también Schall, el prisionero impotente; no fue sólo el Schall de quien sus colegas hubieran querido tener un centenar sino también "el duro, irascible y malhumorado" Schall. No fue sólo Schall, el *mafa* y "maestro de misterios universales" sino también el hombre que hizo cuanto pudo por trazar un rumbo heroico, aventurado a través de un mundo complejo lleno de más dilemas insolubles que fáciles elecciones.

El mejor ejemplo de lo bien que siguió Schall los principios de liderazgo —y lo bien que éstos le sirvieron a él— se puede encontrar, no en el auge de su gloria sino en su lecho de muerte, donde todavía, a la edad de 76 años, corría el riesgo de liderar, mantenía su integridad, firme en sus principios, lideraba y perseveraba.

El primer acto de heroísmo es correr el riesgo de liderar

El moribundo Schall catalogó sus errores: adoptar al hijo de su sirvienta, llevar un estilo de vida contrario a la santa pobreza y otros. Desde luego, había por lo menos una manera como pudo haber evitado esos errores: no aceptar el riesgo de liderar. Con el riesgo personal vienen los errores, pero no asumir riesgos es rehuir el liderazgo y disipar uno su potencial. No asumir riesgos significaría tal vez menos equivocaciones que enumerar al final de la vida, pero también más que lamentar acerca de lo que pudo haber sido y menos realizaciones importantes efectuadas.

Si Schall hubiera tenido más conocimiento de sí mismo, si hubiera sido más eficiente en sus exámenes diarios de conciencia, ¿habría tomado decisiones de las cuales no habría tenido que arrepentirse al final de la vida? Tal vez. Pero ninguna profundidad de conocimiento de sí mismo lo habría librado de todos los juicios equivocados, ni es ésa una meta realista de la reflexión. Por el contrario, la busca de conocimiento de sí mismo se basa en la realidad de que el ser humano comete errores, muchos errores, pero los líderes van más allá: reflexionan sobre sus errores, aprenden de ellos y siguen adelante.

¿El último riesgo de liderazgo de Schall? Ser el primero en arrepentirse. Los jesuitas veían el mundo a través del lente del amor, pero a veces ese lente se empañaba. Ningún equipo jesuita movido por amor pudo nunca sobreponerse a la condición humana. En este caso, Schall y sus colegas desperdiciaron energía al culparse unos a otros en lugar de aprovechar al máximo las oportunidades que les deparaban los éxitos de Schall. El moribundo Schall fue el primero que asumió el riesgo de efectuar la reconciliación que se le había escapado: "He pecado contra el amor fraternal".

Una vida totalmente cambiada es la misma vida

¿Qué fue lo que le dio su integridad a la vida de Schall? Superficialmente, nada. Su vida parecía fragmentada, mudando a cada rato su figura. Sus cambios de aspecto —de la vestidura sacerdotal europea al pelo largo y las barbas de la dinastía Ming en la China, luego a la cabeza afeitada y la coleta de los manchúes— fueron caricatura de su profunda trasformación personal, que ocurrió a lo largo de toda su vida, desde la juventud hasta la senectud, mediante cambios de ocupación, cambios de relaciones y cambios de las circunstancias. ¿Qué ató esa vida de manera que se pudiera reconocer como una misma vida?

Lo que le dio unidad e integridad a la cambiante vida de Schall fue su firme compromiso con una serie de metas y valores. Esto era lo único que no había cambiado en su vida, pero tampoco necesitaba nada más. En el caso de Schall, esos principios motivadores empezaron a tomar forma cuando se hizo jesuita a los 19 años. Loyola no expuso esos mismos principios para sí mismo hasta que cumplió los 40, bastante más de la mitad de una vida típica en el siglo XVI. Más importante que la ocasión en la cual una persona descubre los principios determinantes de su vida es su compromiso con ellos. Ya sea que se descubran temprano o tarde, la decisión de ceñirse a ellos en todas las elecciones es crucial. Por este proceso la vida se trasforma de una sucesión de episodios al azar en un todo armónico, una vida integrada.

Todos son líderes, y lo son todo el tiempo

Aun cuando a Schall le quitaron sus funciones y títulos, su capacidad de liderazgo no se la podían quitar. El "maestro de misterios universales" no era más líder ni menos que el anciano y moribundo Schall despojado de su poder e influencia. Aun al llegar a las puertas de la muerte, tuvo oportunidades de liderar, es decir, de seguir reflexionando sobre su vida pasada, de aprender, de vivir por los principios que apreciaba, de hacer las paces con sus colegas y consigo mismo, y luego morir con dignidad e integridad.

Los líderes perseveran

La teoría del líder en el momento determinante pierde de vista una señal crítica del liderazgo. Concentrarse únicamente en la acción decisiva del líder en el escenario mundial, nos distrae la atención de los años de preparación, los hábitos de toda la vida, los valores y el conocimiento de sí mismo obtenidos en los tropiezos que contribuyeron a ese momento determinante.

Los líderes perseveran. Tienen la voluntad y el valor de seguir adelante. La última voluntad de Schall, cuando ya su gloria y su influencia habían quedado muy atrás, parecerá extraña a cuantos no hayan compartido su visión de que las oportunidades de liderazgo continúan tanto como la vida de uno: "Puesto que Dios misericordioso me ha permitido vivir hasta hoy en esta Sociedad, tengo plena confianza en que, gracias a vuestras oraciones y obras pías, me concederá perseverar hasta el final". ¿Perseverar *para qué?* Para su último proyecto de liderazgo: completar lo que había comenzado y morir fiel a sus principios, los cuales veía como no menos cruciales que en oportunidades anteriores de liderazgo, todas ellas más vistosas.

La perseverancia es un elemento fundamental del liderazgo jesuita, ciertamente no exclusivo de Schall. El mismo espíritu animó a Benedetto de Goes en la larga y penosa marcha que terminó con su muerte en la lejana Xuzhou y motivó al equipo jesuita que 40 años después de la muerte de Schall —y un siglo después de la de de Goes— recorrió la Gran Muralla china hasta su terminación en las áridas planicies no lejos de Xuzhou.

Los líderes perseveran no sólo por orgullo, integridad y

compromiso con sus valores. Perseveran porque son a la vez lo bastante confiados, optimistas, ingenuos y humildes para creer y esperar que la semilla de sus esfuerzos fructificará en tiempos, maneras y lugares que no pueden predecir ni controlar. Es la actitud que inspiró a millares de maestros en el sistema escolar más floreciente del mundo y que anima hoy a maestros y padres de familia. Contagió a Schall y sus colegas. Tras décadas de sufrir rechazos en la China, la humillación y muerte de Schall y el destierro de 30 colegas marcaron la derrota definitiva de los jesuitas en ese país, excepción hecha de un puñado de jesuitas movidos por el *magis,* bastante ingenuos para creer que su buena estrella podría resucitar.

Eso fue lo que sucedió poco tiempo después. Ferdinand Verbiest salió libre de la cárcel pero en peligro de ser deportado, así que se quedó en la China calladamente y esperó. Sus colegas en todo el país fueron deportados a Cantón, pero en la capital no aparecieron agentes a ejecutar la orden de expulsión. El emperador K'ang-hsi no tardó en darse cuenta de que el más encarnizado perseguidor de Schall y su sucesor al frente de la oficina del calendario, Yang Kuan-Hsien, estaba lejos de ser un maestro de misterios universales. Los burócratas imperiales al fin llamaron a Verbiest, aun cuando no para deportarlo sino para pedirle que contribuyera con su saber a rectificar los errores de que estaba plagado el remedo de calendario de Yang. Verbiest estaba bien preparado para el caso, pues había sido discípulo de Schall, como Schall lo había sido de Terrenz, y Ricci de Clavius. "Los jesuitas aprenden mejor enseñando a los demás", había dicho Polanco, y eso incluía enseñarse unos a otros. Tres años después de la muerte de Schall y la deportación de sus colegas, los jesuitas empezaron a regresar uno por uno al continente y Verbiest era el director de la oficina del calendario. Una sucesión de jesuitas dirigió esa oficina durante casi un siglo, y cuando se interrumpió esa sucesión, no fue por disposición de los chinos sino por el edicto de 1773 del papa que disolvió toda la Compañía de Jesús.

El mapamundi de Matteo Ricci había despertado la curiosidad de sus eruditos amigos chinos y había llevado a los éxitos iniciales de los jesuitas. Cien años después de su muerte, los mapas volvieron a figurar en esos éxitos. Jesuitas franceses, nuevos miembros de la Academie Royale des Sciences después de un aprendizaje en el observatorio Luis XIV de París, llegaron a la China en un momento propicio. Gracias a Verbiest, la Compañía había recuperado su valimiento, y el emperador K'ang-hsi anhelaba conocer mejor su vasto imperio. Los franceses se propusieron ganar su confianza en sus destrezas mediante el levantamiento del mapa de la Gran Muralla. Tres de ellos salieron de Peking en junio de 1708 y regresaron a los siete meses, después de haber recorrido la muralla hasta su terminación occidental en la cuenca Tarim que de Goes había cruzado tiempo atrás. Parece que el Emperador quedó muy complacido con los resultados de esta expedición: un mapa de casi 5 metros de longitud, en el cual aparecían los ríos, los fuertes y unas 300 puertas, y les comisionó un mapa completo del imperio. Tres equipos de jesuitas se desplegaron y pasaron cerca de diez años haciendo levantamientos topográficos para el primer atlas comprensivo de la China, trabajo que fue la principal obra de referencia para la cartografía europea de ese país hasta ya bien entrado el siglo XIX. Su salvoconducto imperial les garantizaba una buena acogida por parte de las burocracias provincianas, aun en las remotas regiones y vastos territorios del norte de Mongolia. "Aun cuando el mapa estaba muy vacío, complació al emperador". La mayoría de los funcionarios a quienes conocieron en sus viajes no habían visto nunca a un europeo, pero algunos tenían conocimiento de la reputación de Li Ma-tou (Ricci) y de T'ang Jo-wang (Schall), y de lo que ambos y sus compañeros jesuitas habían aportado a la China: Ricci, imaginación e innovación; de Goes, perseverancia y atrevimiento; Clavius, rigor intelectual y decisión de sobresalir; el fundador de los jesuitas e incontables colegas, vivos y muertos, una manera de vivir y una manera de mantener la unidad de su vida, integrando los principios de conocimiento de sí mismos, ingenio, amor y heroísmo.

CAPÍTULO 12

Conclusión

Una investigación de la palabra liderazgo en el motor de búsqueda Google arroja más de diez millones de páginas web. Un librero en línea ofrece más de diez mil títulos sobre el tema. Aun sin tomarse el trabajo de examinarlos, se puede dar por sentado que ninguno de ellos presenta a la sociedad como inundada de líderes. Probablemente es todo lo contrario. Muchas de esas obras reforzarán lo que ya sabemos intuitivamente: que necesitamos más líderes de principios y eficientes al timón de las principales corporaciones, liderazgo personal más confiable en el hogar y en el trabajo, y más liderazgo visionario e inspirado por parte de quienes nos entrenan, enseñan, asesoran y aconsejan.

También se puede afirmar con un alto grado de seguridad que ninguno de esos libros destaca como rica fuente de liderazgo al puñado de amigos que hace unos 470 años se reunieron para fundar una nueva compañía, para lo cual no parecían estar bien preparados ya que no tenían ni un producto, ni capital, ni nombre para la compañía, ni experiencia o plan de acción. Sus probabilidades de éxito eran bien escasas.

A pesar de todo, antes de que transcurriera mucho tiempo ya existía la Compañía de Jesús, con un millar de miembros que operaban en cuatro continentes. En poco más de una generación era la orden religiosa más importante del mundo, y posiblemente la más importante de *todas las compañías* de la época. Fueron los precursores de una estrategia para comprometer a los no europeos, que un historiador ha llamado "una de las pocas alternativas al brutal etnocentrismo de la expansión europea sobre la tierra". Y fueron también los primeros exploradores europeos que trazaron el mapa del alto río Misisipí, de vastas regiones del interior de la China, de las cabeceras del Nilo Azul, de la Baja California y de áreas más distantes aún, "regiones que ni la avaricia ni la curiosidad habían tentado a sus nacionales a penetrar... lenguas de las que ningún otro nativo de Occidente entendía una palabra".

La señal distintiva de la conquista jesuita no fue un cargamento de botines, varias hegemonías usurpadas o banderas clavadas en nombre de lejanos reinos europeos, sino el *conocimiento*. Pronto Europa nadaba en mapas, libros de historia natural, literatura sabia, gramáticas, diccionarios y estudios comparativos de teología producidos por jesuitas en todo el mundo: la versión italiana de Ricci de los Cuatro Libros de Confucio, los mapas del padre Marquette del Alto Misisipí, los diccionarios confeccionados por los misioneros en el Asia para traducir del japonés, el tamil, el vietnamita y otras lenguas, los estudios celestes llevados a cabo por astrónomos jesuitas realizados en extremos opuestos del mundo (Beijing y el interior de América del Sur). Europa aprendió de los jesuitas, pero también aprendieron los países que los recibían. Immanuel C. Y. Hsü en *The Rise of Modern China* hace el inventario de los aportes culturales y tecnológicos de los jesuitas: "De ellos aprendieron los chinos los métodos europeos de fundir cañones, las maneras de elaborar calendarios, la cartografía, las matemáticas, la astronomía, el álgebra, la geometría, la geografía, el arte, la arquitectura y la música. Al mismo tiempo, los jesuitas hicieron conocer en Europa la civilización china. Fue el primer encuentro de ésta y Occi-dente en tiempos modernos y le dio a aquélla la oportunidad de modernizarse".

Con todo, su innovación más visionaria e influyente parece en retrospectiva obvia, casi inevitable. Algunas grandes ideas son tan ampliamente acogidas e imitadas que olvidamos que en un tiempo fueron novedosas: el automóvil, el teléfono, los sistemas escolares. Es cierto que escuelas y redes de escuelas las hubo desde antes de los jesuitas, pero ninguna otra organización había instalado antes una en tan grande escala y con tanta imaginación. Compañías globales muy importantes luchan todavía por incorporar en sus negocios ciertas prácticas que fueron típicas de las escuelas jesuitas hace cuatro siglos: reunir un personal multinacional, gerenciar a través de las fronteras, idear y hacer circular incansablemente las mejores prácticas y diferenciarse de los competidores mediante el compromiso de entregar un producto "de calidad total". Adonde quiera que fueran los jesuitas, florecían los colegios: en Praga, Viena, Lisboa, París, Goa, Ingolstadt y dos docenas más de ciudades en sólo la primera generación de sus esfuerzos.

CUATRO PRINCIPIOS QUE FUERON DECISIVOS

Infinitamente más valioso que el plan, el producto y el capital de los cuales carecían los jesuitas fue el hecho de que los fundadores sí tenían dedicación incondicional a un modo exclusivo de trabajar y de vivir, a una vida en la cual se integraban los príncipios del liderazgo, es decir, el conocimiento de sí mismos, el ingenio, el amor y el heroísmo.

Ni Loyola ni sus colegas fundadores entendían éstos como principios de liderazgo, ni los habrían considerado destrezas del mismo, tal y como hoy usamos nosotros estos términos. Más bien, tomados en su conjunto y reforzados por la práctica de toda una vida, los tenían como un modo de proceder, una actitud integral frente a la vida. Respondían a las oportunidades y las crisis, no echando mano de las tácticas de moda sino operando hoy de la misma manera que habían operado ayer y que operarían mañana, en el hogar y en el trabajo, en los éxitos y en los fracasos. El septuagenario y moribundo Schall se valió de los mismos métodos de los cuales se había servido como novicio a los 20 años en Roma. El astrónomo Clavius se benefició en Roma de la misma disciplina del examen de conciencia que practicó el músico Antonio Sepp en la reducción de Yapeyú. Y el mismo amor fortaleció a Antonio Vieira cuando se enfrentaba a los esclavistas en el Brasil que cuando asesoraba a jóvenes colegas jesuitas en Portugal.

No son las compañías sino las personas las que tienen conciencia de sí mismas, y no son las organizaciones sino los seres humanos los que tienen amor. Liderar es una elección personal. Cualesquiera que hayan sido los pasos en falso de

los jesuitas, ninguno olvidó jamás que los líderes se desarrollan uno por uno, y ninguno escatimó esfuerzos en el proceso
de convertir a los jesuitas en líderes. Generación tras generación, todo novicio hacía los *ejercicios espirituales*, basados en
la tortuosa vía que siguió el propio Loyola hacia el liderazgo
personal efectivo. Loyola atrajo a algunos de los mejores
talentos de Europa, no por su inteligencia superior y sus
notables realizaciones, ni con un plan atractivo de negocios
— ni ningún plan, realmente. Su gran atractivo estaba en su
habilidad para ayudar a los demás a hacerse líderes. Su
manera de dirigir a sus compañeros fundadores sirvió de
modelo para la compañía: todos tienen potencial de liderazgo
y los verdaderos líderes abren ese potencial en los demás.

Repaso del heroísmo

*El heroísmo inspirado en el magis anima al hombre a poner alta
la mira y lo mantiene siempre dirigido hacia algo más, algo más
grande.* Loyola exhortaba a los novicios en Italia a "concebir
grandes resoluciones y provocar deseos igualmente grandes". A otro equipo le recordaba que ninguna realización
común y corriente debía satisfacer sus ambiciones de excelencia. Su teniente Nadal recorrió la Europa jesuita diciendo
a los novicios que cualquiera que fuera el oficio que escogie-
ran, no se debían contentar con hacerlo a medias. El astrónomo Clavius desde su elevado puesto en el Colegio Romano
concebía la formación de "hombres brillantes y eminentes
que se distribuyan por las diversas naciones y reinos como
gemas radiantes".

Podría sonar esto como fantástica retórica de los jefes,
pero los jefes creían y vivían lo que predicaban, y no sólo

vivían movidos por el *magis* y les hablaban a los novicios de él sino que les pedían considerar este ideal y dedicarse a vivirlo. Los novicios aceptaron la invitación y en todo el mundo jesuitas impulsados por el *magis* empezaron a creer y actuar como si lo que estaban haciendo fuera "la empresa más grande del mundo". Y cuando muchos miembros de un equipo piensan así, eso se convierte en realidad. Héroes movidos por el *magis* aportan energía, ambición y motivación al trabajo; los resultados vienen por sí solos.

El heroísmo hace a una persona soñadora y pragmática a la vez. Javier fue enviado a la India, pero concibió la idea totalmente irreal de abarcar toda el Asia (totalmente irreal, salvo que sus colegas que lo siguieron la realizaron). Los maestros jesuitas de escuela secundaria trabajaban dentro de un espacio más limitado, como era el salón de clase, pero con no menos heroísmo. Ese heroísmo no se medía por la escala de las oportunidades que se les presentaban sino por la calidad de su respuesta a ellas. Los líderes heroicos no esperan hasta que llegue el gran momento: se lanzan a captar la oportunidad que esté a su alcance y extraen de ella la mayor riqueza posible. El heroísmo está en la nobleza de comprometerse con una manera de vivir que se concentra en metas más grandes que uno mismo.

Repaso del ingenio

El ingenio predispone a las personas no sólo para pensar de una manera original sino para vivir de una manera original. Confiados en que la mayor parte de los problemas tienen solución, hombres como Ricci y de Nobili exploraron tácticas y estrategias que trascendían la estrecha mentalidad de sus contemporáneos europeos. No era sólo que Ricci y de Nobili fueran inteligentes y buenos trabajadores sino que habían cultivado la actitud vital de indiferencia —la falta de apegos desordenados— y el espíritu de que todo el mundo sería su casa.

El ingenio lleva a las personas a arrancar de raíz todo provincialismo, temor de lo desconocido, apego a su posición o sus posesiones, prejuicios, aversión al riesgo y la actitud de que "así es como lo hemos hecho siempre". Cuando el individuo ve todo el mundo como su casa, puede echar una mirada confiada, interesada y optimista a las nuevas ideas, culturas, lugares y oportunidades. Librándose de aficiones desordenadas que podrían impedirle exponerse al riesgo o la innovación, se apresta para lanzarse imaginativamente sobre las nuevas oportunidades. Y mirando al futuro con optimismo, es más probable que encuentre esas oportunidades y soluciones. Loyola llamaba a esto "vivir con un pie levantado".

Repaso del amor

El amor comunica propósito y pasión al ingenio y al heroísmo. La misión de la Compañía de Jesús de ayudar a las almas es una abstracción estéril hasta que el amor la hace personal. El amor trasformó la misión y la manera como los jesuitas la acometieron. El colega de Loyola Jerónimo Nadal observaba: "Nuestro padre [es decir, Loyola] decía que no debíamos ayudar fríamente al prójimo o en movimiento lento. Y con ese simple dicho expresaba la finalidad de nuestra Sociedad, esto es, acudir fervientemente a la salvación y perfeccionamiento de nuestros hermanos". El amor les daba el valor de enfrentarse a los más poderosos cortesanos de España y a toda la mentalidad social que ellos representaban: "Me dicen que Su Señoría se ha disgustado porque admitamos a tantos cristianos nuevos en nuestra Compañía... La Compañía no debe ni puede excluir a nadie. No puede rechazar a ningún talento ni a ningún hombre de calidad, ya sea cristiano nuevo o noble caballero o cualquier otra cosa".

Es fácil entender cómo un espíritu de amor puede beneficiar a una compañía dedicada a ayudar a las almas, pero el amor hace a todas las compañías más fuertes. ¿Cómo? El amor permite a una compañía acoger a todos los talentos, sin preocuparse por su religión, color, posición social o credenciales. El amor es el gozo de ver sobresalir a los miembros del equipo, "correr a toda velocidad hacia la perfección". Y el amor es el pegante que aglutina a los individuos en equipos leales que se apoyan.

Los líderes movidos por el amor ven un mundo de seres humanos de extraordinaria dignidad, sin miedo, sin codicia, que no engañan. Viven con la premisa de que la gente da lo mejor de sí cuando trabaja para personas que ofrecen genuino apoyo y afecto.

Repaso del conocimiento de sí mismo

El conocimiento de sí mismo arraiga y nutre las demás virtudes del liderazgo. El que descubre quién es, qué quiere y qué defiende ya ha dado el primer paso hacia el liderazgo heroico. Quienes han señalado y han empezado a extirpar sus debilidades y apegos insanos están creando la indiferencia esencial para el ingenio.

Los primeros novicios jesuitas descubrieron el poder de

señalar explícitamente sus valores: así soy yo, esto es lo que defiendo, esto es lo que quiero. Ese proceso de denominación tiene dos consecuencias. Primera, la mayoría se sorprende gratamente al comprobar cuánto es ya lo que defienden, y se comprometen con más energía con sus valores sólo por el hecho de expresarlos. Segunda, con el proceso viene inevitablemente la revaluación: ¿Estoy satisfecho con esto? ¿Es ésta la declaración de liderazgo que quiero hacer en el mundo? ¿Es éste el legado que quiero dejar?

El conocimiento de sí mismo no es un proyecto de una sola vez. No menos importante que la evaluación inicial que uno hace de sus fortalezas, sus debilidades, valores y visión, es el hábito diario de reflexión, el examen de conciencia. Es una oportunidad de medir la vida, aspecto por aspecto, a la luz de los principios y las metas. ¿Dicté la última clase con interés amoroso por mis discípulos, o sólo mecánicamente por cumplir? ¿Apliqué hoy a mi trabajo imaginación, o me contenté con sólo hacerlo por salir del paso? Ésta es una oportunidad de asegurarse de que uno permanece equilibrado en la misma línea que siguieron de Nobili y otros: aventurando pero firme en sus creencias básicas. El examen de conciencia parte del supuesto de que hasta los líderes cometen errores, de que podemos aprender de ellos y de que cada uno tiene una capacidad ilimitada de crecer y desarrollarse.

Aunque el concepto de íntima reflexión pueda sugerir la idea de aislamiento del mundo, quienes la practican debidamente encuentran que los capacita mejor para actuar en él con energía. Las tres ocasiones de rigor —"al levantarse", "después de la comida de mediodía" y "después de la cena"— le ayudan a uno a alcanzar el estilo de vida enfocado, de recogimiento, que los primeros jesuitas llamaron *simul in*

actione contemplativus, "contemplativo aun en la acción".
Como dijo un colega de Loyola, "es increíble con qué facilidad
se recogía nuestro Padre en medio del ruido del mundo".
Llegar a ese punto no era un truco de la santidad; era el fruto
de continua y paciente inversión en el examen de conciencia:
la dedicación inicial a descubrir uno sus recursos, debilidades
y metas, seguida por el hábito cotidiano de la íntima reflexión.

Cómo pueden los gerentes de hoy liderar a los líderes

Todos somos líderes y todos estamos liderando todo el
tiempo, a menudo de pequeñas maneras inconscientes. Los
centenares de encuentros casuales con nuestros semejantes
que experimentamos todos los días —comprar el café del
desayuno, tomar un tren, entenderse con los subalternos—
son todas oportunidades de mostrar respeto (o lo contrario).
Innumerables cuartos de hora en los cuales uno despacha
con su asistente, sus colegas, su cónyuge o sus hijos suman
al mes horas de interacción. No nos detenemos a pensar en
el mensaje que trasmitimos en estos breves encuentros, que
en total equivalen a la mayor parte de la vida activa. El líder
que adopta la teoría del "gran momento" pasa por ellos sin
rumbo fijo, a la espera, en lugar de definir él mismo la dramática oportunidad de mostrar liderazgo. Pero seamos francos. Más actitudes se han formado probablemente por la
manera de comportarse un director ejecutivo con un empleado durante un casual encuentro en un ascensor, que por sus

elocuentes pronunciamientos oficiales tendientes a producir una honda y duradera impresión en miles de vidas durante generaciones por venir.

Un liderazgo heroico invita a todos a evaluar su impacto diario, a rectificar el foco si es necesario, y a declarar la marca de liderazgo que quieren dejar. Los invita igualmente a cambiar un liderazgo casual por un liderazgo deliberado de sí mismos y de los demás. En la ambiciosa visión de Loyola, hasta esos breves minutos en el ascensor son oportunidades de liderar. Es un enfoque humilde y sin embargo optimista. Humilde, porque reconoce que al fin y al cabo los líderes no controlan los resultados, sólo sus propios actos, su aporte, digamos. Y sin embargo optimista, porque reconoce que nuestros actos pueden influir profundamente no sólo en el momento presente sino en años venideros como un modelo para futuros maestros, padres de familia, empleados y gerentes.

En el caso de los jesuitas, la idea de los cuatro pilares del liderazgo no era una cosa que les hubieran impuesto sus jefes; era lo que cada jesuita escogía para sí mismo. No fue accidental que sus mayores proezas de liderazgo las realizaran en el terreno líderes inspirados, no sus directores en la oficina central. Ricci, de Nobili, Schall, los jesuitas de las reducciones y millares de maestros de escuela secundaria y universitaria buscaron oportunidades que el liderazgo personal trasformó en realizaciones heroicas.

Pero si todos lideran y el liderazgo fluye de abajo hacia arriba, ¿qué papel queda por desempeñar a los altos jeques de las compañías y las corporaciones? Generalmente se da por supuesto que líderes son los que tienen mando: los generales, capitanes, gerentes, jefes de equipos y directores ejecutivos, pero la visión jesuita vuelve esa idea al revés. Si quienes antes se consideraban seguidores son en realidad líderes, ¿qué son entonces quienes antes teníamos por líderes? ¿Cómo pueden aplicar la sabiduría de los jesuitas quienes tradicionalmente han sido líderes, gerentes o jefes?

Ante todo, dejan de actuar como si estuvieran dirigiendo a seguidores y empiezan a actuar como líderes de líderes y hacen lo que ayuda a otros a liderar.

Liderarse a sí mismo y a otros por el ejemplo

Quien quiera que su equipo actúe heroicamente, sea él mismo un héroe. Si quiere que sus empleados se apoyen unos a otros, apóyelos con el estímulo, la lealtad y el honrado adiestramiento que les ayuda a "correr a toda velocidad hacia la perfección".

Ningún instrumento de liderazgo es tan eficaz como el ejemplo de la propia vida del líder: lo que él es o hace, qué principios se reflejan en sus actos y cómo concuerda lo que hace con lo que dice. El ejemplo personal marca la diferencia entre lo que deja una profunda impresión y lo que apenas es "un pedazo de papel" que engendra cinismo, no liderazgo.

Desarrollar a los más brillantes talentos

Quamplurimi et quam aptissimi. Los fundadores jesuitas crearon su compañía mediante la búsqueda y el desarrollo de "tantos como sea posible y los más aptos de todos". Cuando desarrollar a los *aptissimi* exigía desviar los ya escasos recursos para educar novicios, no vacilaron. Comprendían que el talento bien desarrollado es lo que impulsa el éxito de una compañía. Barajar otras prioridades para desarrollar ese talento no era alterar la estrategia de la compañía; era la estrategia misma.

En todos los informes anuales se encuentra alguna versión de lo que ya ha venido a ser un lugar común: "Nuestros empleados son nuestro activo más importante". ¿Pero los gerentes se dedican activamente a buscar y desarrollar a los más aptos, e invierten tiempo, recursos y energía en liberar el potencial de esos valiosos activos? ¿Ven los trabajadores que sus superiores, inclusive el director y los altos ejecutivos, están trabajando para convertirse ellos mismos en *aptissimi*? ¿O ven en ellos a magnates cuya dedicación a su propio desarrollo terminó cuando llegaron a cierta altura en la escala corporativa?

Señalar la veta en la mina

Sería muy útil y economizaría tiempo que los gerentes pudieran inventar palabras mágicas para producir rendimiento motivado a gran escala. No ocurre, ni ha ocurrido ni ocurrirá jamás así. Probablemente la misión corporativa inspirará sólo a quienes la redactan, precisamente porque el proceso de darle forma la hace personalmente importante. Los gerentes líderes tienen que encontrar maneras de ayudar a sus subalternos a hacerla personal — la clave de la automotivación. Como se les recordaba a los jesuitas directores de los ejercicios, "es una lección de la experiencia que todos los hombres se deleitan y se entusiasman más con lo que ellos mismos descubren. Por tanto, bastará con señalar como con el dedo la veta en la mina y dejar que cada uno cave por sí mismo".

A Loyola y los suyos les habría complacido saber que su método ha sido validado cuatro siglos después por la firma de consultores en administración McKinsey and Company. Buscando estrategias para ayudar a las empresas a atraer y retener a los escasos talentos, McKinsey preguntó a los más altos ejecutivos qué motivaba a sus mejores talentos. A continuación se da un resumen de lo que encontraron:

Porcentajes de 200 altos ejecutivos que califican como indispensables diversos factores de la motivación:

Valores y cultura	58 %
Libertad y autonomía	56 %
Retos emocionantes del oficio	51 %
Buena administración	50 %
Alta compensación total	23 %
Misión inspiradora	16 %

¿Qué quieren los *aptissimi?* Quieren ejercer su iniciativa ("libertad y autonomía") y quieren hacer una contribución importante ("retos emocionantes del oficio"). Y les interesan los valores y la cultura de la empresa: qué representan los colegas, cómo se tratan unos a otros y cómo ven las oportunidades y las ideas. En resumen, les interesa el modo de proceder. Lo que menos les interesa es el pedazo de papel, a juzgar por el reducido número, 16%, que consideró la "misión inspiradora" como un motivador clave. En términos jesuitas, lo que emociona a los *aptissimi* es trabajar en un ambiente en el cual se entiende que todos son líderes y que todos lideran todo el tiempo.

Apoyar a los líderes que uno lidera y confiar en ellos

"Olivier, corta tu traje según el paño que tengas, pero dinos cómo has actuado". Cuando un gerente ha formado líderes, tiene que apoyarlos. Todos les piden a sus empleados que muestren más iniciativas... hasta que esto ocurre. Entonces las cosas se ponen algo incómodas. Los subalternos toman decisiones pero no siempre las que el jefe esperaba, y a veces hasta se equivocan. Entonces los superiores se disgustan e intervienen hasta en los menores detalles.

El gerente líder, en cambio, sigue la intuición de Loyola, de que "los que están en el terreno ven mejor lo que se debe hacer". Más aún: el gerente líder tiene el valor, la confianza y la paciencia de apoyar a los subalternos que hayan cometido errores, pues entiende que los líderes más eficientes se cuecen en el horno de sus propios tropiezos y desarrollan flexibilidad, capacidad de aprender de sus equivocaciones y sabiduría para aceptar que ellos y sus compañeros son imperfectos.

Cuando los subalternos tienen el valor de exponerse a serios riesgos por la compañía, los gerentes líderes tienen el valor de sostenerlos en esos pasos aventurados. Cuando de Nobili y Schall necesitaron apoyo de Roma, lo obtuvieron. No recibieron el rechazo de un general jesuita enemigo del riesgo, que súbitamente tenía más interés en protegerse él mismo. Por el contrario, fue un mal síntoma para el heroísmo jesuita que a los del Paraguay se les dieran instrucciones de ceder en su causa, en lugar de asegurarles que su general empeñaría una batalla diplomática para respaldarlos.

No liderar si uno no está preparado para aventurar

Cuando el liderazgo está funcionando, duele. La buena noticia es la mala noticia. El líder que encuentra y desarrolla *aptissimi,* les da oportunidades de liderar y, cuando los apoya en la asunción de riesgos, se verá con los mismos dolores de cabeza de personal y prioridades que todos los superiores jesuitas. Es un gran problema: equipos fogosos que descubren oportunidades, convencidos de que el trabajo que están haciendo es el más importante del mundo y clamando todos por refuerzos. Pero el día de preocuparse es el día que no haya dolores de cabeza. Cuando cesa el liderazgo de abajo, reina la calma en la cumbre. Pero los que quieran paz deben más bien dedicarse a la vida monástica, no a la agitada vida de cuatro pilares de liderazgo.

En un mundo de liderazgo desde abajo los gerentes líderes

- Se lideran a sí mismos, inspiran a los demás por el ejemplo y crean ambientes más de amor que de temor;
- Encuentran *aptissimi* y los desarrollan;
- Ayudan a los subalternos a localizar los móviles internos generadores de rendimiento motivado; y
- Sostienen a quienes están "en el terreno" y confían en ellos.

Una inversión de 30 horas por empleado

Loyola es un modelo del gerente líder. Él mismo adiestró a muchos de los futuros líderes de la primera generación de jesuitas con sus ejercicios espirituales y los guió en el examen de sus fortalezas, debilidades, valores y visión del mundo. Fue un compromiso significativo: se reunían todos los días en sesiones hasta de una hora, durante 30 días. ¿Cuántos años se necesitarían para que un gerente de nuestros días hiciera otro tanto? Argüirán que las muchas demandas de su elevada posición les impedirían entrenar individualmente a sus subalternos de manera tan extensa (sin contar con que el mismo Loyola presidió una compañía multinacional cuyo tamaño se duplicaba cada pocos meses).

Tal vez tendrán razón. O tal vez serán un poco miopes. Las 30 horas de entrenamiento se deben ver como una inversión. En el caso de Loyola, el rendimiento fue espléndido por su enorme efecto multiplicador. Mientras que los gerentes de hoy pierden su tiempo en contrariar las decisiones de sus subalternos, Loyola tenía una política de no intervención a distancia: "Los medios que usted juzgue los mejores en Nuestro Señor yo los apruebo sin reserva. En este asunto tenemos una sola voluntad pero usted está en contacto más directo con la situación". Hoy los ejecutivos, por lo general, sólo confían en sí mismos y en su círculo íntimo para manejar las relaciones de alto nivel o diplomáticas, mientras que Loyola despachaba con toda confianza una larga serie de jesuitas a entenderse con los potentados del mundo, desde el rey de Portugal hasta el emperador mogol. No era un mal rendimiento para una inversión de 30 horas por jesuita. La inversión tenía un enorme efecto multiplicador. Loyola llegó a conocer a sus futuros líderes y a confiar en ellos, gracias a los ejercicios que también preparaban a cada uno para representar a la Compañía como un jesuita dueño de sí mismo. Y, lo que es más, cada uno heredó de Loyola la tradición de invertir su propio esfuerzo en preparar a la siguiente generación.

Los líderes gerentes de hoy se resuelven a hacer análogas inversiones, no por un sentido del deber ni por hacerse amables, sino por lo que se podría llamar un amor iluminado: el deseo de desatar el potencial de los demás, combinado con la convicción de que ésa es la mejor inversión de todas.

Líderes fuertes cuestionan el *statu quo*

Los jesuitas acogieron cuatro principios autorreforzados y arraigados en la tradición de que cada generación enseñaría a la siguiente a guiarse por ellos. ¿Eran éstos el mecanismo perfecto del liderazgo? No precisamente. El mecanismo sólo era tan perfecto como cada jesuita, lo cual no es decir mucho. *Aptissimi* o no, no dejaban de ser humanos. Una vez que ese mecanismo autorreforzado y autorreplicador arrancaba, los jesuitas no podían ponerlo en piloto automático y disfrutar del viaje. Todo lo contrario. A medida que aumentaban sus éxitos, los jesuitas encontraron que permanecer fieles a los principios no era más fácil sino más difícil. ¿Por qué? Porque el ingenio, el heroísmo movido por el *magis* y la autorreflexión los llevaban inevitablemente a cuestionar el *statu quo,* su propio comportamiento, el trabajo que estaban haciendo y las culturas en las cuales operaban.

Pronto los jesuitas tuvieron que afrontar el reto que tienen que afrontar todas las compañías prósperas: reinventarse a sí mismas constantemente en lugar de dormirse sobre sus laureles. Una vez que "llegaron", la motivación para reinventarse fue menos obvia y era natural que se preocuparan por su vasto y próspero sistema escolar y si estaba erosionando su valiosa movilidad y flexibilidad.

Que se quedaran cortos de sus propios principios no indica que el modelo fuera defectuoso. No hay una fórmula infalible de liderazgo porque no hay ninguna que esté a prueba de la debilidad humana. Caer no es una tragedia; la tragedia es no aceptar y entender nuestros tropiezos y no aprender de ellos, volverse a levantar y seguir adelante más cauto, mejor líder. Los líderes eficientes conservan su táctica contracultural, inquisitiva, movida por el *magis,* sabiendo que se presentarán problemas si dejan de plantearse interrogantes y de retarse a sí mismos y a los demás. El líder moderno, que conserva el espíritu de reflexión, como lo conservaban los jesuitas hace casi cinco siglos, evita la peor de todas las tragedias del liderazgo: despertar por la mañana asediado por la terrible pregunta: ¿Qué he estado haciendo de mi vida durante el último año, o los cinco o los treinta últimos?

Líderes, pero no siempre santos

Los principios del liderazgo jesuita no garantizan éxito mundano, ni tampoco notable santidad a quien los siga. Unos 200 jesuitas, entre ellos Ignacio de Loyola y Francisco Javier, han sido canonizados o beatificados por la Iglesia católica. Ninguna iglesia parece completa sin alguna imagen de estas dos torres gemelas de la heroica santidad jesuita. Pero muy pocos de los demás jesuitas reseñados en estas páginas han merecido igual distinción: ni Ricci, de Goes, Schall, de Nobili, Clavius o Laínez. Tal vez podamos tomar esto como una pequeña seguridad de que el estilo jesuita de liderazgo no es un caballo de Troya que guarda un conjunto particular de creencias religiosas más.

Con todo, entonces como ahora fue una vocación religiosa lo que inspiró a los jesuitas, santos o tropezadores, a adoptar esos principios de liderazgo. Todos los jesuitas insistían en que seguir a Jesús es la única "vía" no negociable. Heroísmo, amor e ingenio tienen significado para ellos como el camino de la fe religiosa.

Pero no fue su fe religiosa la que los hizo líderes. Dada la débil correlación entre liderazgo y santidad, tampoco el liderazgo los hizo mejores, más santos, ni cristianos más llenos de gracia. Los cuatro principios no son para un determinado sistema religioso: operan con independencia de las creencias religiosas; aunque a los jesuitas —lo mismo que a cualquiera— un claro sentido de propósito en la vida tiene que haberles dado más energía, decisión y deseo de liderar.

Puede que el liderazgo jesuita no haya sido un caballo de Troya para el cristianismo, pero una poderosa visión compartida por muchas de las grandes religiones del mundo se encuentra bajo la superficie de estos principios. Los líderes verdaderos —los verdaderos héroes— encuentran realización, significado y hasta éxito al tender la mirada más allá de su propio interés para servir al prójimo, y se crecen si enfocan algo más grande que el solo interés propio.

La idea puede parecer curiosamente idealista y ajena al agitado mundo moderno. Polanco afirmaba que "los jesuitas aprenden más enseñando a otros", y la mayoría de las personas aceptarán que enseñar es en sí un proceso de aprender para quien enseña. Pero lo que podría llamarse la paradoja de Polanco —que servir a los demás lo beneficia a uno mismo—

no es un fenómeno que se limite a la profesión docente. Ocurre también en los oficios más inesperados. John Kotter y James Heskett, autores de *Corporate Culture and Performance,* encontraron al investigar el darviniano ambiente corporativo que los líderes de las compañías más importantes se distinguen por su capacidad de trascender de los estrechos intereses egoístas para concentrarse en servir a los accionistas, los clientes y los empleados. En las compañías mediocres sucede todo lo contrario. "Si los gerentes de las compañías de menos rendimiento no tienen una alta estimación por sus clientes, sus accionistas o sus empleados, ¿en qué se interesan? Cuando se les hizo esta pregunta, los entrevistados en su mayoría contestaron que en sí mismos".

En un capítulo anterior citamos el juicio desconsolador del profesor John Kotter, de la Escuela de Negocios de Harvard: "Estoy totalmente convencido de que la mayoría de las compañías actuales carecen del liderazgo que necesitan. Y con frecuencia el déficit es grande. No hablo de un déficit del 10% sino del 200%, el 400% o más, de arriba abajo en toda la jerarquía". Kotter tenía razón, y el vacío de liderazgo que señalaba es mucho más grande que un simple problema corporativo, y no se llenará con tener a la cabeza de las grandes corporaciones unos pocos magnates que desempeñen varios cargos a la vez, aferrados a la teoría del "único grande hombre" o el "único gran momento".

Más bien el vacío se llena persona por persona, día por día, en las familias, en los salones de clase, en las oficinas, cuarteles de bomberos, enfermerías, campos de deportes y bibliotecas. Lo llenan todos quienes se niegan a flotar a la deriva en la vida haciendo las cosas sólo por salir del paso, y se dedican en cambio a un liderazgo que tiene un propósito.

El sistema escolar de más éxito en el mundo "simplemente ocurrió", maestro por maestro, día por día, escuela por escuela. Así también el gran déficit de liderazgo de nuestra sociedad, aun cuando sea del 400 %, desaparece si padres de familia, maestros, gerentes y otros captan una a una la oportunidad de hacer con su vida una afirmación de liderazgo.

Cómo desempeña uno su papel de liderazgo

¿Cómo puede uno ser un líder que deje en el mundo un impacto como el de San Ignacio de Loyola?

- Apreciando su dignidad y su rico potencial.
- Reconociendo las debilidades y apegos que atajan ese potencial.
- Expresando los valores que sostiene.
- Fijando metas personales.
- Formando un punto de vista sobre el mundo: cuál es su posición, qué busca y cómo se trata con el prójimo.
- Viendo la sabiduría y valor del examen de conciencia y adquiriendo el hábito de reflexión diaria para volver a enfocar las prioridades y sacar enseñanzas de los éxitos y los fracasos.

El conocimiento de sí mismo es el preludio de un fructífero trato con el mundo y un liderazgo más grande y heroico. Los líderes escogen el impacto que quieren producir cuando adoptan un modo personal de proceder. Cualquiera que sea la misión que elijan —ya sea "ayudar a las almas", criar a la nueva generación, componer una sinfonía o vender pólizas de seguros— quienes viven a la manera del liderazgo jesuita sostienen cuatro principios:

- Entender sus fortalezas, debilidades, valores y puntos de vista sobre el mundo;
- Innovar confiadamente y adaptarse para acoger un mundo cambiante;
- Tratar a los demás con una actitud positiva, amorosa; y
- Fortalecerse a sí mismos y a los demás con aspiraciones heroicas.

De esta manera, como en todo liderazgo genuino, se enfoca en lo que es posible, en el futuro. Los líderes movidos por amor buscan el potencial en sí mismos y en los demás. Los líderes heroicos se proponen dar forma al futuro en vez de aguantar con paciencia lo que traiga. Y los líderes movidos por el ingenio descubren maneras de convertir el potencial humano en realización y la visión del futuro en realidad.

Para los primeros jesuitas, seguir a Loyola significaba correr el riesgo de un líder y una visión no probados, pero los que hoy adoptan ese camino tienen algo más en que basarse. De entonces a acá, la fórmula se ha puesto a prueba en múltiples generaciones y en diversos continentes y culturas. Ha servido a exploradores, cartógrafos, lingüistas, teólogos, *sanyasines* hindúes, músicos, activistas sociales, escritores de cuentos infantiles, cabilderos, predicadores, e incluso a maestros de escuela y fabricantes de cañones. Es la integración de cuatro pilares esenciales:

- El conocimiento de sí mismo,
- El ingenio,
- El amor y
- El heroísmo.